Speech and Eloquence
Training Course

隋清娥　杨玉霞　主编

演讲与口才
训练教程

中国海洋大学出版社
·青岛·

图书在版编目（CIP）数据

演讲与口才训练教程/隋清娥，杨玉霞主编. —青岛：中国海洋大学出版社，2019.12（2021.7重印）

ISBN 978-7-5670-2447-2

Ⅰ.①演… Ⅱ.①隋… ②杨… Ⅲ.①演讲—高等学校—教材②口才学—高等学校—教材 Ⅳ.①H019

中国版本图书馆CIP数据核字(2019)第296026号

出版发行	中国海洋大学出版社	
社　　址	青岛市香港东路23号	邮政编码　266071
出 版 人	杨立敏	
网　　址	http://pub.ouc.edu.cn	
订购电话	0532-82032573（传真）	
责任编辑	董　超	
电　　话	0532-85902342	
照　　排	光合时代	
印　　制	青岛国彩印刷股份有限公司	
版　　次	2019年12月第1版	
印　　次	2021年7月第2次印刷	
成品尺寸	185 mm×260 mm	
印　　张	14.25	
印　　数	1001~2000	
字　　数	326千	
定　　价	48.00元	

如发现印装质量问题，请致电0532-58700168，由印刷厂负责调换。

口才学隶属语言学范畴，是语言学领域中的一门边缘学科。

口语是活跃在人们口头交际中的语言，是人类区别于其他动物的重要标志，也是人们交流传递信息、组织社会生产及从事与参与其他一切社会活动的交际工具。尽管随着社会的发展与进步，人们在口语的基础上又创造了文字这样一种记录语言的书写符号，进而出现了书面语言，但是口语作为人类社会交际工具"第一符号系统"的地位是谁也替代不了的。口语表达是口头交际的高级形式，指的是说话人在特定的语境中以规范得体的口语为主要媒介进行信息传达的自觉的社会交际活动。而善于运用口语准确、生动、得体地表情达意、传递信息的能力，称为"口才"，它是人们在口语表达过程中体现出来的个人才能。而演讲是口语表达的高级的、完美的形式。

古今中外，善于演讲、具备口才的人，历来为人称道。在中国，太史公司马迁就曾以"博闻强志，明于治乱，娴于辞令"（《史记·屈原列传》）赞美伟大的爱国诗人屈原。诸葛亮孤身下江东，游说东吴，舌战群儒，凭的是自己的卓越口才。孙中山在公开场合，"总是一个口才敏捷、能言善辩的演说家。他有着鼓励听众的才具，而且能够一口气不停顿地讲上几个小时……他的演词是益人心智，启人灵感，振奋人心的"（孙中山秘书李禄超语）。他与其他革命党人所做的随时随地的口头宣传无疑是其推翻清王朝、结束中国帝制而取得斗争胜利的重要因素之一。一代伟人毛泽东文可出口成章，武能统领千军万马，而其卓越不凡的口才更是令人叹服，显示了他作为一代领袖的大智慧，又体现出高超的人际交往水平。在西方，古希腊人认为，政治家必然同时是演说家。元老院的代表、外交家和军事家们都利用演讲、论辩达到自己活动的目的，苏格拉底、柏拉图、亚里士多德、德摩斯梯尼等人都是当时著名的演讲家。在第二次世界大战中，当盟国处于黯淡的劣势之际，英国政治家温斯顿·丘吉尔以其精辟的演讲振奋了英国人民的士气，使英国人民深信战争终将获胜。美国黑人领袖马丁·路德·金的演讲具有极大的说服力，让美国人民相信种族隔离主义的不公平和不道德。美国妇女运动的领袖与组织天才苏珊·安东尼的演讲与论辩富有激情与说服力，演讲是她为美国妇女争得投票参政权的重要手段。美国第16任总统亚伯拉罕·林肯是杰出的演讲家、雄辩家，与人交谈的艺术造诣深厚。他的演讲以诚挚之心、雄峻之势、魅力四射之人格，唤起无数美国人的激情和勇往直前的信心。在许多美国人眼中，第44任总统贝拉克·侯赛因·奥巴马英俊潇洒，有口才。无论是竞选总统发表演说与辩论，还是在电视节目中发表谈话，他都激情充沛、口若悬河、游刃有余。从他身上，人们看到良好的知识储备和雄辩的口才赋予一个政治家的风采。美国的戴尔·卡耐基小时候家境贫寒，性格忧郁，但他最终却成为美国现代成人教育之父，美国著名的人际关系学大师，西方现代人际关系教育的奠基人，著名演讲家，被誉为20世纪最伟大的心灵导师和成功学大师。他利用大量普通人不断努力取得成功的故事，通过演讲和书籍唤起无数陷入迷惘的人们去奋斗。这正应了中国古人的话："一言能定国，一言能丧邦"，"三寸之舌，强于百万之师"，也是对英国首相温斯顿·丘吉尔之"一个人可以面对多少人讲话，就代表这个人的人生成就有多大"断言的证明。

当今社会，物质文明高度发达，人们的社会交往日益频繁，"三网"汇通大大缩短了人们之间的空间距离，"秀才不出门，全知天下事"，足不出户便可与世界各地之人通话、视频、联络，口才的社会作用越发重要。卡尔·卡耐基说："一个人的成功15%靠专业技能，85%却靠口才演说能力。"（卡耐基《快乐的人生》）这"百分之八十五的能力"实际上就是语言的表达能力，即口才。第二次世界大战后的西方人曾一度把舌头、原子弹和金钱称为"世界三大威力"。后来，他们又把口才、美元和电脑说成"三大战略武器"。不管是"三大威力"，还是"三大战略武器"，口才均占三者之冠。现在很多中国人认为，要在事业中取得成就，在生活中游刃有余，必须掌握四项技能：口才或沟通能力、电脑、外语、驾驶，口才或沟通能力排在首位，足见其在人们心目中的重要地位。的确，现代社会更重视人的交际能力，而这种能力是通过口才直接表现出来的，口才在现代社会生活中的作用极大。上至国家领导人，下至各行各业的从业人员与普通民众，无论是工作、学习还是生活，都离不开口语表达，离不开好的口才。

口才是一项能力，但口才并非人类的天赋才能，善于说话绝非一件简单的事。口才好是刻苦训练的结果，世界上没有天生的演说家，所以，西方有一句格言："诗人是先天的，演说家是后天的。"在西方国家，演讲教育是伴随孩子成长始终的，是学生的必修课。因为一个有口才的人除了要有深邃的思想、丰富的知识和足够的语言储备之外，还要具有敏捷而缜密的思维能力和高超的适应语境、驾驭语言的能力，以及听感灵敏、口齿清楚、发音准确清晰等基本功。这一切都必须经过科学、系统、严格、刻苦的训练才能获得。美国第38任总统杰拉尔德·福特曾表示："如果大学生活能重来，我会将注意力放在两个领域上，学习写作和学习演讲，生活中没有比有效地与人沟通更重要的事了。"

正是基于这样的认识和实际需要，聊城大学文学院与时俱进，从20世纪90年代初就开设了"演讲与口才"课程，现在，该课程仍是大一新生的必修课程。课程的教学目的是：通过理性的口才系统化的教学与训练，提高大学生的口语表达能力与交流沟通的能力；培养和训练大学生的演讲和即兴发言的能力；为社会培养出更多的"口能言之，身能行之"的有用之才。课程体现出理论实践结合、讲训结合、练评结合、示范互动结合、案例实用结合等教学特点。本教材就是为适应这些课程的开设而编写的。在广泛参考同类书籍的基础上，本教材的编写形成了自己的特点。

一、内容的实践性和应用性。"演讲与口才"课程自身的性质和课程开设的目的决定了该课程的教学必须突出实践性和应用性，本教材的编写内容也突出了这一基本特点。本教材不拘泥于学理的阐述，也不沉迷在纯理论的概念堆里，即不做太多的理论性阐述，较多涉猎的内容是口才应用与口才实践，以真正提高学生的语言修养。除了一些不得不涉及的基本理论外，我们把全书的重点放在口才基本技能的训练培养上。这就决定了对口才基本技能与技巧、训练方法的介绍是本书的重头戏。

二、案例的经典性与新颖性。基于案例教学的针对性、研究性、说服性等特点，本教材设计了很多案例，学生根据案例，可对口才相关问题进行深入研究、分析，以便快捷、准确地找到学习与训练口才的规律。这些案例既有历史上古今中外大家名家的口才成例，又有近几年刚刚出现的最新内容，既具备经典性，又涌动着活泼的时代气息和人文气息。

三、实训的量多性和可操作性。为了遵循口才训练中"精讲多练，上口为先"的原则，落实现场操练、真正提高学生的口语表达能力的方法，本教材在每节课重要理论和技巧介绍之后，都设计了必须在课堂中进行的实训练习题，突出演讲与口才的实践性，突出能力实训。这些实训题的数量之大、任务之具体化和定量化，在同类教材中极为突出。可以说，大量的课堂实训题，体现出了本教材的实践性之强，也成为本教材的创新点和亮点。而在每节课后，还尽可能地设计了更多的练习题，让学生的学习与口才训练不止于课堂，而是延伸到课堂之外。

四、体例的稳健性与创新性。在编写格式方面，本书按章节安排结构，这在总体结构上体现出稳健性。在此基础上，具体到每章每节中基本的体例安排，又呈现出与众不同之处，即具有创新性，而且适于课堂教学。具体说来，每一章的具体体例是：导言、数量不同的节。每节的具体体例是：教学与训练内容、重点、理论知识与技巧、案例与案例分析、课堂实训（过程：教师或特长生示范→学生练习→师生评判）、课后练习题、推荐品读材料。

具备了上述特点，本书的适用面极其广泛，可作为普通高校通识课"演讲与口才"课程的学习与训练教材，也可作为爱好演讲的读者的知识读物，还是快速提升演讲与口才能力的实用读本。

编者

2019年7月9日

| Contents | 目录

第一章
演讲与口才概述

【导言】口语指的是人类口头交际所运用的语言，口语表达是指说话人在特定语境中以口头语言为主要媒介并辅之以态势语言而进行信息传递的自觉的社会交际活动。口语表达系统的构成要素有三：说话人、听话人和特定时空情境以及口语表达。说话人是主体，听话人和特定时空情境是客体，口语表达是沟通主客体的形式和手段。三者互为条件，相互制约，构成一个口语表达的动态系统。说话人在带有目的性的语言交际活动中的口语表达带有一定的艺术性，则说明说话人具有一定的口才。演讲是口语表达的一种最高级的形式，具有极高的审美价值。好口才应体现在通用演讲上。进行演讲学习与训练是锻炼和提高一个人的口才水平的重要途径。当下大学生的演讲与口才水平良莠不齐、优劣互存，一些大学生对演讲与口才的认识还存在较多误区。实践证明，演讲与口才训练在帮助大学生成才的过程中有显著的价值。在国外，演讲课是许多大学的必修课。大学生只有掌握提高演讲与口才水平的方法，勤练多练，演讲与口才水平才会取得较快与较大的进步。

第一节　演讲与口才的含义、特征与种类

> 【教学与训练内容】
> 1. 了解演讲与口才的含义、特征与种类
> 2. 了解演讲与口才的关系
> 【重点】
> 演讲与口才的特征

当下，人类社会已经进入网络信息时代。人们借助互联网等媒介进行交流与沟通逐渐成为时尚。虽然网络改变了人们的沟通方式，但面对面的、口耳相接的直接沟通形式仍然存在。沟通是个体间信息交流及情感、需要、态度等心理因素的传递与交换。在这个时代，沟通越来越重要。而沟通就需要交流，交流最直接、最方便的工具就是语言。人类的语言交际表达方式主要有口语、体态语、书面语三种基本形态。说话虽是人与生俱来的天赋，但说话人在带有目的性的语言交际活动中的口语表达有一定的艺术性，则说明说话人具有良好的口才。美国哈佛大学有一种理念：思考能力是人的第三只眼，创造能力是人的第二本能，表达能力是人的第一亮点。在表达能力中，哈佛人特别推崇口语表达能力，即演讲与口才能力。在知识化、信息化时代，政治外交、经贸往来、社交、教育等活动中，无不需要口才。

演讲与口才是一门古老的学科，隶属人文与社会学科。"演讲"与"口才"并非并列概念而是包容范畴，"口才"包含"演讲"。

一、演讲与口才的含义

（一）演讲的含义

演讲，也叫讲演或演说。演讲是"就某个问题对听众说明事理，发表见解"[①]，是"在听众面前就某一问题表示自己的意见，或阐说某一事理"[②]。这两种解释只是"演讲"一词的语义表述，并不是"演讲"这一概念的科学的全面的含义界定。

其实，演讲是对人类口头表达能力的高层次要求。作为完整的系统的活动，演讲要具备三个条件：演讲者（主体）、听众（客体）、演讲者与听众共处的时境（时间、环境），三者缺一不可。演讲者要发表自己的意见和主张，必须通过与其内容相一致的物质传达手段（有声语言、态势语言和主体形象）达到影响人、说服人的目的。

演讲活动最主要的物质传达手段是有声语言。有声语言的构成要素有二：语言、声音。演讲时，演讲主体以流动的声音，传达自己的情感与见解，直接诉之于听众的听觉器官，从

[①] 中国社会科学院语言研究所词典编辑室.现代汉语词典［H］.北京：商务印书馆，2005：1571.
[②] 《辞海》编辑委员会.辞海（缩印本）［H］.上海：上海辞书出版社，2000：988.

而产生极强的感染力、吸引力和说服力。有声语言有好坏优劣之分。好的有声语言的特征是：清晰准确、圆润洪亮、达远持久，能在声音流动的过程中产生一种美感，勃发一种情趣，形成余音缭绕的佳境，并能在语气、语调、节奏等方面起伏自如、轻重有致，即有节奏感。最佳有声语言能让自己的演讲在思想上感染听众，在精神上熏陶听众，让听众获得美的享受。

演讲者的姿态、动作、手势、表情等物质传达手段是态势语言，也称无声语言或形体语言。在演讲过程中，演讲主体在运用有声语言的同时，辅之以流动的形体动作来传达自己的思想和感情，直接诉之于听众的视觉器官，在听众心里引发美感，让听众得到启示。它可以在一定程度上弥补有声语言的不足，使其表现力和感染力大大增强。好的态势语言的标准是：协调、自然、准确、鲜明。

演讲者的体形、容貌、衣冠、发式、举止、神态、气质等组成演讲的主体形象。它是直接作用于听众的视觉器官的。主体形象是能够直接影响思想情感表达与听众心理情绪和美感享受的演讲因素。主体形象有美丑好差之分。在演讲现场，演讲者必须在符合思想情感表达的前提下注重服饰的美观得体、自然轻便、大方时尚，同时注意举止、神态、风度的优雅、大方、潇洒，要以美的外部形象出现在听众面前。

演讲就是凭借有声语言、态势语言和主体形象组成一个综合、统一而完整的传达系统。它们相互协调发挥作用，从而让演讲者的演讲能够说服人、教育人、感染人和鼓动人。在这综合的传达系统中，缺少任何一个因素都不能构成演讲活动。习惯上，人们将态势语言和主体形象划归"演"的范畴，而有声语言便是"讲"。"演"与"讲"缺一不可，相辅相成。但二者要和谐地完成任务，必须以"讲"为主，以"演"为辅，否则便不称其为"演讲"。至此，可以将演讲定义为：演讲是演讲者在特定的时境中，凭借物质传达手段中的有声语言和态势语言，面对广大听众，针对社会与时代的现实和未来，发表意见，抒发感情，以达到感召听众并促使其行动的一种现实的信息交流活动，是一种有声语言和态势语言相结合的口语表达形式。

（二）口才的含义

口语是活跃在人们口头交际中的语言；口语表达是口头交际的高级形式，是说话人在特定语境中，以规范得体的口语为主要媒介，以神态、表情和手势动作为辅的信息传递活动；善于运用口语准确、生动、得体地表情达意、传达信息的能力，称为"口才"，换言之，口才是口语表达过程中体现出来的个人的才能，是在单向的演讲和双向的交谈、论辩等口头交际活动中，说话者根据拟定的交际目的和任务，在特定的言语时境中，准确、得体、生动地运用连贯、准确的有声语言，并辅之以适当的态势语言来表情达意，以取得最佳交际效果的口语表达能力。它是以口头语言为外壳的德、才、学、识的综合体，是一种包括表达、聆听和应变能力在内的综合能力。

口才有可学之口才与不可学之口才。可学之口才指的是口才的"口"，"口"是说话本身的技能、技巧，指的是说话人在口语表达时语言流畅，抑扬顿挫，快慢缓急能与表情、眼神和头势等相配合；"才"是说话人的思想、看法、观点和感悟，或说话人能表达出来的别人的思想、看法、观点和感悟，反映的是说话人的心智和水平。"口才"中的"才"在不同的个体间存在着差异。严格说来，"才"无法在短时间内学习培训成功。而"口"即表达能力与技巧则能够在短时间内通过学习培训获得提高。口才的训练必须内外兼修，好口才不是一朝一夕之功，也不可能立竿见影。理解并掌握口语表达的一些具体技巧，能为提升口才水平助一臂之力，但还必须进行长期的艰苦不懈的努力，才可达到理想的境界，最终使自己成为真正有口才的人才。

口才富有个体性特征。一个人的口才水平对演讲水平有着重要的影响，理解口才的含义对演讲能力的提升有着重要意义。

【案例1】

1976年1月8日，周恩来逝世，设在美国纽约的联合国总部将联合国国旗降了半旗，这是自联合国成立以来未曾发生的事。有些国家的外交官聚集在联合国门前的广场上，言辞激愤地向联合国总部发出质疑。时任联合国秘书长的库尔特·瓦尔德海姆在联合国大厦前的台阶上发表了演讲。

女士们，先生们：

为了悼念周恩来，联合国下半旗，这是我个人的决定，原因有二：一是，中国是个文明古国，她的金银财宝多得不计其数，她使用的人民币多得我们数不过来，可是她的总理没有一分存款。二是，中国有九亿人口，占世界人口的四分之一，可是周总理没有一个自己的孩子。你们任何国家的元首，如果能做到其中一条，在他逝世的日子，联合国总部将照样为他降半旗。

谢谢！

【案例分析】

瓦尔德海姆先生的这次演讲时长不过一分钟，却字字珠玑，有理有力。演讲高度赞扬了周恩来总理举世无双的高尚品质，说明为其降半旗的理由。这次即兴演讲显示出瓦尔德海姆机智的外交才能。而机敏的谈吐让瓦尔德海姆的演讲赢得了"雷鸣般的掌声"。

【课堂实训】

你害怕当众说话吗？说说你当众说话时的心情。

二、演讲与口才的特征

（一）演讲的特征

演讲的特征较多，有现实性、艺术性、综合性、鼓动性、广泛性、实践性等。

1.现实性。演讲是演讲者直接面向广大听众，公开陈述自己对历史现象和社会现实的主张和看法的现实活动。它不是艺术活动，只隶属于现实活动范畴。

（1）在反映对象方面，演讲的关键在于帮助听众弄清楚某一复杂的社会现象或者解决某一社会问题。为达到这一目的，演讲者的演讲必须有鲜明性、准确性、原则性与思想性。演讲者要运用现实生活的真实事例，阐明正确的道理，表达自己的现实主张、态度及看法，它不像艺术那样，以集中的、典型化的形象来反映现实社会。虽然演讲也会在必要时引述文学艺术的语言、人物和事件，但其目的只是为了更生动、更具体、更鲜明地阐述自己的主张，而且这些引述是极次要的，只起辅助作用，所以，演讲是现实的真实，而非艺术的真实。

（2）在主体活动方面，演讲者作为现实中的自己，走上演讲台仍然是他自己在面向听众发表见解；表演艺术家在台下是他自己，走上舞台便要按照自己所扮演的某种艺术角色的规定，运用多种艺术手段，在舞台上通过表演传达所扮演的角色的主张和意见，而不能将自己的主张和盘托出。

（3）在主体服饰方面，演讲者要注意仪表美，所以登上讲台要注重服饰搭配，但他的服饰却是现实的、自己的服饰。所以，演讲者给听众以真实的现实感，表演艺术家则给观众以形象的艺术感。

（4）在表现形式方面，演讲凭借以讲为主、以演为辅的形式进行思想情感的传达。"讲"虽然是语言艺术，但它是演讲者根据演讲主题与情感的需要所做的现实的、真实的"讲"，而不是表演艺家按照艺术角色的需要所进行的艺术的，甚至夸张的"讲"；演讲过程中也会"演"，但它在形式上不同于艺术的"演"，作用也不同于艺术之"演"。

2.艺术性。演讲优于一般的现实的口语表达形式，因为它有艺术性之特征。

（1）演讲具有统一的整体感和协调感。演讲活动是由语言系统、声调系统、表演系统、主体系统、态势系统、听众系统、时境系统等要素构成的多系统的综合的实践活动。演讲中的各个子系统均作为演讲活动整体的一部分出现，服从和服务于演讲的总目标和总要求，它们之间要相互依存、相互协调，要给人以协调感和整体感，使人产生艺术的美感。

（2）演讲具备戏剧、曲艺、舞蹈、雕塑、绘画等多种艺术门类的某些特点与因素。演讲中融入这些艺术因素，自然会产生独特的艺术魅力，成为优于一般的现实的口语表达形式而具有艺术性特征的信息交流活动。

3.综合性。演讲是一门科学。作为一门独立的学科，它借鉴、吸纳和融合了哲学、心理学、语言学、逻辑学、美学、写作学、发声学等诸多学科领域的知识和技巧；同时，演讲是演讲者德才学识的集中体现，每一次演讲都是演讲者的思想水平、理论素养、生活阅历、知识储备、审美情趣、表达能力等多种因素的综合反映；另外，每一次演讲活动都离不开演讲者、听众、演讲时境等因素的协调统一，必须将它们有机、协调地统一起来，才能形成完整的演讲活动，也才能达到演讲的目的。

4.鼓动性。任何种类与形式的演讲都必须具有鼓动性。生活中人们总是追求真善美，演讲者传播了真善美，便能引起听众的共鸣，激励和鼓舞听众；演讲者以自己的真情实感，有效地引起听众的共鸣，使其做出相应的反应；演讲者的形象、语言、情感、态势和演讲稿的结构、节奏、情节等，都能牢牢地抓住听众；演讲者与听众进行现场的、直接的交流，极易说服与打动听众。任何种类的演讲都必须具备强烈的鼓动性，使演讲者与听众在情感上彼此沟通，认识上达到统一，即二者产生感情上的"共鸣"和行动上的"共振"。所以，有无鼓动性是检验一次演讲是否成功的重要标准。

5.广泛性。当下，演讲已然成为一种群众性、普遍化的社会实践活动，已经成了许多人生活乃至生命的一部分。

（1）在演讲者方面，任何人都可以利用演讲这一最经济、最实用、最方便的传播工具来传授知识、交流思想、表达感情，不管他（她）属于什么阶层，从事什么职业，拥有什么身份，是什么性别和年龄。在中外演讲史上，那些发表过演讲的人，政界的、军界的、经济领域的、艺术领域的等都有，他们中既有青史留名的名家，也不乏寂寂无声的普通人。

（2）在受众方面，演讲活动受众广泛。演讲是"一人讲，众人听"。一个演讲者所面对的听众，少则几人、十几人、几十人，多则上百人、上千人乃至上万人。当下，科学技术领域已进步至"互联网+"时代，一些演讲的场面之大、范围之广、听众之多，前所未有，诸如广播演讲、电视演讲、网络演讲等，能够迅速波及全球范围，其听众人数，可用"亿"为计量单位来统计。

（3）在演讲场景方面，演讲课利用的场景极为多样和广泛。当今时代，演讲早已广泛深入到人们社会生活的方方面面，朋友私人聚会要演讲，单位纪念成立要演讲，大学生求职面试要演讲，产品销售要演讲，各种宣传活动要演讲，不同单位的不同职务竞选要演讲，各类学位申请时的论文答辩要演讲，不同的文化沙龙活动要演讲，等等。如此，金碧辉煌的大礼堂、阶梯式大教室、拥挤的销售现场、人来人往的街头、热闹的饭店大厅甚至安静的家中客厅饭厅等，都有可能成为演讲的场所。

6.实践性。演讲是一种能力，但却并非先天具备，而是经由后天培养而逐步获得的，因此演讲有实践性特征，一切演讲者走向成功的必由之路都需反复实践、不断练习，这也是一切演讲者取得成功的秘诀之所在。另外，学习演讲理论与技巧是必要的，但学好了甚至精通了演讲理论知识，却并不意味着就拥有了演讲能力，只有把学到的演讲理论知识应用到演讲实践中，经过长期的训练，才会将理论知识转化成自己的演讲能力，所以，演讲有实践性特征。

什么样的演讲是精彩演讲？评价角度不同，评价标准也不尽相同。听众对演讲的评价有多种标准，而好的演讲，其评判标准一定是指向思想内容、临场表达和演讲效果三个层面。好的演讲须观点正确新颖，材料真实典型，布局严谨合理，语言平易精炼，发音清晰洪亮，态势自然准确，仪表优雅大方，控场机智自如，鼓动性强有感染力等。只有全面掌握演讲的评判标准，才可对演讲做出客观正确的评价。

（二）口才的特征

口才是在人际交往和社会实践中表现和发挥出来的，其主要特征如下。

1.目的明确。口语表达是一种自觉的口语交际现象，是一种有目的的社会实践活动。实现交际目的是口语表达的最高要求。口语交际中表达者说话的目的不外乎使人知、使人信、使人感、使人赞、使人明。为实现这些目的，口语表达者只有言之有理、言之有据、恰到好处、切合语境，才能达到特定的交际目的，取得圆满的交际效果，从而体现出好的口才。

2.想说同步，说听同场。口语表达是一个现想现说、现说现想、说者与听者同场沟通的过程，是一个将思维语言迅速转化为口头语言、说者与听者以言来语去的方式进行交流的过程。整个口语表达过程就是说活人思维——遣词造句——口头语言——语境——思维的动态过程，是说者与听者之间信息输出——反馈——再输出——再反馈的双向沟通过程。口才好的人，在口语表达过程中，思维与口头表达，想与说、说与听相互联系，相互影响，同步顺利进行，同场互动沟通。

3.表达灵活。口语交际时的情形是复杂多变的,说话人需要灵活机智地选用特定的表达方式和技巧,因人、因事、因物、因景地表达,只有临场发挥、随机应变、即兴表达,才能切合自己的身份和交际对象的特点,做到叙事明晰、说理清楚、道物精确、绘景生动,从而创造出良好的口语表达效果,体现出一个人的好口才。

4.综合体现素质能力。好口才是表达者素质和能力的综合体现。素质是指口语表达者的思想境界、道德情操、知识学问和天赋秉性,能力则指观察能力、思维能力、记忆能力、表达能力、交际能力和临场应变能力。素质和能力综合形成一种潜在的文化储备,在口语表达过程中,为表达者提供材料与表达方式,以实现口语表达的目的,从而体现出好口才。

口才有好坏优劣之分。好口才是一个人的思想、智慧、知识、见识、性格、气质等综合素质的集中反映,是一个人个性魅力的集中体现。判断口才好坏的标准,是看一个人的口才是否可以在政治生活中发挥鼓动辩驳作用,在经济竞争中发挥公关谈判作用,在教育活动中实现感染作用,在日常生活中体现协调沟通作用,并且具有极高的艺术审美功能。亦即,在交际与沟通过程中,一个人临场不惧、思维活跃、善于倾听、发声流畅、态势恰当、内容充实、信息准确、文采斐然、随机应变,便是拥有好的口才。

【案例2】

出任首相后的首次演说①（节选）

（1940年5月）

英国首相丘吉尔很善于演讲。第二次世界大战爆发后,希特勒对外疯狂侵略扩张。英国陷入民族存亡的危难境地。在此危急时刻,丘吉尔就任英国首相。他发表了一次又一次的战时演讲。其就职演说《出任首相后的第一次演说》即是他借演讲形式发布的战争总动员令。

组成一届具有这种规模和复杂性的政府,本身就是一项严肃的任务。但是大家一定要记住,我们正处在历史上一次最伟大的战争的初期阶段,我们正在挪威和荷兰的许多地方进行战斗,我们必须在地中海地区做好准备,空战仍在继续,众多的战备工作必须在国内完成。在这危急存亡之际,如果我今天没有向下院做长篇演说,我希望能够得到你们的宽恕。我还希望,因为这次政府改组而受到影响的任何朋友和同事,或者以前的同事,会对礼节上的不周之处予以充分谅解,这种礼节上欠缺,到目前为止是在所难免的。正如我曾对参加现届政府的成员所说的那样,我要向下院说："我没有什么可以奉献,有的只是热血、辛劳、眼泪和汗水"。

摆在我们面前的,是一场极为痛苦的严峻的考验。在我们面前,有许多漫长的斗争和苦难的岁月。你们问:我们的政策是什么?我要说,我们的政策就是用我们全部能力、用上帝所给予我们的全部力量,在海上、陆地和空中进行战争,同一个在人类黑暗悲惨的罪恶史上所从未有过的穷凶极恶的暴政进行战争。这就是我们的政策。你们问:我们的目标是什么?我可以用一个词来回答:胜利——不惜一切代价,去赢得胜利;无论多么可怕,也要赢得胜利,无论道路多么遥远和艰难,也要赢得胜利;因为没有胜利,就

---

① 武成涛.著名演讲辞鉴赏［M］.济南:山东人民出版社,1992:192-193.

不能生存。大家必须认识到这一点：没有胜利，就没有英帝国的存在，就没有英帝国所代表的一切，就没有促使人类朝着自己目标奋勇前进这一世代相因的强烈欲望和动力。但是当我挑起这个担子的时候，我是心情愉快、满怀希望的。我深信，人们不会听任我们的事业遭受失败。此时此刻，我觉得我有权利要求大家的支持，我要说："来吧，让我们同心协力，一道前进。"

【案例分析】

《出任首相后的首次演说》是丘吉尔发表的极具感召力和鼓动性的演讲，是世界演讲史上的经典。这次演讲时长约3分钟，仅用了1000多字，可谓言简意赅。他先是简短回顾了临危受命以来的各项任务，然后严肃地提出，"我们正处在历史上一次最伟大的战争的初期阶段"，接着，他向下院描述了战争的紧急状态，并说："我没什么可以奉献，有的只是热血、辛劳、眼泪和汗水。"这种以退为进的演讲技法的运用，一下子就让听众从心理上认同了丘吉尔。因为，对民众而言，"热血、辛劳、眼泪和汗水"这些看似寻常的东西，是一个领导者最可宝贵的，是领导胜利必不可少的重要条件。在演讲的高潮部分，丘吉尔连用了两个设问句，以持重而热烈的态度，明确表达战时政府的执政政策和目标，表达英国誓与德国法西斯斗争到底的决心。结尾处，丘吉尔呼吁政府和全国人民奋起打败法西斯侵略者！整篇演讲激情澎湃，大气磅礴。优美的语言、多种修辞手法都为表达充沛的激情与昂扬的精神服务，对听众来说，自然会产生强大的说服力、号召力，也能够极大鼓舞英国军民乃至全世界人民与德意法西斯血战到底的斗志。

【案例3】

清朝学者、文学家纪昀（1724—1805）学识渊博，能言善辩。一次，他伴乾隆皇帝南巡至镇江。从舷窗内看江中美景时，乾隆想难为一下纪晓岚，便说："纪爱卿，朕记起你曾说过，你对史阁部万分敬仰？"纪晓岚赶忙回答："万岁，这史阁部是臣等的楷模，为臣敬仰备至！""既然如此，朕倒要问你一问。自古以来，忠臣皆不怕死，可信乎？""当然可信。"纪晓岚立刻回道。"爱卿想必也是个忠臣吧？"乾隆神色庄严。纪晓岚说："臣赤胆忠心，效忠陛下，虽肝脑涂地，亦万死不辞！""何用万死，朕只要卿一死足矣。"乾隆笑着说。纪晓岚不明白皇上突降死罪之因，便说："君要臣死，臣不死不忠。""朕命你投江而死，你可愿意从命？"旁边的人心惊胆战，而纪晓岚却高喊一声"领旨"并磕头谢恩，之后，起身走向了船头。他走到船边，挺身就要扑向江中，突然间却又站住了，对着江水鞠躬施礼，口中念念有词，还不时点头。乾隆心中暗笑但不动声色。纪晓岚表演了一阵子后，转身回舱。乾隆见他回来了，问道："爱卿为何不投入江中？"纪晓岚跪下说道："臣遵旨正欲投江，忽见三间大夫出于水府，将臣喝住又对臣说道：'想当年，楚怀王昏愦无道，近小人，远贤臣，听信奸佞，不纳忠言。致使纲纪败坏，国势日蹙，国家危如累卵。余因遭谗谤，流放江南。秦将白起攻占了郢都，楚国沦亡，余肝肠寸断，生不如死，才不得已自沉于汨罗江中。今子幸甚，生逢盛世，国家强盛，万民安乐；且当今天子乃有道明君，爱民如子女，待臣如手足，子若投江而死，乃陷当今天子于不义也，岂可做得？还不速速奏与圣上！'臣听屈大夫之言，句句在理。臣虽愚顽，也觉茅塞顿开，不敢以死而谏君，故来启奏圣上。"这番话听得乾隆心情舒畅。他伸手扶起纪晓岚，说："爱卿聪明至极！朕怎么舍得让你去死呢？不过试你一试，快快观赏这江中景色去吧。"

【案例分析】

俗话说，伴君如伴虎。纪晓岚伴君多年，像案例中的有惊无险的事常常发生，而纪晓岚能够化险为夷，原因之一便是他的能言善辩和机敏过人。纪晓岚抓住了皇帝都愿被奉为有道明君的心理，说明屈原投江自尽是未遇明君且楚国沦亡而死得必然，自己已遇明君不该以死谏君，如此，既赞美了皇帝，又让自己走出险境。可见，口才的作用不可低估！

【课堂实训】

1.快速思考，说出不少于五个形容口才好的四字成语。

2.快速思考，说出不少于五个形容口才差的四字成语。

3.你认识的人中，谁的口才好？请概括他（她）的口才特点。

三、演讲与口才的类型

（一）演讲的类型

演讲的类型很多。分类的标准和角度不同，演讲的类型也不同。

按演讲内容分，演讲的类型有政治演讲、生活演讲、法律演讲、学术演讲、公共关系演讲、道德演讲、教育演讲、军事演讲、生意演讲、宗教演讲和外交演讲等。

按演讲形式分，演讲的类型有命题演讲、即兴演讲和论辩演讲等。

按演讲目的分，演讲的类型有说服性演讲、鼓动性演讲、传授性演讲、凭吊性演讲、娱乐性演讲等。

按演讲表达方式分，演讲的类型有叙述式演讲、议论式演讲、说明式演讲、抒情式演讲等。

按演讲风格分，演讲的类型有激昂型演讲、深沉型演讲、严谨型演讲、活泼型演讲等。

按演讲语言形式分，演讲的类型有中文演讲、英语演讲、日语演讲、法语演讲、双语演讲、多语演讲等。

按演讲时间分，演讲的类型有长篇演讲、短篇演讲、微型演讲、限时演讲。

按演讲场所分，演讲的类型有课堂演讲、法庭演讲、大会演讲、街头演讲、巡回演讲、宴会演讲、广播或电视演讲等。

按演讲方法分，演讲的类型有读稿演讲、背诵演讲、提纲演讲、即兴演讲、辩论演讲、对话演讲、化装演讲、配乐演讲、模拟演讲等。

按演讲要求分，演讲的类型有使人知演讲、使人信演讲、使人行演讲、使人激演讲、使人乐演讲等。

按参加人数分，演讲的类型有单人演讲、双人演讲。

（二）口才的类型

口才体现在两个方面：一是单向的演讲口才，二是双向的交谈口才。口才主要有六类：演讲口才、论辩口才、社交口才、公关口才、求职口才和行业口才。

【案例4】

2010年4月1日下午，主题为"公共话题"的第二届清华大学公共演讲比赛举行复赛。姚璐、刘大骏进行了双人演讲。

健康生活，从理财开始①

姚　璐：尊敬的各位评委老师，

刘大骏：亲爱的各位同学，

合：大家下午好！

刘大骏：今天我和姚璐要一起讨论的话题可以用一句话来概括：既熟悉又陌生。"理财"，听上去像是我们在十年之后才会去关心的事，但实际上，这却是每天都会发生的事。

姚　璐：同学们，我想问问你们，当你站在我们"清风湛影"超市琳琅满目的货架前，你的内心是否产生过一种冲动："我要包下全部美食，大快朵颐一番"？

刘大骏：如果你产生了并且冲动了，那么，很不幸，你已上了"魔鬼"的贼船，但如果你克制住了掏钱的欲望，而在合理的范围内选择性购物的话，那么恭喜你，这就是一次成功的理财行动。而我们今天所要提出的口号就是——

合：健康生活，从理财开始。

姚　璐：我想，大家首先应该从观念上进行改变，学习理财，受益终生，应从现在开始有意识地关注理财，树立正确的财富观。

刘大骏：没错，很多人认为理财就是生财、发财，是一种投资增值，只有那些腰缠万贯、家底殷实的人才需要理财，其实这是一种狭隘的理财观念，生财并不是理财的最终目的。理财的目的在于学会使用钱财，使个人与家庭的财务处于最佳的运行状态，从而提高生活的质量和品位。

姚　璐：法国亚兰《幸福语录》里有这样一句话：会赚钱的人，即使身无分文，也还有自身这个财产。

刘大骏：从这种意义上说，理财应该伴随人的一生，每个人在开始获得收入和独立支出的时候就应该开始学会理财，从而使自己的收入更完美，支出更合理，回报更丰厚。

姚　璐：这么说，对于即将步入社会的我们当代大学生来说，理财应是我们的人生必修课之一，换句话说：理财要趁早，大家说，对不对？

刘大骏：是的，那么成功理财的第二个方面，就是要掌握正确的理财方法。对于大学生来说，理财主要是理父母所给之财，以及占据生活费少部分的额外收入。怎样让手中的钱为自己带来最大的收益？在这里，我和姚璐想给大家两点建议：

姚　璐：第一，制订一个属于自己的财富计划会有助于我们更好地对待财富，最切

---

① 演讲稿选自"颜永平演讲"博客：http://blog.sina.com.cn/yanyongping，有改动。

实可行的做法就是列出一个月收入支出明细表，了解自己的钱都花在了什么地方，分析是否有盲目消费、冲动消费的现象，在哪些方面的消费可以适当减少，哪些方面应该增加，从而为下一个月的理财提供最可靠的参考。

刘大骏：那么第二点建议就是有了合理的计划之后，落实到具体措施上，要遵循两个原则：开源，节流。

姚　璐：说到开源、节流，我倒有一些经验可以分享。先说说节流吧，节流的原则和技巧有很多，基本要注意的原则就是，钱要花在刀刃上，要树立节约意识，要学会控制消费。至于具体做法，像刚刚你提到的小账本就是一个控制消费的好方法，还有一个小窍门是把握消费时机，在购买衣物等价格浮动性高的商品时可以考虑避开商家的销售高价期，"按时"消费，会给自己节约一笔不小的费用。

刘大骏：是啊，实用加实惠才是生活消费中的合理原则，学生应该把钱花在必须花的地方：那我把它总结为四点：吃要营养均衡，穿要耐穿耐看，用要简单实用，行要省钱方便。

姚　璐：没错。大学生理财除节流外，还可以考虑适当地开源，我们身边不就有很多途径和机会吗？比如，你可以申请一份图书馆的工作，从图书上架整理中，我们可以学到很多以前所不了解的图书馆学知识，既增长了知识，又拿到了部分生活补贴。

刘大骏：你也可以申请一份紫荆社区的工作，帮忙摆自行车，参与巡逻队工作，应征做一名超市导购，从劳动中获得快乐，增加收入。

姚　璐：同样，你也可以选择一份力所能及的兼职工作，比如大学生最常见的家教，寓教于乐，两全其美。

刘大骏：有一些特殊专长的同学，也可以考虑做翻译、撰稿等工作，只要尽心尽力地完成，都可以让我们的生活更加健康，看来大学生理财的方式还真的是丰富多彩啊！

姚　璐：是啊，但我们要清醒地意识到：理财从大学开始，并不是叫我们去白手创业，然后幻想有朝一日，钱财满贯，也不是叫我们去关注股市，拼力一搏，然后凭空期望一夜暴富。

刘大骏：不错，我们常说，大学时代是获得人生第一桶金的时候。很多大学生都期望从此能够做出一份惊天动地的事业，有人关注股市，有人慷慨激昂地谈论着自己的投资计划，我们仰慕着一位位金融大亨，仿佛自己就是他们昨天的影子，然而我们应认识到成功者毕竟是少数，须知"天下大事必做于细"，眼高手低，浅尝辄止，不应是我们追求的字眼。

姚　璐：其实，大学生理财，首先应该理清的是自己的心态，从理财开始，选择一个健康、理智、踏实的生活方式。

刘大骏：没错，首先我们应该正确地对待财富，有一个长远的眼光。同样是1000元钱，你当然可以买一件名牌衣服，但我们同样应该思考自身储备的知识是否已经过时、需不需要买些书来充实自己？何不去修一些感兴趣的课程？让自己不仅仅只是某一方面的专才，而成为一个真正的人才。

姚　璐：不同的选择，创造不同的价值，关键在于你如何对待，如何决定。

刘大骏：做对的事情比把事情做对更重要，就像刚刚你所说的：会赚钱的人，即使身无分文，也还有自身这个财产。

姚　璐：我们应该正视自身，对自己的财富有一个明确的规划。

刘大骏：同学们，在理财过程中还应该保持一种理智踏实的心态，不能过于浮躁，我们应该了解自己的收支状况，合理消费，用一些实际的方式为自己创造价值。

姚　璐：是啊，说到这里，我想到了我的一位同学，今年她申请到了渴望已久的勤工助学岗位，她说："我不懂理财，我只是清楚地花每一笔钱，尽可能地给自己一点福利。"这是一个大学女生平凡的愿望，却比那些惊天动地的炒股梦更加令我感动。

刘大骏：最后，我认为大学生理财的本质不是钱财本身，而是我们通过理财，能拥有一种对生活的规划力，并把这种能力运用在我们生活的各个方面，对自己面对的课业，对课余生活的时间分配，对与人交往之间的各种问题，都要有一个科学的规划。

姚　璐：理财，正是给了我们一个好机会，培养我们的规划力，让我们从理财开始，合理规划自己的生活，创建一个更健康的生活方式。

刘大骏：同学们，让我们行动起来吧！

姚　璐：朋友们，让我们积极参与理财活动吧！

刘大骏：让我们对理财有个全新的认识吧！

姚　璐：让我们的生活更加健康起来吧！

刘大骏：让我们的生活更加快乐起来吧！

合：健康生活，从理财开始！

【案例分析】

在演讲领域，双人演讲的形式并不多见，它不仅要求演讲主题深刻、语言精练、有动情点、适合双人演讲的表现需要，更需要两名演讲者配合默契、刚柔相济、性格互补，从而达到观赏性强、鼓动性佳、育人性好的演讲效果。这种演讲形式令人耳目一新，而案例中准确、新颖的演讲内容表现得生动、形象、艺术，获得了评委和听众的好评。

四、演讲与口才的关系

善于演讲的人，是否一定口才好？口才好的人，是否一定善于演讲？这涉及演讲与口才的关系。

(一)演讲与口才的共同点

演讲与口才都属于语言艺术范畴，它们都要运用有声语言，辅之以无声语言，将口语表达者的态度、观点、情感等信息传递给听者。演讲的成功与否和口才的好坏优劣，关键都在于知识的积累、提炼、升华以及临场的表达、技巧的运用与应变能力。

(二)演讲与口才的区别

1.演讲能力是在单向口语表达中体现出来的，而口才则是在双向乃至多向交际中体现出来的；演讲是演讲主体对多人同时进行的语言表达活动，而口才是表达主体在学习、工作、生活中所形成的一种语言表达上的综合素质；演讲是一种正在进行的语言活动，而口才是在交流过程中，对某人语言表达、表达效果等所形成的综合素质的一种评价。

2.口才的外延大，它几乎涉及社会生活中的各行各业，有许多的口才类型，如主持口才、教学口才、销售口才、领导口才、演讲口才、公关口才、论辩口才。演讲只是口才展示的形式之一；口才不受时间、空间的影响，随时都能得以展现；演讲虽然也有广泛的使用空间和较高的使用频率，但毕竟需要在特定的时间和环境中才能进行。

3.演讲的成功依赖于好的口才。口才主要指外显出来的口头表达能力，演讲能力是口才展示的形式之一。没有干练的口才，成功的演讲只能是一种空想。要想演讲得精彩、成功，必须有意识地锻炼自己的口才。

4.演讲是口语表达中最高级、最完美的一种形式，它比一般口才要求高。演讲是一个人多方面素质综合的亮相，演讲的场合比较正规，且有众多的听众在场，演讲的单向性与"一次过"的特点也决定了听众不能对演讲者询问不止，所以，演讲者的思路必须敏捷、清晰，表达必须清楚、流畅，言辞必须准确、平易，仪态必须大方、稳重，控场必须及时、恰当，这需要演讲者具备良好的思想品德及学识、气质、风度、仪表、心理等多方面的素质；一般口才不必太讲究说话的条理性、结构的完整性、声音和态势的完美性等，且一般口才也不具备"一次过"的特点，不必一次谈完，听众听不清或听不懂就可以问，比较随意。所以，有时候，善于说话的人未必善于演讲，单凭口才也不一定能做出高水平、高质量的演讲。

【案例5】

著名作家林语堂的长篇小说《京华烟云》的女主角姚木兰是个贤妻良母形象。她不仅善于应变，处理事务有条不紊，而且颇有口才。她说话声调柔和，仪态高雅动人。在请求警署长放掉孔立夫、理性处理丈夫出轨、化解大家庭内部系列风波的过程中，姚木兰展露出的好口才，令人叹服。其实，林语堂本人的口才极佳，尤其擅长演讲。有一天，林语堂到一所大学去。参观后，应校长之邀到大餐厅与学生们共餐。校长临时请他给学生们讲几句话。林语堂本不想讲，但盛情难却，便即景生情："罗马时代，皇帝残害人民，时常把人投到斗兽场中，给猛兽吃掉。这实在是一件惨不忍睹的事！有一次皇帝又把一个人丢进斗兽场里，让狮子去吃。这个人胆子很大，看到狮子时并不十分害怕，而且还走到狮子身旁，在狮子身边讲了几句话，那狮子掉头就走，也不吃他了。皇帝觉得很奇怪，狮子为什么不吃他呢？于是又让人放一只老虎进去。那人还是毫无惧色，又走到老虎身旁，也和老虎耳语一番。说也奇怪，老虎也悄悄地走了，同样没有吃他。皇帝诧异极了，便把那人叫出来，盘问道：'你究竟向狮子和老虎说了些什么，竟使它们不吃你呢？'那人答道：'陛下，很简单，我只提醒它们，吃我很容易，可吃了以后，你们得演讲一番！'顿时全场雷动，博得一个满堂彩！校长却弄得啼笑皆非。"①

【案例分析】

《京华烟云》中的姚木兰的好口才是作家林语堂赋予的，而林语堂本人的好口才也令

---

① 李宣奇.林语堂演讲趣事［J］.文史博览，2009(4).

人叹服。的确，口才好的人，不一定善于演讲，但林语堂是个例外；善于演讲的人，一般而言，口才也会比较好，林语堂便是一个证明。

【课堂实训】

1.快速思考3分钟，回答：你认为什么样的"才能"永远不会过时？请以自己的答案为观点，登台做2分钟的演讲。

2.登台自我介绍。要求：脱稿、熟练、流利、自然；普通话标准，音量适中；动作大方，表情丰富；与听众互动，内容生动，形式活泼，别具一格；时间1分半以内。

【课后练习】

1.演讲、口才的含义是什么？演讲与口才有哪些特征？二者有何关系？

2.有人说，口才好的人未必是个演讲家，而善于演讲的人，一定有好口才。你同意这种观点吗？

3.你目前在交际、演讲与口才等方面，存在哪些问题？你希望通过本课程的学习与训练有哪些收获？

4.阅读莫言2009年9月《在法兰克福"感知中国"论坛上的演讲》后回答：你认为这次演讲好在哪里？

【推荐品读】

1.颜永平博客［DB/OL］.http://blog.sina.com.cn/yanyongping.

2.王阳.哈佛口才课［M］.北京：新世界出版社，2012.

第二节 演讲与口才必备素养和能力

【教学与训练内容】
了解演讲与口才必备的素养和能力
【重点】
演讲与口才必备的素养和能力

古人云："一言而知其贤愚。"演讲与口才是演讲者与说话人在口语表达过程中所体现出来的个人才能。说出的是话语，内含的却是各种素质。个人口才不单是口才问题，也是人的整体素质的外化，所以培养自己的口才就要提高个人的素质。"会说话""讲得好"是演讲与口才的目标，目标的实现离不开重要的素质条件。

对于口语表达者而言，高水平的演讲和良好的口才必备的修养，主要指自己经过长期积累而不断提高的理论、知识、艺术水平以及各种能力。

一、知识层面

（一）思想修养

1.理论修养。理论修养包括先进的、科学的思想修养和自己从事专业的理论修养。思想修养与理论指导方法有关，主要是指世界观和方法论。好的口才要求表达者要有正确的世界观和判断是非的标准。在公众场合进行口语表达时，必须具备先进的、科学的思想，这样才能高瞻远瞩，全面、深入、发展地看问题，才能具体情况具体分析，才能发表真知灼见。专业理论修养指的是行业性的专业基础知识与理论。优秀的口才家要做自己专业领域的"内行人"，熟练掌握自己所从事专业的全面、系统的理论知识。在科技高度发展的"互联网+"时代，新的学科与新的知识不断涌现，更需要演讲者与时俱进，努力勤奋地学习，及时迅速地掌握各种新思想、新知识和新方法，在口语表达时信手拈来，左右逢源，以更好地服务于听众。

2.品德修养。品德是指人的思想品质和道德观念。子曰："其身正，不令而行；其身不正，虽令不从。"一个人的"德"是才的灵魂，好的口才要求表达者必须以一个具有高尚道德水准的形象出现在公众和听众面前，带头恪守社会道德规范，并具备极高的政治道德、职业道德、社会公德与伦理道德。另外，还需具有优良的心理素质和良好的仪表风度。

（二）知识修养

知识是口语表达内容的坚实基础，也是形成良好口才的基石。庄子曰："水之积也不厚，则其负大舟也无力。"在21世纪的今天，科技飞速发展，各种科学高度分化和高度综合，表达者必须知识丰富，表达才会充实、新鲜、生动，才会启人心智。戴尔·卡耐基在《语言的突破》中说："在这个世界上，全新的事物实在太少了。即使是伟大的演说者，也要借助阅读的灵感和得自书本的资料。"而一个人知识素养的形成，主要体现在对专业知识、社会人文知识和自然科学知识的综合掌握上。

（三）艺术修养

良好演讲与口才能力的形成还与一个人的语言艺术修养、文学艺术修养、电影艺术修养、音乐艺术修养和绘画艺术修养等有关。演讲者要系统学习语法、修辞和逻辑知识，学习相声等艺术的幽默语言特点，提高自身的语言艺术修养；要具备小说、诗歌和戏剧等方面的基本知识和技能，在演讲时，从小说艺术中学习塑造人物的方法，从诗歌艺术中学习激情的表达方法，从戏剧艺术中学习处理矛盾的方法，提高自身的语言艺术修养；要善于学习和借鉴电影艺术中的蒙太奇手法，能把音乐的节奏旋律巧妙融于自己的演讲中，能借鉴作画的手法，把自己的演讲编织成一幅幅生动的画面，亦即，通过理论学习与表达实践，多方面提升电影、音乐、绘画等方面的艺术修养。

【案例1】

著名文史专家陆侃如(1903—1978) 于1932年夏携夫人冯沅君一起出国，进入法国巴黎大学研究院深造。在1935年的法国巴黎大学文学院博士资格答辩会上，陆侃如镇定自若，机智妙答。答辩会将近尾声时，有一位教授突然发问："《孔雀东南飞》为什么要向东南飞？"陆侃如稍加思考，从容作答："因为'西北有高楼'！"话音一落，立刻获满堂喝彩。

【案例分析】

《乐府诗集》中有一首诗歌是《古诗为焦仲卿妻作》，因首句为"孔雀东南飞，五里一徘徊"，故又名"孔雀东南飞"。教授提的问题与诗歌内容无必然联系，可谓古怪刁钻。陆侃如以古诗十九首中《西北有高楼》对答，是因为《西北有高楼》起首是"西北有高楼，上与浮云齐"。陆侃如的意思是，孔雀西飞之路被高楼所阻，故而才振翅往东南方向飞。《孔雀东南飞》是中国古代史上最长的一部叙事诗，最早见于南朝陈国徐陵（507—582）编著的《玉台新咏》一书，后被宋人郭茂倩编的《乐府诗集》收入，广为流传，而乐府设置始于西汉武帝时期；《西北有高楼》是古诗十九首之一，大约是东汉时期出现的在民歌基础上发展起来的五言诗。可见，《西北有高楼》晚于《孔雀东南飞》出现，但产生时间距《孔雀东南飞》不太遥远。陆侃如以古诗十九首对乐府，睿智精妙，体现了他渊博的学识和机敏的反应。

二、能力层面

良好的演讲与口才的必备能力包括思维能力和其他几种能力。

（一）思维能力

"语言是思维的物质外壳"，语言的发展可以促进思维的发展，而思维的发展又可以反过来促进语言的进一步发展。口语表达是高强度的思维活动，所以，思维能力是口语表达者必须具备的素质，因为思维能力的强弱对口语表达的优劣、成败会起到决定性作用。高水平的口才来源于拥有高水平思维能力的人。一个人的思维清晰条理，才能把话说得清楚明白；一个人的思路广阔新颖，才能演讲得滔滔不绝、纵横捭阖；一个人运用科学的、实用的思维方法，才能有效地提高口语表达能力。

（二）其他能力

1.敏锐的观察力。在口语表达的准备阶段，有了敏锐观察力，就可以从普通的生活中获取大量素材，通过仔细研判，从中寻找到能反映生活本质和社会主流的材料；在口语表达的进行阶段，有了敏锐观察力，可以了解听众的面部表情、心理活动及现场的气氛变化，迅速灵活地调整表达内容、表达方式及节奏；在口语表达结束以后，有了敏锐的观察力，可从受众的反映中，综合分析自己表达的成败得失，以使自己与受众的沟通顺畅，表达臻于成熟。

2.丰富的想象力和联想力。在口语表达过程中，想象力如同"点金术"，有了它就可以"思接千载，视通千里"，就可以表达得内容充实、新颖而多彩；在口语表达过程中，联想力如同"黏合剂"，有了它，才能将各种各样的材料与主题巧妙地组合起来，才能文思泉涌、口若悬河，既有表达的深度、广度，也能产生极强的感染力。口语表达者要努力培养自己的好奇心和探究力，对任何事物都要有一种兴趣和求知欲望，并逐步增加生活经验，培养自己的想象力和联想力。

3.较强的记忆力。在口语表达的准备阶段，靠较强的记忆力，口语表达者博览群书，吸取丰富知识，掌握大量材料和信息；在写稿时，凭较强的记忆力，口语表达者将头脑中储存的有关信息，迅速准确地输送出来，组织到演讲稿中；在临场口语表达时，口语表达者也须有较强的记忆力，方能将准备的主要材料、观点与事例等牢记心中，讲起来才能侃侃而谈，滔滔不绝。

在日常生活学习中，只有多加积累并多练勤练，临场才可得心应手、左右逢源，取得良好的交际与沟通效果。

【案例2】

战国时著名兵家孙膑曾去魏国求职。魏惠王是一个心胸狭窄、嫉贤妒能之人。他故意刁难孙膑说："听说你挺有才能，如果你能使我从座位上走下来，就任用你为将军。"孙膑回答惠王说："我确实没有办法使大王从宝座上走下来，但是我却有办法使您坐到宝座上。"魏惠王听后，不假思索地从座位上走下来。孙膑马上说："我现在虽然没有办法使您坐回去，但我已经使您从座位上走下来了。"

【案例分析】

孙膑成功地让魏惠王从座位上下来，体现了他思维敏捷，反应迅速，口才了得。孙膑主要采用了逆向思维方式达到了目的。首先，孙膑从"由坐再立"的反面思考，设计让魏惠王"由立再坐",这是对事物的结构顺序做反向思考,也是对已有的有关事物之间因果关系的认识做交换性思考;其次,孙膑促使魏惠王变"赖在座位上"为"从座位下来",这是对已有事物的存在状态做反向思考。如此,愚蠢的魏惠王怎能不上当?可见,思维能力与良好口才之间存在密切关系。

三、语言层面

口语交际成功有赖于运用语言的能力。具有较高的语言素养,才有可能表现出较强的运用语言的能力。而对语言的运用表现在准备阶段的演讲稿写作能力和临场的口头表达能力两方面。

要具备较高的演讲稿写作能力和临场的口语表达能力,必须做到:

（一）系统学习写作学、语言学、修辞学、逻辑学等方面的知识与方法,以提高口语表达的正确性、生动性和严密性。

（二）系统学习和掌握有声语言和无声语言的知识与技巧,在口语表达过程中,更好地展现自己的精神风貌、情绪感受和个性特征。

（三）不断积累和吸收丰富的优秀的语言养料。可以通过阅读经典名家的演讲稿、古今中外名著来提高语言修养,可以观看媒体上的成功演讲视频以比照自己的语言表达差距,可以积累生活中新鲜生动的口语和表现力强的时代用语以增加自己的语言素养。

（四）勤练提高口头表达能力。良好口才的形成离不开良好的口头表达能力。口语表达能力不是天生的,它是经过后天培养、训练而成的。

演讲与口才是个体思想、智慧、知识、见识、性格、气质、文化等综合素质与能力的反映。一个人要想拥有较强的演讲能力与良好的口才,一定要在自身修养和各种能力与素养的提高上多下功夫、下大功夫、下苦功夫,而口语表达者的修养和能力的培养是无止境的。

【案例3】

1912~1922年,闻一多在清华大学期间,积极参加学校举行的各种辩论会和演讲赛。他非常重视演讲,也从未间断过练习,一旦有所放松,就立刻警觉起来。他经常在日记里告诫自己:"近来演讲课练习又渐疏,不猛起直追恐便落人后。""演说降到中等,此大耻奇辱也。"在1919年1月9日的日记里,他写道:"夜出外习演讲十二遍。"1月10日又写道:"演说果有进步,当益求精致。"14日,"夜至凉亭练演说三遍",回宿舍又"温演说五遍"。第二天又是"习演说"。

【案例分析】

闻一多之所以能成为一代演讲大家,与他的刻苦练习、严于要求、勤于实践是分不开的。

【课堂实训】

1.对你眼前的事物进行联想,说出它像什么。

2.教师给学生朗读一遍材料,请学生记住关键内容和数字,然后复述。要求关键内容和数字不能有误。

材料:爱迪生一生拥有1000多项发明专利,平均每15天就有一项新发明问世。为了研究制造电灯的灯丝，先后试验了1600多种材料，含辛茹苦十几年才成功。他经常连续工作二三十小时，累了就用图书当枕头在实验室躺一会儿。他说："天才就是九十九分汗水加一分灵感。"

3.看一段有关金马奖影帝黄渤的访谈视频，概括黄渤的对答特点。然后回答：怎样才能拥有像黄渤那样的好口才？

4.复述练习，训练与培养学生的记忆力、反应力和语言表达的连贯性。

（1）观看电影《鬼子来了》中的一个片段，然后复述情节，包括人物的对话。

（2）听小说《冰雪美人》中的一段内容，然后复述情节，包括人物的对话。

【课后练习】

1.良好演讲与口才必备的素养和能力有哪些？

2.你目前在交际、演讲与口才等方面存在哪些问题？你希望通过本课程的学习与训练获得哪些收获？

3.请阅读下列材料，谈谈你的感受。

（1）美国前总统林肯为了练口才，徒步30英里，到一个法院去听律师们的辩护词，看他们如何论辩，如何做手势。他一边倾听，一边模仿，曾对着树、树桩、成行的玉米练习口才。

（2）我国早期无产阶级革命家、演讲家肖楚女，靠平时的艰苦训练，练就了非凡的口才。肖楚女在重庆国立第二女子师范教书时，除了认真备课外，每天天刚亮就跑到附近的山上，找一处僻静的地方，把一面镜子挂在树枝上，对着镜子开始练演讲，从镜子中观察自己的表情和动作。经过刻苦训练，肖楚女掌握了高超的演讲艺术，教学水平也很快提高了。

（3）我国著名的数学家华罗庚，不仅有超群的数学才华，而且也是一位不可多得的"辩才"。他从小就注意培养自己的口才，学习普通话，他还背了四五百首唐诗，以此来锻炼自己的"口舌"。

4."央视名嘴"白岩松认为，好口才的最高标准是出口成章。以嘴为生的人在训练舌头的同时，更应注重心灵、大脑和手的训练，多用心灵感悟，多用大脑思考，多用手写文章。请结合他在2016年里约热内卢奥运会开幕式上的解说词，评价一下白岩松的口才。

【推荐品读】

李燕杰.大道有言——李燕杰演讲精选［M］.北京：清华大学出版社，2008.

第三节　口才与大学生活动

> 【教学与训练内容】
> 1.了解大学生演讲与口才发展现状，明确大学生演讲与口才训练的作用
> 2.掌握大学生提高演讲与口才水平的方法
> 【重点】
> 大学生提高演讲与口才水平的方法

　　大学是学习知识与提高修养、提升各种能力的重要阶段和关键时期。21世纪的大学生尤其注重实用知识的学习和与职业有直接关系的能力的提升。演讲与口才传授的就是人文和社会学科中实用性强的知识，培养的是与职场关系密切的人际沟通能力和语言表达能力。

一、当今大学生演讲与口才状况

　　大学生正处于学习文化知识、了解社会百态、锻炼人际交往能力的黄金时期。假如用语言给当下大学生画像，他们的性格中凸显的因素是敢爱敢恨、独立张扬，视野开阔、思维力强，崇尚自我、反对孤独，喜爱娱乐、乐于表现等。而在校园演讲与口才实践和人际交往过程中，假如以发音规范性、话题集中性、思维连贯性、方式得体性、表达艺术性、临场机变性等口语表达的标准和要求来衡量，则他们的演讲与口才情况良莠不齐，优劣互存。

（一）优点

　　当下大学生的口才整体水平较高，表现在：大部分学生的普通话水平较高，发音比较规范；情感体验较为丰富而热烈，情感表达能力较强；文化科学知识基础较好，思维活跃，具有独立性和批判性且兴趣广泛；接受新知识新事物的能力较强，拥有新观念，能用新词汇表情达意；自我意识较强，精力旺盛。

（二）不足

　　主要有：个别人的普通话不标准，方言味儿较浓重；参加活动不主动，演讲缺乏激情；公众场合不注重仪表，随意性强；横向知识储备不够，不能以"口"服人；演讲准备不足，临场怯场严重；懂得较多，能表达出来的很少；个别人的思维较为混乱，表达不流畅。与这些不足相伴随的往往是交际能力弱、表达不畅、沟通不顺，导致一些人沉溺与依赖网络，产生逃避现实、抑郁、嫉妒、偏执、自卑等不良心理，进而封闭自己，放弃学习，严重影响自身的发展，个别人甚全与社会为敌，有的人甚至轻生自杀。

　　寻找当下大学生演讲与口才发展状况不佳的原因，大致有：对口才活动缺乏兴趣、缺乏展示口才的机会、知识面狭窄、紧张怯场、没有掌握演讲与口才理论与方法，等等。

【课堂实训】

了解自己：填写一份调查表格。要求：填表时，客观理性地分析自己的口才水平，明确自己亟待解决的问题，完善自我口才训练的具体途径。

大学生口才现状调查表（最后三项可多选）

项目	选项			
平时与人交往有没有障碍	有	有点儿	无	
与陌生人谈话是否紧张	很紧张	稍微紧张	不紧张	
在公众场合发言是否尴尬、不自在	不会	有些	不喜欢在公众场合发言	
普通话水平	很好	一般	不太好	不会说普通话
是否参加校内朗诵、演讲、辩论等语言类活动	经常参加	偶尔参加	从未参加	不感兴趣
演讲时存在的主要问题	不会写演讲稿	有声语言欠佳	不会运用态势语言	怯场
演讲与口才方面的书籍	经常看	偶尔翻翻	从来不看	
你认为演讲与口才的关系	密切	有一定关系	没关系	
对自己的语言表达能力满意度	非常满意	不太满意	不满意	
认为自己的口语交际能力	很强	一般	很差	
演讲与口才对今后工作的作用	作用很大	作用较大	一般	没作用
是否接受过系统、专门的语言训练	是	否		
最大的交际障碍	口语表达技巧方面	心理方面	平时训练少	说不清
大学生口才的理想境界	思路清晰，准确贴切	重点突出，观点明确	有吸引力，富感染力	临场应变快速敏捷
在"演讲与口才"课程学习中，你的具体目标	提高普通话水平	提高自信心	锻炼口语表达能力，做到出口成章	提高应变能力和社交能力

说明：本问卷是为了解同学们有关口才训练的一些真实情况，无统一"标准答案"，请各位同学按照自己的真实情况和想法回答即可。

二、大学生对演讲与口才存在的认识误区

大学生演讲与口才能力发展存在不足的原因，有大学生自身的因素，也有学校与社会乃至时代的成分。辩证法告诉我们，内因在事物发展过程中起决定作用。探究当下大学生演讲与口才不足的内因，首先要思考大学生自身对演讲与口才存在的认识上的误区，才能找到解决问题的主要方法。这些认识误区有：口才不必学，无师可自通；演讲佳与口好就是普通话说得标准；演讲不过是在流畅地背稿；网络时代，人们的"口耳相传"可被计算机和网络替代，话说得好不好无关紧要；自己的理想不是当演讲家，会不会演讲、能不能演讲都无所谓，上学期间自然无须训练演讲基本功；读演讲与口才方面的书籍完全可以替代实际的演讲

与口才训练；自己人微言轻，众人场合，沉默是金。

三、大学生演讲与口才训练的作用

美国劳工部对劳动力市场进行分析和调查后提出：在当今技术时代，人们从事任何职业都应具有五种能力，分别是：合理利用与支配各类资源的能力、处理人际关系的能力、获取信息并利用信息的能力、综合与系统分析的能力和运用特种技术的能力。其中，处理人际关系能力就涉及口才，其他能力也无不与口才相关联。口才是人才的重要构成因素。大学是要把大学生培养成高层次人才，在这个过程中，演讲与口才训练有其显著的作用。

（一）帮助大学生树立良好的社会公众形象

大学生长期生活在家庭与学校里，与社会打交道的时间少、机会少，加上他们年纪轻、阅历浅，较少有在众人面前讲话的机会，所以，与社会上的人交往时，会显得稳重不足、情绪外露、被动木讷。大学生多参加演讲训练，多参与各类口才培养的实践活动，如朗诵会、文艺晚会、演讲比赛，可以较快地培养自己在人前口语表达的端庄感、深沉感、机敏感，进而帮助他们树立良好的社会形象。

（二）提升大学生的人际沟通与交际能力

美国教育家戴尔·卡耐基认为，一个人事业的成功，专业技术水平只占15%，另外85%则靠人际关系和处世技巧。当下高校对大学生的培养目标指向了综合能力，包括人际沟通能力、创新能力、组织能力、团队合作能力以及自我管理能力等。其中，沟通能力位居所有能力之首，因为具备较强的沟通与交际能力，才能适应时代与社会的发展要求。完美的沟通与良好的人际关系的建立，都基于好的口头表达能力。演讲与口才训练是提升大学生口头表达能力的主要途径。所以，在大学里，演讲不是艺术表演，而是口才实践。各类口才活动也主要不是用于竞赛表演，供人赏析，而是服务于校园德育目标的实施与综合能力的提升。学生将他们经过长期训练和实践所得的本领，用于演讲与口才活动和人际交往中，其丰富的学识、敏捷的应对、良好的修养，不仅让他们在演讲台上举止文雅、锦心绣口，而且在日常人际交往中，能较快而有效地实现沟通与交流的目的。同时，多参加各种口才实践，能够广泛地接触各阶层、各地区的不同人士，扩大自己的交际面，锻炼沟通与交际能力。

（三）促进大学生较快成才，实现自我

一个人的才能有多方面的体现，各个行业的卓有成就者大都有精深新颖的思想、渊且专的学识、丰富的人生阅历、滔滔不绝的口才。大学生要想迅速成长、成才，需要刻苦磨炼自己的观察力、思维力、判断力、应变力和记忆力。这些能力正是一个优秀的演讲者必须经由后天的实践锻炼出来的。所以，大学生在口才实践中，努力学习与磨炼自己，在思想、学识、能力等方面提升自己，必定对培养自己的自信心、促进成才、激励自己多做贡献、实现自我潜能有极大的促进作用。

【案例1】

2006年7月，我国香港大学在内地举行招生现场面试，参加的15名高考状元被淘汰了11位。面试的题目有三：一是1分钟的自我介绍，二是2分钟的童年故事讲述，三是2分钟的即席演讲。我国香港大学的面试注重学生的综合素质，口才水平是他们考评招生的最主要标准。

【案例分析】

口才是一个人综合素质的体现。我国香港大学的做法为内地一些大学借鉴。2007年上海高校全面实行自主招生，2008年以后高校自主招生范围进一步扩大，当众讲话成为进入一流高校的主要条件。可见，口才的好坏虽然决定不了人的命运，但面对处处有竞争、时时有挑战的当今社会，确实能在一定程度上影响大部分人的成败。

【课堂实训】

请学生结合实例谈谈自己对口才和口才训练的看法。

四、榜样的力量与他山之石

（一）榜样的力量

21世纪，出众的口才、良好的表达能力，已成为用人单位考量求职毕业生的主要标准。一个缺乏沟通能力、口语表达能力的高校毕业生，拥有再多的证书也得不到社会的青睐。

放眼当今的大学校园，一些学生学业成绩优秀、素质全面突出。这与他们经常参与校园广播站、口才实践颇有关联。比如，各学院学生会和各社团的骨干分子，会经常参与校园演讲比赛、辩论赛、大型演出等活动。他们中的不少人，在走出校园之前或之后都成为社会的有用之才，甚至成了行业名人，在社会大舞台上演绎他们精彩的人生。央视主持人撒贝宁从小就热爱演讲与口头表达。为了练习口才，11岁那年的暑假，他在家自设场景进行"实战"——用一个多星期策划了一台家庭"晚会"。上中学后，撒贝宁还常在家里"办晚会"，请爸爸妈妈当听众，给他们演讲，再根据他们的意见改善自己。他还把演讲"场景"设在了班里，和同学们一道练口才，切磋演讲技巧。上大学期间，撒贝宁更是热衷于各种与口才有关的活动，是同学们公认的"演讲家"。他加盟央视"今日说法"节目组时，还是北京大学的学生。经过长期的艰苦实践与磨炼，撒贝宁成为知名主持人。

（二）他山之石

演讲课是国外大学，尤其是美国许多大学里的一门必修课。在美国，为充分培养和发展大学生的口才及沟通能力，高校都有意将演讲训练融入大学教育中。

美国绝大多数高校都会要求大一新生选修公众演讲课。如威斯康辛州立大学"为适应学生不同的要求，全校开设的和演讲交流相关的课程多达23门。而以学习基础公共交流理论和实践研究话题、组织材料、演讲陈述为教学目标的公共演讲尤为受欢迎"[1]。俄亥俄州州立大学

---

[1]龚频.美国威斯康辛州立大学公众演讲课教学观摩有感[J].湖北经济学院学报，2012（4）：171-172.

为大一新生专门开设了交流学公选课——"公众演讲概论"。密西根大学(University of Michigan)专门为新生开设了演讲指导课程。每所学校都极为重视演讲这门课程,投入的课堂教学设备充分丰富,能帮助学生利用和发现自身的问题,从而使问题得到更有效的解决。美国高校一般都是小班授课,课堂上老师系统讲解演讲要素,帮学生建立自信。在课堂上,学生是主导者,任课老师只是课堂的组织者和指导者。如,密西根大学的演讲课程规定,每位学生都要在一个学期里做5次公众演讲。美国大学生通过自信心的培养和口头表达训练,一般都能成功克服自我心理障碍,敢于轻松自如地在众人目光注视下,用抑扬顿挫的语句、恰到好处的肢体语言,表达自己的理念与情感,久而久之,他们的批判性思维能力和审美能力也得到提升。

当然,美国高校对学生口才的培养绝不限于开设一门演讲课程。

其实,在美国,为提升学生的口语表达能力,有些中学的课堂上,已经有相应的练习了。如,田纳西州州立高中上午第一节课上,老师会安排几个同学进行5分钟的口才自由展示,学生可以表达自己对学校、对社会、对他人的看法和观点,也可以说一段笑话。同学们称这种课前自定话题、随意阐发观点的口才自由展示行为为"脱口秀"。在课堂上还有一种"脱口秀",由老师锁定题目,让同学们来表达自己的观点,

对中国高校而言,为了提高学生的沟通能力和口才水平,可借鉴美国中学和高校的许多做法。当然,高校的演讲与口才的系统化教学训练必定表现为阶段性与可结束性。课堂教学也只能针对口才训练中的可统一要求的、可重复模仿的部分进行,而口才训练应该贯穿于人的一生当中。

【课堂实训】

课堂脱口秀:以"大学生考试作弊该不该受处罚"为话题,让每位同学讲几句话。要求:观点明确,表达有趣,有理有力。

五、大学生提高演讲与口才水平的方法

曾担任美国哈佛大学校长的德雷克·博克先生认为,大学本科教育有八大目标,首要的就是培养学生的语言表达能力,而本科教育的最后一个目标是"为就业做准备"。大学生的学习、创新、实践能力需要个体演讲和人际交往活动来展示,大学生必须具备较高的演讲水平和较好的口才。由此,必须掌握提高演讲与口才水平的方法。

1.认识自己,树立目标。先对自己的口才水平做出评估,知道自己的特长和不足,然后针对自己的不足,确定口才训练目标,持之以恒地锻炼,把自己锻炼得能够在众人面前大胆发言、流畅讲话,并能做公开演讲。

2.掌握演讲与口才的理论知识和训练技巧。在课堂学习与课后阅读及训练中,必须阅读和学习与演讲和口才相关的书籍,掌握原理与知识,懂得方法与技巧,做到练有所本,从而快速提高自己的演讲与口才水平。

3.提高跟演讲与口才相关的多方面修养。具备先进的、科学的思想,学会思辨,并不断提高自己的专业理论修养及其他多种修养。

4.多参加口才实践,在实践中锻炼成长。在"演讲与口才"课堂上,教师进行某方面的

知识讲解与技巧指导后，学生应积极参与课堂上教师组织的口才训练活动；在各种校园口才实践中，学生应积极参与组织、协助工作，用普通话多与人交流，克服心理压力，锻炼沟通能力和口语表达能力。练习口才的题材和对象很多，只有不停地练习，才能取得较快与较大的进步。

5.立即行动，坚持不懈。坐而论道不如起而行之，演讲与口才的知识掌握得再多，技巧背得再熟练，不练习是不会有成效的。所以，必须从今天练起，从现在练起。演讲能力的提升不会一蹴而就，必须有水滴石穿的精神，持之以恒，方能有所成就。

【案例2】

洪战辉、闫憬鹏在《四年改变四十年》（湖南人民出版社，2009年）一书中，鼓励大学生们要多说话。因为"说话是一个人大多数能力的集中体现"。他们主张做到六个"尽可能多"：（1）尽可能多地和朋友或者陌生人说话，并且时间尽可能长。如果这个人非常愿意和你继续聊下去，那么你离成功就不远了。（2）尽可能多地和朋友通电话，并且时间尽可能长（如果电话费允许）。如果电话那头饶有兴趣，不舍挂断，那么你离成功就不远了。（3）尽可能多地参与主持会议或者晚会。如果你能从容镇定地主持完，与会人员注意力高度集中，那么你离成功就不远了。（4）尽可能多地在会议或者活动中发言。如果你毫不紧张，观点鲜明，那么你离成功就不远了。（5）尽可能多地说服别人去做一些事情。如果别人都能被你说服，那么你离成功就不远了。（6）尽可能多地参加演讲、辩论、创业等大赛。如果你从容镇定、获得名次，那么你就离成功不远了。

【案例分析】

洪战辉、闫憬鹏的主张就是让大学生抓住一切口才训练的机会，多多进行口才实践，坚持不懈，持之以恒，以尽快提高自己的口才。

【课堂实训】

1.大学生对演讲与口才认识存在的误区有哪些？你自己有几项？你准备怎么办？

2.了解自己：填写两份调查表格。要求：填表时，理性分析自己的口才水平，明确自己亟待解决的问题，完善自我口才训练的具体途径。

表一　普通话水平调查表

籍贯		
性别		
平时是否说普通话		
你的发音与普通话的主要差别		
你的普通话存在问题	平翘舌不分	
	声调不准	
	朗读问题	
	说话问题	
	其他	

表二　演讲水平自我测评表

序号	项目	得分				
		1	2	3	4	5
1	演讲稿只写关键词，现场不照本宣科					
2	组织思路时先写下主要论点					
3	事先演练，现场注意听众反应					
4	演讲前检查场地及相应设施					
5	注重仪表，服饰整洁得体					
6	登台时精神饱满，讲究演讲礼仪					
7	演讲有具体目标，准备阶段即估计反对意见					
8	演讲时用眼神同听众交流					
9	演讲时站姿自然不做作，能运用基本的手势					
10	开场白有吸引力					
11	演讲中间部分讲究节奏性					
12	演讲的论点、论据间有内在逻辑联系，能支持自己的主张					
13	结尾呼应开头，有鼓动性					
14	有声语言清楚准确，语速适中，富有感染力					
15	演讲时运用停顿、重复和总结来强调观点					
16	演讲过程富有激情，始终充满自信					
17	讲前预测听众可能会提的问题，根据具体情况恰当处理					
18	讲前预测临场可能出现的意外情况，并制定应变措施					
19	能想法避免怯场，能控制自己的情绪，避免情绪过激					
20	退台前向听众敬礼致意，以稳健的步子、快慢适度地离开					
	总分					

测评标准：非常不符合（1分）；不符合（2分）；比较不符合（3分）；比较符合（4分）；很符合（5分）

演讲水平自我测评结果说明：得分为90以上，说明具有优秀演讲素质；得分为70~89，说明演讲略高于平均水平，有些地方尚待提高；得分为69以下，说明需要进行严格训练，切实提升演讲水平。

3.根据表三，写出你得分最低的5项的序号，判定出影响你演讲水平的主要因素，确定需要努力的方向。

【课后练习】

1.大学生演讲与口才训练的价值怎样？

2.大学生提高演讲与口才水平的方法有哪些？

3.按照下列模式，学生制定一份"演讲与口才"训练计划表。

"演讲与口才"训练计划表

	实现时间	口才目标	自我激励誓言
短期目标	一个月	纠正方言现象、去除语病、培养讲话的兴趣和自信、培养讲话的幽默性，等	大胆发言，大胆演讲，大胆社交
学期目标	一学期	大胆发言，声情并茂地当众讲话，流畅的演讲，灵活敏捷的辩论，自如恰当的社交，等	自由补充

4. 假如你存在社交网络依赖症，担心人际交往不良，那么，在今后的学习、生活过程中，你打算怎么办?

5.制定"演讲与口才"课堂实训表格，目的是鼓励学生参与课堂口才训练的积极性，培养学生听、说的能力与评判、表达能力。

"演讲与口才"课堂实训表

上课时间	练习者	训练题目		评语		评论人
		范围	演讲命题	优点	缺点	

6.写出目前你感兴趣且正在思考的问题(数量不限)。

【推荐品读】

李元授.交际与口才［M］武汉：华中科技大学出版社，2007.

第二章

演讲与口才艺术的系统化训练

【导言】口才艺术是指富有创造性的、能使人产生美感的、生动形象并典型地反映现实社会生活的口语表达方式。素养，是由训练和实践而获得的技巧或能力。刘伯奎说："在口才训练系统中，有两个举足轻重的环节：一为思维环节，一个人思维水平的高低直接决定了此人口才水平的高低；一为心理素质环节，心理素质是否良好，决定了人们的口才能否在需要的时候得到应有的显现。"在口才训练中，应该把思维训练贯穿于口才训练始终，做到口才训练与思维训练同步进行，切实提升学生的口语表达水平。同时，注重学生的心理素质的培养和训练。语言是口语表达者的物质传达手段，它的优或劣直接影响表达效果的好与坏，所以，语言素养要与思维素养的培养共同进行。在口才训练中，还要培养学生的礼仪修养，因为仪表和礼仪既直接影响口语表达者思想感情的表达，也直接影响听众的心理情绪和美感享受，仪表和礼仪须具备一定的艺术美。另外，在交际过程中，听话素养是很重要。要通过培养，让学生掌握听话要领，养成良好的听话习惯。

第一节 思维训练

【教学与训练内容】
1. 充分认识思维素养的重要性，了解思维素养的训练目标
2. 掌握训练思维素养的技巧
【重点】
思维素养训练技巧

人类的口语表达是一个过程，表达活动和表达主体的思维紧密相连，所以，好口才绝不只是舌头的功夫，从根本上讲应该是大脑的力量。口才好，其实是大脑思维的体现。大脑思维要转化为口头语言，由表达者表达出来，可见，口语表达者的思想方法和思维方式，是口语表达成功与否的关键。在演讲与口才训练中，为了让学生克服表达空洞无物、条理混乱、陈词老调、应变力差等问题，让学生的口头表达能力得到实质性的提高，必须注重思维训练。一个思维迟钝而又混乱不堪的人，不可能滔滔不绝、纵横捭阖而条理清晰、准确自如地表情达意，所以，思维素质训练是口才课的重中之重。

一、思维训练的目标

思维训练的目的是让学生的思维品质得到全面锻炼和改善，目标是在口语表达过程中，思维准确、深刻、清晰、条理、广阔、严密、快速、灵活。

（一）通过训练，锻炼和改善思维的准确性和深刻性

在口语表达过程中，表达者要准确把握主题，深刻阐说事理，正确判断听众的思想状况、听讲态度，并不断改善内容，做有针对性、富有效率的表达。这时，表达者的思维须经过由朦胧到清晰、由模糊到准确、由散射到集中、由现象到本质的过程，使认识逐步提高，这样，思维的准确性和深刻性便得以提高。

（二）通过训练，锻炼和改善思维的条理性和严密性

在口语表达过程中，表达者为了把整个表达构成一个严密的整体，增强内容的逻辑力量，要对材料进行选择、组合和编排，要做精巧的构思，使层次结构具有吸引力和说服力。这时，表达者的思维须经过由分解到组合、由横向思考到纵向思考、由纵横思考到综合思考的过程，这样，思维的条理性、逻辑性和严密性便得到锻炼。

（三）通过训练，锻炼和改善思维的清晰性和广阔性

在口语表达过程中，表达者为了将道理讲清讲透，必须调动自己的知识储备，做到旁征

博引，使内容充实而丰富，给听众以多方面的教益。这时，表达者的思维须经过由单向到多向、由多向再到单向的过程，使思路不断开阔，联想更加丰富，这样，思维的清晰性和广阔性便得到锻炼。

（四）通过训练，锻炼思维的快速性和灵活性

在口语表达过程中，表达者要善于根据临场的情景、听众的反馈，快速灵活地捕捉问题，结合听众的需要，随机应变，迅速和准确地做出决定，并善于利用讲话的情景随机思考，使讲出的话有见解，有力度。这时，表达者的思维须经过由此及彼、由点到面的过程，即兴组句，随机应变。这样，思维的速度和灵活性便得到锻炼。

可见，在口才训练的各个阶段都要加强思维训练，思维训练应贯穿于口才训练的始终并有所侧重，而且要与语言训练结合起来。必须自觉培养和训练，逐步具备良好的思维功底和思维品质，才能学会和掌握多种思维方式，进而实现思维能力的飞跃。

【课堂实训】

1.快速串词训练。规则：一个学生说一个词，下一个学生用这个词的后一字组成另外的新词。如中国—国家—家庭—庭院—院长—长大—大同—同意—意见—见解—解决。

2.快速成语连接训练。规则：一个学生说一个成语，下一个学生用这个成语的最后一个字组成另外的新成语，可以谐音。如翻天覆地—地久天长—长治久安—安之若素—素昧平生—生生不息—息事宁人。

3.让每位学生在一张纸条上写上四个互不联系的名词，如"窗·天空·手机·课堂"，交给任课老师。老师汇总后，由学生任抽一张纸条，并在3分钟内，经过联想将四个词串成一个故事当场讲述。

4.以"我眼中的女性美"为话题，做2分钟的课堂即兴演讲。

二、思维训练的技巧

人的思维需要不懈的训练。探究思维训练的方法，势必要先厘清思维的类别。心理学根据标准的不同，对思维分出不同的种类。其中，以思维技巧为标准，思维可分为归纳思维、演绎思维、批判思维、集中思维、侧向思维、发散思维、求证思维、逆向思维、横向思维、递进思维、想象思维、分解思维、推理思维、对比思维、交叉思维、转化思维、跳跃思维、直觉思维、渗透思维、统摄思维、幻想思维、灵感思维、平行思维、组合思维、辩证思维、综合思维等。结合口才训练的目标，这里关注其中的四种思维类型：逆向思维、纵深思维、发散思维、综合思维。

（一）逆向思维训练

逆向思维是从对立面或相反面思考司空见惯的似乎已成定论的事物或观点的一种思维方式。用这种"反弹琵琶"式的思维模式，反其道而思之，反叛传统、惯例、常识，挑战常规，体现出鲜明的批判与创新精神。在口语表达过程中，逆向思维运用得好的表达者，能够从他

人认为是正确的看法、现象中发现错误与谬误之处，或者能够从常规认为是错误的观点、现象中发现真理的成分，从而产生意想不到的表达效果。逆向思维是一种很重要的思维能力。一个人是否具有逆向思维能力，决定了他是否具有创新能力与解决问题的能力。因此，进行逆向思维的训练，可以培养学生对传统、惯例、常识、常规的批判与继承能力，培养学生思维的灵活性、变通性和深刻性，培养学生发表独立见解的能力。

1.逆向思维训练技巧。在类型上，逆向思维法有三种：反转型逆向思维法、转换型逆向思维法、缺点逆向思维法。由此，可以利用反向思维、换位思维、利用缺点思维的技巧进行逆向思维训练。

（1）反向思维训练法。即从已知事物的功能、结构、因果关系等三个方面的相反方向去思考，进行反向思维，从而找到解决问题的方法。如长短、美丑、智愚、前后、难易、进退、有无、巨微、明暗等。如大禹治水的传说。人们的正向思维是"水来土掩"，所以，当黄河流域洪水为患时，临危受命的鲧采取"水来土挡"的策略来治水，结果失败。其独子禹接替父亲担当治水重任时，却转换思维方式，用反向思维思考问题，认为应该顺水性，导其入海。禹一改其父"堵"的水策略为"疏"水，治水成功。

（2）换位思维训练法。即在解决一个问题的途径或手段受阻时，转换成另一种途径或手段，或换位思考，从而顺利解决问题。如，在未发明鞋子前，有一个国王赤脚行走时，脚被刺扎了。疼痛的国王向一个大臣下令：一星期之内，须把城里大街小巷铺上毛皮。不能如期完工，就处死大臣。大臣带人往街上铺毛皮，但所有的毛皮很快就用完了。离限期只有两天时，大臣的女儿要帮父亲解决难题。她向父亲讨了两块皮，按照脚的模样做了两只皮口袋。第二天，姑娘跟父亲去见国王，说："大王，您下达的任务，我们都完成了。您把这两只皮口袋穿在脚上，走到哪儿去都行。别说小刺，就是钉子也扎不到您的脚。"国王把两只皮口袋穿在脚上，然后在地上走了走。他为姑娘的聪明而感到惊奇，下令把铺在街上的毛皮全部揭起来。人们用这些毛皮做了许多鞋子，还想出了许多不同的样式。"毛皮做鞋"的例子说明，有时候，只要换个角度看问题，就可能找到很巧妙的方法，轻松解决某个难题。

（3）利用缺点思维训练法。即利用事物的缺点，将缺点变为可利用的因素，化弊为利，找到解决问题的方法。如"蝇蛆疗法"，对于苍蝇，人们的正向思维定式是：苍蝇是有害的，必须消灭它。但美国华盛顿的一位医生利用蝇蛆有极强的抗菌功能这一特点，发明了"蝇蛆疗法"，为一位长期卧床、身上长了大面积褥疮的老人治病。他先让绿头苍蝇在马肉上产卵成蛆，然后将蝇蛆处理后放养在老人的伤口上，让蛆虫吃掉老人褥疮的腐肉，老人的伤口很快就愈合了，肮脏的绿头苍蝇的蛆治好了老人的褥疮。

2.逆向思维训练注意事项。逆向思维素养可以通过后天的训练强化。训练时，要注意几个方面。

（1）把握事物的本质，注意构思的正确前提。逆向构思并不意味着在普遍意义上的说反话和对着干。虽然事物的正确答案未必只有一个，但在表达现场，只有深刻认识到事物的本质、思想，在观念正确、构思切题的前提下，提出的与现场主流思想完全相反或部分相反的独到的、科学的看法或主张，才会一石激起千层浪，取得令人耳目一新的超出正向思维结果的效果。

（2）把握好尺度和分寸。逆向思维是口语表达立意出新的一种极佳的方法。作为一种有别于常规的思维方式，口语表达者必须注意把握好尺度和分寸，才会围绕现场氛围选择话题，发表观点，产生标新立异之奇和鬼斧神工之妙。

（3）坚持思维方法的辩证统一。虽然逆向思维是制造跌宕效果的有效途径之一，但正向思维和逆向思维二者是对立统一的，不可截然分开。在思维时，要能显示思维的突破性，必须以正向思维为参照和坐标，进行分辨，不可将二者截然对立。

【案例1】

司马光，字君实。陕州夏县人也。父池，天章阁待制。光生七岁，凛然如成人，闻讲《左氏春秋》，爱之，退为家人讲，即了其大指。自是手不释书，至不知饥渴寒暑。群儿戏于庭，一儿登瓮，足跌没水中，众皆弃去，光持石击瓮破之，水迸，儿得活。其后京，洛间画以为图。仁宗宝元初，中进士甲科。年甫冠，性不喜华靡，闻喜宴独不戴花，同列语之日："君赐不可违。"乃簪一枝。（《宋史》）

【案例分析】

有人落水，多数人会受常规思维模式指导，采用"救人离水"的方法，加以救助，而年少的司马光面对危情，却运用逆向思维中的换位思考方法，果断地以石砸缸，"让水离人"，从而救出小伙伴。

【课堂实训】

1.请举出10个从客观看有利、从主观看有害的事例。

2.请用逆向思维反其意而论下面的成语（逆向论证由传统释意、情节复述、逆向辨析、新意立论四个部分合成）。

三人行必有我师，勤能补拙，拔苗助长，良药苦口、忠言逆耳

（二）纵深思维训练

纵深思维是从一般人认为不值一谈的小事或无须做进一步探讨的定论中，发现更深一层的被现象遮蔽着的事物本质，发现他人未曾发现的深邃奥秘，即"透过现象看本质"，由小见大，一叶而知秋。在口语表达过程中，纵深思维运用得好的表达者，讲出的话必定有深度有内蕴，充满智慧，令人赞佩。因此，进行纵深思维训练，可以培养学生对问题做深入思考的能力，培养他们透过事物表象抓住事物本质的能力，让思维向纵深发展，说理令人折服。

1.纵深思维训练技巧。纵深思维训练需要训练者在思考问题时，以"思维链"或"思想链"的形式，沿着既定的思路向纵深探幽，逐层加深。具体做法是：从事物的表面现象入手，从一般定论入手，进行深入细致的剖析。从环节上看，先是简述现象或定论，再分析现象或定论，最后纵深分析现象或定论。如论证"忍耐是一种美德"时，首先要对这一观点进行解释，然后分析这一观点。思路是为什么要忍耐，联系当下社会现实，指出部分青少年性急易冲动，不了解忍耐对己对人的好处。再向纵深处思考，说明要辩证地对待忍耐，忍耐也是要有原则的，需分对象，要有限度。最后，揭示忍耐的实质：忍耐是一种修养，是一种美德。如此循着观点的内在联系，思维由表及里，由现象到本质，一步一步地深入说理，层层推进、环环相扣，探究事物的本末。

2.纵深思维训练注意事项。纵深思维是要透过现象看本质，而现象包括真象和假象。比如在成语"声东击西"中，"声东"是假象，"击西"才是真象；在"围魏救赵"典故中，"围魏"是假象，"救赵"才是真象。真象与假象都可以表现本质，区别在于真象从正面表现本质，假象从反面表现本质。所以，进行纵深思维训练时，训练者看到一个现象时，要先分清现象的真伪，明辨是非。比如现在有些城市楼市出现的"热销现象"，其实有很多都是假象。

【案例2】

关于新形势下农村"空巢老人"现象的思考（提纲）①

一、农村"空巢老人"现象的成因分析。一是城乡差别很大；二是城乡教育事业发展不平衡；三是空巢老人与子女分开居住。

二、农村"空巢老人"生活中存在的困难和问题。一是生活来源得不到有效保障；二是精神空虚，孤独感增强；三是劳动负担增加；四是"病无所医"。

三、对策与思路。一是建立健全养老保障体系，让农村"空巢老人"安度晚年；二是兴办农村养老福利事业，走家庭养老与社会化养老相结合的路子；三是大力宣传《老年人权益保障法》，加强传统孝道教育；四是完善新型农村合作医疗和建立农村公共医疗上门服务制度；五是继续建立完善农村基层老年组织建设；六是调整产业结构，发展农村经济，鼓励外出人员回乡创业；七是建立党员、干部义务监护、帮护制度；八是关注农村老年人的精神赡养问题。

【案例分析】

本文从农村"空巢老人"现象入手，寻找现象的原因，分析农村"空巢老人"生活中存在的困难和问题，最后思考解决好农村"空巢老人"问题的对策与思路。作者的思维轨迹显示了"透过现象看本质"的纵深发展特点，分析的过程很有说服力。

【课堂实训】

1.利用纵深思维技巧，分析当下一些大学生产生网络迷恋或网络依赖现象的原因。

2.当下，大学校园创业现象非常普遍，请利用纵深思维技巧对这一现象加以分析。

（三）发散思维训练

发散思维的别名甚多，如辐射思维、放射思维，也可叫扩散思维或求异思维。发散思维是指从同一问题中产生数量众多的答案，在处理问题中寻找多种多样正确途径的思维模式，表现为思维视野广阔、思维呈现出多维发散状。一个事物，如果分析角度不同，得出的结论就会不同。即使同一角度，由于观察和分析事物的侧重和倾向不同，得出的结论也有可能不同，其实质就是从一到多。在口语表达过程中，发散思维运用得好的表达者，能够从多个角度对同一问题做出思考，一题多解，一事多思，从而讲出与众不同的观点，取得意想不到的表达效果。因此，进行发散思维的训练，可以培养学生从多个角度思考问题的能力，提升学生"迁移类比"的能力及创新能力。

---

① 潘明胜，叶富明.关于新形势下农村"空巢老人"现象的思考EB/OL.［2011-7-1］.http://www.shiyan.gov.cn.

1.发散思维训练技巧。发散思维有多种形式，这里择其一般形式探究训练方法。

（1）材料发散法——以某个物品尽可能多的材料为发散点，设想它的多种用途。如，手机除了打电话，还有哪些用途？

（2）功能发散法——从某个事物的功能出发，以其为发散点，让训练者构想出获得该功能的各种可能性。如，用哪些办法才能达到锻炼身体的目的（办法越多越好）？

（3）结构发散法——以某个事物的结构为发散点，让训练者设想出利用该结构的各种可能性。如，观察周围，看看有哪些东西是圆形的。

（4）方法发散法——以某种方法为发散点，让训练者设想出利用该方法的各种可能性。如，用"提"的方法可以办成哪些事情或解决哪些问题？

（5）组合发散法——以某事物为发散点，尽可能多地把它与别的事物进行组合，形成新事物。如，音乐可以同什么组合在一起？

（6）因果发散法——以某个事物发展的结果为发散点，让训练者推测出造成该结果的各种原因，或者由原因推测出可能产生的各种结果。如，一只杯子掉到地上碎了，会引发什么问题？

（7）形态发散法——以某个事物的形态（如形状、颜色、音响、味道、气味、明暗）为发散点，设想出利用某种形态的各种可能性。如，利用黑色可以做什么事或办什么？

（8）关系发散法——从某一事物出发，以其为发散点，尽可能多地与其他事物产生联系。如，人类与月亮有什么关系？

2.发散思维训练注意事项。

（1）跳出逻辑思维的圈子。应尽量摆脱逻辑思维的束缚，大胆想象，而不必担心其结果是否合理，是否有实用价值。

（2）发挥想象力和联想力。发散思维和想象与联想是密不可分的。发散思维就是向四面八方任意展开想象，而联想是在类似的或相关条件刺激下，串联起有关的生活经验和思想感情，它可以丰富口语表达的内容，增强情感色彩。

（3）追求独特性。发散思维有三个重要特征：流畅性、变通性和独特性。在发散思维训练中，要尽量追求独特性。

（4）要有目的地发散。无目的地无边无际地遐想是胡思乱想。

【案例3】

1986年4月，美国可口可乐公司突然宣布，要改变沿用了99年之久的老配方，并声称新配方是公司为迎接百年大庆，费时3年，耗资500万美元，进行了20多万人口味调查和饮用试验的新产品。可乐公司的产品已行销130个国家和地区，可乐要改变老配方，自然轰动美国，每天都会收到大量表示抗议的信件和电话，还有人组织在纽约的联合广场举行抗议游行示威，一些经销可口可乐的商店也因销量下降而拒绝再经销。公司对顾客的抗议浪潮表现得满不在乎，这进一步激起了人们的愤怒。南卡罗来纳州竟有人组织起来向法院提出上诉，请求法庭给可口可乐公司以制裁。这时，可口可乐公司的董事长乔治于1986年7月10日宣布：为了既尊重老顾客的意见，也考虑到新顾客的需要，公司决定恢复老配方的生产，并命名为"古典可口可乐"，同时，标有"新可口可乐"字样的新产品也继续生产。这一消息传出后，各地的可口可乐爱好者欢欣鼓舞，纷纷狂饮"古典可口可乐"。与此同时，尝试和喜欢"新可口可乐"的人也不断增多。于是，可口可乐在美国和其他地区的销售量进一步迅猛上升，公司发行的股票每股一下子就上升了257美元。

【案例分析】

可乐公司突然宣布改变老配方，并不顾顾客的抗议，目的恰恰是为了从正、反两个方面刺激和鼓励广大顾客更关注可口可乐，更爱好并购买和饮用可口可乐，进一步提升可口可乐的销售量。这是可口可乐公司采用的出奇制胜的产品推销术。可口可乐公司在制定营销策略时运用了求异（发散）思维的方法。

【课堂实训】

1.快速准确地说出名称。

（1）快速说出10种以上有腿不会走的东西。

（2）快速说出中国10种新兴职业。

（3）快速说出10个美洲国家的名称。

（4）快速说出你读过的10本文学名著。

2.利用发散思维技巧回答下面三个问题：

（1）现在，中国大中城市普遍存在着道路拥挤、车辆堵塞、交通秩序混乱的现象，解决问题的办法有哪些？

（2）练成好口才的方法和技巧有哪些？

（3）小张现在不在课堂上的可能性原因会有哪些？

（四）综合思维训练

综合思维就是全面、客观、辩证地考虑问题的思维方式，是多种思维方法在思维活动中的全息式整合，思维逻辑为"综合—综合分析—新的综合"。在口语表达过程中，综合思维运用得好的表达者，能从看似针锋相对、完全对立的观点中，看出彼此之间深层次的互补关系，并能从多个不同角度对同一命题展开讨论，并分别得出一致的结论。因此，进行综合思维的训练，可以培养学生有效运用多种思维方式进行口语表达的能力，进而增强交流与表达的效果。

1.综合思维训练技巧。作为一种思维技巧，综合思维是把外在对象看成由多种因素参与组合而互相作用、产生综合效应、能形成统一运动的有机整体，是从客观对象本身所固有的各个侧面联系出发，来分析和把握事物本质与规律。在综合思维时，需要运用多种思维方式对某种事物做出判断和分析。而人脑恰恰具有整合运用多种思维方法的潜能，所以，掌握多种思维方法，在面对问题时，如果仅仅依靠某一种思维方式不能很好地解决问题时，即将多种思维方式综合运用，深入分析，把握特点，找出规律，以求得解决问题的方法。如，日本人发明松下彩色电视机时，是综合了世界已有的300项技术，亦即运用综合思维，创造性地生产出世界领先的产品。再如，20世纪50年代末，中国发现了大庆油田后不久，日本人就对中国媒体公开发表的几幅照片和几条新闻报道进行了多维度的观察、判断与分析推理，综合了这些材料透露出的与政治、地理、自然相关的信息，判断出大庆油田的情况，得到了极其重要的商业情报，后来在与中国购买设备谈判时占了先机。

2.综合思维训练注意事项。综合思维也是一种创造。它不是对已有材料、信息、知识等做简单的相加、拼凑，而是杂交和升华，是"由综合而创造"的思维方式，综合思维的过程是认识、观念得以突破从而形成更具普遍意义的新成果的过程，所以，综合后的整体大于原来部分之和。如，在歇后语"瞎子背瘸子——谁也离不开谁"的故事中，瞎子和瘸子为解决问题，必须各取所长，才能达到目的，这是综合思维的形象事例。

【案例4】

电影《唐人街探案》中有一处对白。它产生的背景是，秦风到泰国第一天后，收拾东西想离开。因为他知道唐仁不是侦探。唐仁阻止他。

唐仁：干什么？人不大脾气还不小啊！去哪里啊？

秦风：我最恨骗子。

唐仁：我怎么骗你了？

秦风：你是侦探？

唐仁：如假包换。

秦风：买链子是为了破案？

唐仁：当然了。

秦风：不是为了给你的女房东过生日？

唐仁：你怎么知道？

秦风：接我迟到，打牌去了吧？

唐仁：你又知道？

秦风：你那天身上烟味很重，眼睛里都是血丝，指甲里都是泥垢，尤其是右手，左手被烟熏黄，但你平时用右手抽烟。裤子右腿比左腿脏，裤腿被磨得发亮。这些特征组合在一起，只能产生一个行为：打麻将！

唐仁：小说里学的？

秦风：是不是？

唐仁：那天我……我平时还是有很多案子的啦。

秦风：比如……

唐仁：调查失踪人口啊。

秦风：找猫狗。

唐仁：追踪嫌疑犯啦。

秦风：抓小三。

唐仁：押送重要物资啦。

秦风：送快递！

唐仁：你都知道？

秦风：（指着唐仁标记的挂历）都是中文的。你实在是太low了！

【案例分析】

秦风从唐仁对女房东的态度，判断他买链子是为巴结女房东；从唐仁接自己时身上的味道、眼睛的血丝、右腿的裤子比左腿脏、裤腿被磨得发亮等特征，判断他接机晚了的原因是打麻将去了；从他挂历上的中文标记判断他并非天天忙于破案子。综合这些因素，秦风认为唐仁不是侦探，唐仁欺骗了他，所以，他要离开。在观察现象、进行推理、得出结论的过程中，秦风运用了综合思维。

【课堂实训】

阿波罗登月计划总指挥韦伯说过："当今世界，没有什么东西不是通过综合而创造的。"请举例说明你对这句话的理解。

【课后练习】

1. 思维训练方法有哪些？

2. 请同学们分析郎咸平教授的《中国企业存在病态心理》[①]中的一段演讲词，看看郎教授是如何运用逆向思维进行思考的。

中国文化博大精深是没有错的，这个没有人会有意见。在这种博大精深的外衣之下，我们谈谈小问题。我认为中华文化有两个小问题，第一个小问题，投机取巧；第二个小问题，浮躁。《三国演义》这本书的本质几乎囊括了我们中华文化的小问题之一，那就是投机取巧。《三国演义》里面有位男主角是诸葛亮，这个男主角在《三国演义》里面最著名的就是赤壁之战和空城计，你们一下子想到的也是这两个。

赤壁之战和空城计不但你想得到，在京剧，在我们各种章回小说里面、古典小说里面重复提到。当然了，历史上不一定有这两个事。但是真正的历史不重要，而是《三国演义》影响了我们的历史，赤壁之战的决胜因素是什么？有人说了是借东风！因为当时是冬天，刮的西北风，曹操的战船在北面，东吴和蜀在南面，如果要用火攻的话刚好逆风，因此一定要等到东风来才行，所以我们的男主角诸葛亮同志登场了，终于借来了东风，火攻成功，大败曹营。我请大家想一想，你们跟我来个逆向思维想一个问题，万一这位男主角东风没有借到怎么办？如果东风没有借到，百万将士生命将置于何处？这是什么事件，是标准的小概率事件。第二件是什么事，就是空城计，诸葛亮同志弹琴，他在赌司马懿同志多心，因为司马懿同志就是个多心的人。可是万一哪一天跟他老婆吵了一架不多心了呢，被他老婆骂一顿心里一毛，桌子一拍上来把诸葛亮抓走了，有没有可能呢？当然有可能了，吵架是天经地义的事，如果司马懿真的把诸葛亮抓走的话就没有《三国演义》了，就变成"二国演义"了。你身为堂堂蜀国的宰相，冒这种风险，这就是小概率事件。你有没有听过"杀鸡不用牛刀"？有没有听过"四两拨千斤"？很有道理是吧！只要你认为有道理的，基本上都是错的。你们顺着郎教授的思想再来想一想，如果拨不了咋办，被千斤压死了。为什么中华文化不喜欢"千斤拨四两"？为什么杀鸡不能用牛刀？我用机关枪不是更好，保证能打死不更好吗？为什么"千斤不能拨四两"，想一想，"千斤拨四两"一个必胜的把握有什么不好？

---

① 郎咸平.中国企业存在病态心理［DB/OL］.http://user.qzone.qq.com/622004678.

3.请同学们从下面三题中任选一题，利用多种思维方法进行思考，然后认真写稿，下次课轮流上台发表演讲。

（1）"嗟来之食"能否食？

（2）假如项羽没有乌江自刎？

（3）从"单亮事件"思考大学生兼职的利与弊。

【推荐品读】

孙海燕，刘伯奎.口才训练十五讲［M］.北京：北京大学出版社，2004.

第二节　心理训练

【教学与训练内容】

1. 认识心理训练的重要性，了解心理训练的训练目标
2. 掌握训练心理的技巧

【重点】

心理训练技巧

　　心理素养是人的整体素质的组成部分。它是一个人在思想和行为上体现出的较为稳定的心理倾向和特征，是人进一步发展和从事各种活动的心理条件和心理保证。与听讲和阅读相比，说话有其特殊性和复杂性，说话者要承受一定的心理负担，很容易出现心理失衡的现象。所以，优秀的口才家不仅要有优良的人格素养、思想修养、道德素质和文化素养，还必须拥有良好的心理素质。优良的心理素质是口才的保证。有的人明明心里有想法，但当众却说不出来，这是心理素质阻碍了他的正常表达，所以，心理素养是口才素养中的一个十分重要的方面，心理训练亦是演讲与口才课的重要内容。

一、心理训练的目标

　　心理训练的目的是让学生的心理品质得到全面锻炼和改善，而心理素养的培养是一个长期的过程，训练必须有针对性、目的性。进行演讲与口才训练者经过长期的心理素养的训练与培养，应达到四方面的目标。

（一）通过训练，增强自信心，培养坚韧性

　　自信心是人的性格特点之一，它具有理性思维色彩。有自信心的人在任何活动中，都会让自己处在良好的竞技状态。自信心在口语表达过程中尤为重要。具有自信心的人，口语表达时会表情自然、心绪稳定、记忆准确、表达流畅，从而发挥正常水平甚至有超水平的发挥。而人的自信很大部分来源于对失败的认知。每个期望拥有良好口才的人的成才之路都不是一帆风顺的，可能有失败，必须有不怕失败的韧性并能从失败中总结经验教训，在今后的口才实践中，增加自信，刻苦地磨炼自己，不断增强抗挫折的能力。通过心理素养训练，让学生在掌握自己实际的前提下，建立科学的自信，不怕失败、不怕挫折，敢于从口语交际失败中站起来，勇敢走上讲台，有意识地在顺境、逆境、胜利、失败等各种口才情境中经受考验，培养自己的韧性。

（二）通过训练，激发成功欲

　　成功欲是造就出色口才的内在动力。要想成为一个口才家，必须在心理上锻造自己的强烈的成功欲望。通过心理素养训练，让学生明确口才训练目标，刻意改变自己，培养自己的成功欲

望。

（三）通过训练，养成豁达胸襟

拥有豁达的胸襟，口语表达者才可以立论公允，遇上反对意见才能够包容对待，能够有错必改，有误定纠。通过心理素养训练，让学生养成欣赏他人谈吐、举止、善举等的胸襟，进而净化自己的心灵，提高自己的口才水平。

（四）通过训练，培养自控力

自控力指的是一个人合理控制自己的情绪、情感和意志所具有的良好的心理适应能力。拥有良好口才的人，在口语表达过程中，会运用自控力调动自己的思维，组织和运用个性化的语言，从而取得口语交流的成功。通过心理训练，让学生在口语交际时能以坚定的目标意识唤醒意志的力量，头脑冷静，以熟稔的技巧，控制现场也控制自己，进而达到"从心所欲不逾矩"这一最高的演讲境界。

一个人的心理素养会在口语社交的各个环节中表现出来，所以，克服心理障碍，让自己拥有健全的心理素质，懂得心理沟通的方法，是人际交往也是口语表达获得成功的前提条件。每一个有志于成就良好口才的人都必须在心理素质的训练与培养上多下功夫。

【案例1】

史蒂文斯曾是一名软件公司的程序员，但他任职的公司倒闭了。他信心十足地去应聘微软公司程序员。面试时考官问的问题是关于软件未来发展方向方面的，但以前他未曾考虑过这个问题，故遭淘汰。事后，微软公司对软件业的理解让史蒂文斯深受启发，就写了一封感谢信："贵公司破费人力、物力，为我提供笔试、面试机会，虽然落聘，但通过应聘使我大长见识，获益匪浅。感谢你们为之付出的劳动，谢谢！"这封信被送到总裁比尔·盖茨手中。三个月后，微软公司出现了人员空缺，史蒂文斯收到了微软的入职通知书。通过十几年的努力，凭着骄人的业绩，史蒂文斯当上了微软的副总裁。

【案例分析】

史蒂文斯求职失败后，没有怨天尤人，而是理性分析自己失败原因，并且给微软公司写感谢信，这种行为让公司总裁比尔·盖茨看到了其坚韧、豁达的性格和良好的自控力，而这些心理素质有益于从事任何工作。当公司出现职位空缺时，比尔·盖茨马上录用了他。事实证明，史蒂文斯的确是个人才！

【课堂实训】

命意讲解。要求：同学们各自归纳一下自己在公众场合讲话时会出现的心理问题，并分析问题产生的原因。

二、心理训练技巧

在口才训练过程中，心理训练其实就是要把自己训练成可以在现场自如调节和克服各种心理障碍的人。

（一）怯场及其克服方法

怯场是讲话时出现的一种畏惧心理和精神紧张状况。怯场的原因很多，如，因相貌、地位、阅历、能力等引发的自卑感导致自己缺乏自信心和荣誉感，因而临场心情紧张；因陌生而将注意力全部集中在讲话的成败上而产生羞怯感，导致心理失衡；因主观上患得患失、自我意识过强或缺乏充分准备等引起恐惧感带入表达过程，导致表达失败；因身体不适导致心绪不佳而心情沮丧或紧张导致口语表达的失败，等等。

怯场并非"不治之症"，卡耐基说："障碍和失败，是通往成功的两块最稳靠的踏脚石。若肯研究它们，利用它们，便没有别的因素更能对一个人发挥作用。"克服怯场的办法有很多，基本上都是从心理分析、强化训练、生理调节等方面进行。训练时，要因人而异。

1.端正认识。要认识到，怯场是一种常见的现象，每个口语表达者都会有或轻或重的怯场表现，即使世界一流的演说家如林肯、马克·吐温也在所难免；要认识到，适度紧张可以调动表达者的一切积极因素，从而顺利完成口语交际；要认识到，听众并不一定能看出你的紧张来，大胆表达方能抵达成功的彼岸。

2.掌握口语交际规律，稔熟口才技巧。

3.充分准备，多闯多练。

4.上场前了解听众，熟悉环境等。假如是去做演讲，应事先了解听众年龄、职业等情况，提前到场地熟悉环境，做到心中有数，则不会紧张恐惧。

5.自我暗示与激励，树立信心。口语表达前，先进行自我暗示与鼓励。如"我准备充分，一定会讲好"等，以淡化或克服自卑感，消除怯场心理。

6.移情于物，转移注意。在重要的口语交际活动中，不可以去想即将到来的交际活动，而是转移注意力，或者观察某一事物，或者与主持人或熟人聊天，或者看看现场环境，或者干脆自我调节调节呼吸，以控制心跳，这些都能起到调节紧张情绪的作用。

7.把听众或观众当作亲人或朋友来看待。

【案例2】

萧伯纳20岁初到伦敦时，胆小并羞于见人。若有人邀请他去家中做客，他总会在人家门前心情忐忑地长久徘徊而不敢直接去按门铃。他的第一次演讲是在一次学者的辩论会上。当时，有朋友邀请他参加，他心情紧张，但还是发表了演讲，而他的演讲受到了别人的讥笑，他觉得很羞愧。从此，萧伯纳每周都会当众演讲，寻找自信，克服心理障碍，寻求成功。于是，人们在市场、学校、公园、码头等地，在挤满成千上万听众的大厅或只有寥寥几人的地下室，都可以看到萧伯纳慷慨激昂地发表演说的身影。经过不懈努力，萧伯纳以幽默的演讲才能成为一名杰出的世界级演说大师。

【案例分析】

萧伯纳的事例说明，任何人都有可能怯场。怯场并不可怕，只要多加练习，就会克服这一心理障碍，获得演讲的成功，成为出色的演讲家和交际家。

【案例3】

德摩斯梯尼是古代雅典著名的演说家。但德摩斯梯尼小时候却有口吃的毛病，嗓音微弱，而且讲话时肩膀歪斜，一个肩高一个肩低，还习惯耸肩。为此他很苦恼，也有强烈的自卑感。但他不气馁，没被自卑压垮，而是以后天的努力来弥补先天的不足：每天清晨站在海边，迎着大风和波涛，口含石子练习演讲，以改进发音；一边在陡峭的山路上攀登，一边不停地吟诗，以改掉气短的毛病；在头顶上悬挂一柄剑，面对镜子练习演讲，以避免两肩耸动；把自己剃成阴阳头，以便能安心躲起来练习演说；聆听名家演讲（如柏拉图的演讲），用心琢磨大师的演讲技巧，以便练有所凭……经过十多年的勤学苦练，德摩斯梯尼终于练就了梦寐以求的好口才，成为一位出色的演说家。其演说词结集出版，成为古代雄辩术的典范。

【案例分析】

德摩斯梯尼的事例说明，任何人只要树立了演讲目标，再付出超过常人多倍的努力，进行异常刻苦的学习和训练，都会克服先天的不足，成为独具特色的演讲家。

【课堂实训】

1.无语练胆：学生轮流昂首阔步走上讲台站立半分钟，笑视台下每位同学，不开口，但用眼神与同学交流。

2.规定朗诵练胆：学生上台朗诵两则材料，要求发音准确，语速适中，声情并茂。

材料一

满江红

岳飞

怒发冲冠，凭阑处，潇潇雨歇。抬望眼，仰天长啸，壮怀激烈。三十功名尘与土，八千里路云和月。莫等闲，白了少年头，空悲切。

靖康耻，犹未雪；臣子恨，何时灭！驾长车，踏破贺兰山缺，壮志饥餐胡虏肉，笑谈渴饮匈奴血。待从头，收拾旧山河，朝天阙。

材料二

野草　题辞

鲁迅

当我沉默着的时候，我觉得充实；我将开口，同时感到空虚。

过去的生命已经死亡。我对于这死亡有大欢喜，因为我借此知道它曾经存活。死亡的生命已经朽腐。我对于这朽腐有大欢喜，因为我借此知道它还非空虚。

生命的泥委弃在地面上，不生乔木，只生野草，这是我的罪过。

野草，根本不深，花叶不美，然而吸取露，吸取水，吸取陈死人的血和肉，各各夺取它的生存。当生存时，还是将遭践踏，将遭删刈，直至于死亡而朽腐。

但我坦然，欣然。我将大笑，我将歌唱。

我自爱我的野草，但我憎恶这以野草作装饰的地面。

地火在地下运行，奔突；熔岩一旦喷出，将烧尽一切野草，以及乔木，于是并且无可朽腐。

但我坦然，欣然。我将大笑，我将歌唱。

天地有如此静穆，我不能大笑而且歌唱。天地即不如此静穆，我或者也将不能。我以这一丛野草，在明与暗，生与死，过去与未来之际，献于友与仇，人与兽，爱者与不爱者之前作证。

为我自己，为友与仇，人与兽，爱者与不爱者，我希望这野草的朽腐，火速到来。要不然，我先就未曾生存，这实在比死亡与朽腐更其不幸。

　　去罢，野草，连着我的题辞！

一九二七年四月二十六

　　3.任意练口式课堂脱口秀：让同学上台讲一件自己感到快乐的事，用上自己认为有感染力的表情、手势、姿态等，时间2分钟。

（二）过强的表现欲及其调适方法

　　在口语表达过程中，表达者要有一定的自我表现意识。恰当的自我表现欲可增加表达者的自信心和上进心。但自我表现欲过强，则并非口才家良好的心理和行为。表现欲过强会让人陷入自我欣赏、目空一切的泥淖中，必须加以调适。要做到：端正口语表达动机；正确看待荣誉与他人评价；正确评价自我。

【案例4】

　　在古希腊，有一个年轻人去向大哲学家苏格拉底请教演讲术。为了表示自己口才好，他对着苏格拉底滔滔不绝地讲了许多话。听完他的话，苏格拉底要他缴纳双倍学费。年轻人很吃惊地问原因，苏格拉底回答："因为我得教你两样功课，一是怎样闭嘴，另外才是怎样演讲。"

　　有一次，晚清中兴名臣之一、湘军重要首领胡林翼把一位年轻人推荐给曾国藩。不等曾国藩开口，这个年轻人便高谈阔论起来，大有天下之事尽揽心中之势。事后，曾国藩在给胡林翼的信中说："你的眼光素来不错，怎么会把这种人推荐给我，此人与赵括没什么两样。"

【案例分析】

　　这两个年轻人的特点一致。他们夸夸其谈的目的当然是要在人前显示自己的才能，以便能引起他们的注意。但苏格拉底和曾国藩都是相人无数者，知道表现欲太强的人未必有真才实学，反而会比较浮躁，容易惹是生非。结果，表现欲过强的两个年轻人画虎不成反类犬，邀赏不能反被嫌。

【课堂实训】

课堂脱口秀：怎样与表现欲强的人相处？

【课后练习】

　　1.怎样克服怯场心理？

　　2.深入分析自己的心理，找出自己与人交流时的某一种特点，以此为角度，写一份心理分析报告，下一次上课时当众讲述。

　　3.在日常生活中，请注意随时用一些方法进行增强自信心的训练。如，微笑、走路昂首阔步、注视别人眼睛、敢于说"不"、无人处大声唱歌和大声读诗、接触比自己优秀的人，等等。

【推荐品读】

　　孙彦.演说心理学:让你更有吸引力、说服力和影响力［M］.北京：人民邮电出版社，2012.

第三节 语言训练

【教学与训练内容】

1.认识语言训练的重要性，了解语言训练的目标

2.掌握训练语言技巧

【重点】

语言训练技巧

个体语言能力的高低决定着其是否能够合理而有效地运用语言手段来表情达意。加强语言训练的核心内容是掌握语言的规律和技巧，提高运用语言的能力。口才构成要素中的有声语言表达能力和体态语言（也叫态势语言、无声语言）表达能力都属于语言能力。

一、有声语言的训练技巧

从口才学的角度看，有声语言的构成要素有二：语言的物理层面（音质、音高、音强、音速）、语言的内容层面。

（一）有声语言物理层面的训练

语言的物理层面指的是人进行言语活动时发出的声音，它是人类思维的工具和交际的工具，是口语表达活动中最主要、最基本的表达手段和物质形式。虽说语言与人的思维有十分密切的关系，但作为人类社会交际的符号系统，语言是一种独立的社会现象，自成体系，自成学科。话说得好还是坏，运用语言工具能力的大小，直接影响到表情达意，影响到人与人之间的口头交际，因此，说讲者必须努力培养自己运用语言的能力。

有声语言有日常有声语言（一个人每天都在使用的有声语言，朴素自然）和艺术有声语言（在口语艺术中使用的有声语言，要求富有艺术表现力）之分。口才学中的有声语言兼具二者特征，既要有现实性，又要有艺术性。

1.有声语言物理层面的训练目标。有声语言训练的目的是让学生的语言品质得到全面锻炼和改善。在口语表达过程中，讲说者在口语表达的音质、音调、语速、节奏、语气等众多方面进行积极与综合的训练，达到如下目标：

（1）在音准方面，通过训练，每个人的发音都要准确到位，清晰有力。

（2）在音色方面，通过训练，每个人的发音都力争优美圆润，悦耳动听。

（3）在音量音速方面，通过训练，每个人的发音都力求洪亮达远，快慢适中。

（4）在音调方面，通过训练，每个人的发音都能抑扬有致，节奏鲜明。

总之，通过训练，每个学生的有声语言都要力争洪亮圆润、达远耐久、抑扬顿挫、跌宕起伏、变化多样、节奏鲜明、声情并茂、丰富感人。

2.有声语言物理层面素养训练技巧。（1）掌握运气发声、练声技巧，做到科学发声、练声，改善音色，美化嗓音。在进行有声语言训练时，练嗓音很重要，它关乎声音的美感。一个人的音质无法改变，但训练可完善；声音的磁性虽是天生的，也可以在后天训练中获得。这就需要掌握科学的运气发声技巧。

①科学发声。科学发声要注意三点：

第一，用气发声，用胸腹联合呼吸法（也叫膈肌呼吸法）呼吸。气者，音之帅也。只有控制了气息，才能控制声音。一个人说话费劲、声音暗哑、缺乏穿透力和浸彻力的原因有二：一是气息不稳；二是没有充分利用共鸣器官。声音要响亮，有美感，首先要在练气上下功夫。人的呼吸一般有三种：胸式呼吸、腹式呼吸、胸腹联合呼吸。日常口语交际支撑发声的气息要求不太强，也不讲究声音的优劣，所以，采用胸式呼吸或腹式呼吸均可，气息的运用是下意识的。但在朗诵、演讲、主持等口语表达过程中，要有持久的呼吸控制能力，运用丹田气，产生坚实响亮的声音，这就必须运用胸腹联合呼吸法。这种呼吸要充分调动、科学运用从口唇一直到胸腹的发声器官，让胸腔、横膈肌、腹肌等呼吸器官参与呼吸运动，联合控制气息。这样，气息的容量大、伸缩性强，可以吸进足够的气息，使气息均衡、平稳、绵长，进而产生操纵和支持声音的能力。

胸腹联合呼吸的训练目标是：通过学习和训练，让自己用气发声状态达到"气息下沉，喉部放松；不挤不僵，声音贯通；字音轻弹，如珠如流；气随情动，声随情走"的要求。具体要领是：在姿势方面，站或坐，均要端正，保证发声器官相对稳定；在吸气方面，吸气需深，两肋后部扩张撑开，让气息下沉，一通达肺底；在呼气方面，心里自然松弛，控制住吸进的气息，胸廓、两肋和小腹轻轻挺住，让气息有力度、有节奏地慢慢呼出。

科学运气发声需要一个缓慢的训练过程，不急于一步到位。另外，一个人的声音的缺陷，有时可作为个性特征之一，成为个人标志。

第二，掌握吐字归音技巧。在口语实践中，要取得字音清晰、声音饱满、弹发有力的效果，克服口齿不清、声音不饱满的缺陷，须用普通话发音，且运用吐字归音技巧。吐字归音是把一个音节的发音过程分成出字、立字、归音三个阶段。吐字归音对每个发音阶段的具体要求是：出字要叼住、弹出，准确有力，利用字头带响字腹与字尾；立字要拉开、立起，圆润饱满；归音唇舌要完整到位，干净利索。合于出字、立字、归音要求的吐字过程应构成一个完整、立体的形状——"枣核形"，即：吐字归音的最佳状态是"枣核形"吐字，要求以声母为一端，韵尾为一端，韵腹为核心。练习时，要避免"吃字""倒字""丢音"等口齿不清的现象。

吐字归音训练时，要刻意进行咬字器官的训练。咬字器官主要是双唇、舌头、上下齿、硬腭和软腭等。所以，练习吐字归音就要进行舌的训练、双唇的训练、腭的训练、共鸣的运用训练等。

第三，掌握三腔共鸣技巧。共鸣是人体器官因共振而发声的现象。生理学知识告诉我们，声带产生的音量只有讲话音量的5％，其他95％的音量则要通过胸腔、咽喉、鼻窦和口腔所组成的共鸣器放大得来。在日常生活中，人们无意识取得的共鸣，远不能满足口语表达的实际需要，必须有意识地合理地运用共鸣器官，让自己的语音更加优美圆润，富有魅力。在口语交际过程中，发音时的三腔共鸣具体是指嗓腔共鸣、鼻腔共鸣与胸腔共鸣，达到三腔一线，从而扩展音域，改善音色，美化声音。三腔共鸣的秘诀是：喉松，头空，口张，鼻通。进行三腔共鸣的具体要领是：提颧肌、挺软腭、开牙关、松下巴。

【案例1】

体育节目解说专家宋世雄的一段解说视频。

【案例分析】

宋世雄的解说，有一个突出特点：快，但快而不乱！他发出的每个字音都完整、清楚、准确，没有含混不清。可见，宋世雄的"快"是建立在吐字清楚、发音干净利落的基础上的，说明宋世雄是掌握了有声语言的发声技巧的。

【课堂实训】

1."闻花香"锻炼横膈膜、练气息。要求：坐直，两眼平视前方，想象自己眼前是一片花海，自己站在花丛中闻花香，然后，吸气，小腹向中心（丹田处）收缩，保持两秒，然后呼出。呼气时，切忌一下子把气全部呼出来，要把小腹一直收住，使胸部、腹部在努力控制下慢慢把气送出来。反复练习5~8次。

2."数葫芦"控制气息。要求：深吸一口气，然后轻声念"金葫芦，银葫芦，一口气数不了24个葫芦，一个葫芦、两个葫芦、三个葫芦……"，直至这口气气尽为止，反复5~8次。

3.读四声词语练习控制气息。要求：朗读下列四字成语或短语，注意气息的控制：

汤糖躺烫　巴拔把爸　吃迟尺翅　非肥匪费　消淆小笑　汪王枉忘

兵强马壮　山穷水尽　山盟海誓　瓜田李下　妖魔鬼怪　光明磊落

救死扶伤　刻骨铭心　量体裁衣　木已成舟　弄假成真　视死如归

4.教师放一段经典电影配音《叶塞尼亚》（丁建华、乔榛配音），让学生说说配音演员发声的特点。

5.诗歌朗读练习。要求运用吐字归音等技巧，声情并茂地朗读下面两首诗。

将进酒

李白

君不见黄河之水天上来，奔流到海不复回。

君不见高堂明镜悲白发，朝如青丝暮成雪。

人生得意须尽欢，莫使金樽空对月。

天生我材必有用，千金散尽还复来。

烹羊宰牛且为乐，会须一饮三百杯。

岑夫子，丹丘生，将进酒，君莫停。

与君歌一曲，请君为我倾耳听。

钟鼓馔玉不足贵，但愿长醉不复醒。

古来圣贤皆寂寞，惟有饮者留其名。

陈王昔时宴平乐，斗酒十千恣欢谑。

主人何为言少钱，径须沽取对君酌。

五花马，千金裘，

呼儿将出换美酒，与尔同销万古愁。

②科学练声。练声是根据科学的系统的方法和材料，使具有先天发声条件的人开发自身发音器官的潜能，以适应演讲与口才的需要的过程。练声训练的目标是：通过训练，发声者获得了稳定的心理状态，具有较强的精神控制能力；发声者建立了较为坚实的发声基础，具有了对发音器官的主动支配能力；发声者的声音表现力得到丰富和提高，达到与表情达意完全统一的程度；发声者练声前存在的问题得到了纠正。练声可分为常规练习和特殊练习两种。常规练习是按编排的内容每天进行的练声；特殊练习是针对练声者存在的问题而进行的练习。练声的具体内容如下。

第一，锻炼膈肌、腹肌和咽壁。膈肌、腹肌和咽壁是人体发音器官的动力组织。

膈肌和咽壁四步练习法：第一步，深呼吸后连续发出2~3个扎实的"嘿"音，"嘿—嘿—嘿—"；第二步，连续弹发七八次，用气力度要均匀，保持一定的音量和音高，音色要前后一致；第三步，使发出的"嘿"音有快慢变化，要快则快，要慢则慢；第四步，做改变音高、音量和音色的变化，使发出的"嘿"音由低到高，再由高到低，音量由大到小，再由小到大，音色的变化通过声音虚实的变化来练习。"嘿"音发好后，可进行其他音如"咦""哈"等的练习。

腹肌练习：一般方法是做仰卧起坐。每次能连续做25~30次，腹肌的力量就能满足口语表达的需要了。

第二，磨炼口齿。口、齿、舌是咬字器官。

口部操练习：用喷、咧、撇、绕等方法进行唇的练习，用刮舌、顶舌、伸舌、绕舌、立舌、舌打响、捣舌等方法进行舌的练习，用"咬"来进行颊部练习。

音字词的发音练习：音字词的发音练习是取得和稳定音准的重要步骤。按照普通话声母、韵母和声调的发音要领，发准普通话拼音中的21个声母、39个韵母和4个声调，然后再练习所有有声韵拼合关系的音节。在此基础上，练习与音节有拼读关系的字词，并注意四声的练习。

绕口令练习：绕口令练习是读准声韵调的强化训练，练习时，要读得字字到位、句句清晰。

第三，改善音色。音色是一种声音区别于其他声音的本质特征。一个人的音色取决于其发声器官、发声方法和共鸣器官。一个人的音色可以通过一定的训练得到改善。

"a"音练习：通过练习发延长的"a"音，取得和稳定基本音色。

基本音色虚实变化练习：坚持以实为主、虚实结合的原则，做到喉部发实音不质硬，发虚音不松懈；发实音气息不少，发虚音气息不多；发实音咬字不紧，发虚音咬字不松。第一步先练"a"发音的虚实变化，第二步练字词发音的虚实变化，第三步练短句的虚实变化。

协调和改善语音音色练习：适当调整发音方法以改善音位元素的发音音色。具体做法是以开带闭，以闭带开，以前带后，以后带前和以优带劣。

第四，扩展音域。扩展音域训练的标准一般为接近或达到两个八度为宜。具体练习方法有：从自然音高开始，做"a""i"音的上绕或下绕练习，上绕时要拉住，下绕时要托起；用不同的音高朗读同一首诗歌。

第五，调节响度。调节响度训练的标准是在口语表达时语音响度能大能小，调节自由。具体做法是：设想面对不同数量的听众来调整训练响度，是一对一，还是一对十、百、千、万，人数不同，响度不同；通过设想与听众之间距离的不同来训练响度。

【课堂实训】

1.绕口令练习气息。要求一口气读完下列每则材料。

《八十八岁公公》：八十八岁公公门前有八十八棵竹，八十八只八哥要到八十八岁公公门前八十八棵竹上来借宿。八十八岁公公不许八十八只八哥到八十八棵竹上来借宿，八十八岁公公打发八十八个金弓银弹手去射杀八十八只八哥，不许八十八只八哥到八十八岁公公门前八十八棵竹上来借宿。

《九个酒迷喝醉酒》：九月九，九个酒迷喝醉酒。九个酒杯九杯酒，九个酒迷喝九口。喝罢九口酒，又倒九杯酒。九个酒迷端起酒，"咕咚、咕咚"又九口。九杯酒，酒九口，喝罢九个酒迷醉了酒。

2.用不同的音高朗读同一首诗歌。

我爱这土地

艾青

假如我是一只鸟，

我也应该用嘶哑的喉咙歌唱：

这被暴风雨所打击着的土地，

这永远汹涌着我们的悲愤的河流，

这无止息地吹刮着的激怒的风，

和那来自林间的无比温柔的黎明……

——然后我死了，

连羽毛也腐烂在土地里面。

为什么我的眼里常含泪水？

因为我对这土地爱得深沉……

（2）掌握节奏技巧。声音的节奏指的是口语表达过程中，一定数量的音节，按照说话高低、强弱、快慢和顿歇之间的关系，做有规律的交替重复而形成的强弱、快慢、紧凑或松弛的变化。节奏的构成要素有：停顿、重音、速度和抑扬。要让讲话、座谈、教学和演说获得理想的效果，有声语言需具备节奏性，必须在声音形式上，做到语音有高有低，语调有抑有扬，语速有快有慢，吐字停顿有长有短。只有让声音具有节奏性，听众才能自始至终都精神饱满并有效地接收信息

①停顿。在口语表达中，停顿既是一种语言标志，也是一种修辞手段。同样一组音节，因停顿不同，意思完全不一样。例如："我赞同他也赞同你怎么样？"可以说成："我赞同他，也赞同你，怎么样？"也可说成："我赞同，他也赞同，你怎么样？"两种停顿，表达了两种完全不同的意见。可见，停顿不只是讲话者在生理上正常换气的需要，也是表达情意的需要。停顿恰当，既能够清晰地显示语意，也可以调节语言节奏，给听众留下回味的余地。停顿失

当，往往影响语意的准确表达。

停顿有三种，语法停顿(又称逻辑停顿)、感情停顿(又称心理停顿)和特殊停顿。语法停顿不仅可满足说话人自然换气和润嗓的需要，而且还可让说出的语句、段落层次分明。语法停顿一般是用标点符号表示出来的，要按标点进行停顿。

感情停顿是为了表达复杂或微妙的心理感情。感情停顿常常以拖长音节发音、欲停不停或适当延长时间来表现，并且常常辅之以体态语言，使感情表达得更加自然清楚。如，说"把挫折的苦果变成人生的补药"这句话时，在"苦果"后拖音，似停非停，为后面的"变成"昂起而蓄势，便自然地表达出坚忍果断之情。再如，在演讲稿《把挫折的苦果变成人生的补药》中，有这样几句话："现在，我尚不能写出'笼天地于形内，摄万物于笔端'的文章，亦不能讲出恢宏豪壮的语言。可我正满怀信心，矢志不渝地朝着理想之地奋进。"在"出"字后可做停顿，既有突出后面做宾语的较长的偏正词组的作用，又表达出有自知之明的恳切态度。在第二句的"我"字后做稍长停顿，便能表达出坚定的信心。

特殊停顿是为了加强某些特殊效果或应付交流现场的某些特殊需要，说话人采用的停顿。它是为了渲染某种思想情绪，或者使情绪转化自然，有意识地、突然地做停顿处理。如，英国首相丘吉尔在一次演讲中说："我们现在的生活水平比历史上任何时期都高，我们现在吃得很多。"讲到这里，他故意停了下来，看着听众好一会儿，然后，他盯着自己的大肚皮说："这是最有力的实证。"这种根据表意需要而设计的特殊停顿，结合态势语言，可收到出奇制胜的效果。这种停顿可谓匠心独具，高人一筹。

②重音。重音有强调和突出的作用。在口语表达时，人们常常把某些词语讲得比一般词语重些或轻些，利用声音的强弱对比、重读或轻读某些表现重点内容的词语，从而起到强调突出作用。利用重音增强语言的表现力，是语言表达的重要技巧之一。说话的声音有强有弱。用力大，气流强，声音就大，就重；用力小，气流弱，声音就小，就轻。每个句子都是由词语构成的，每个词语在句中的表意作用各不相同。若按声音强弱划分，重音可分为轻读型重音和重读型重音，凡读音比一般词语读音轻些的叫轻读型重音，凡读音比一般词语读音重些的叫重读型重音。如，"如果世界上真有不知疲倦的人，我们敬爱的周总理呵，一生休息得最少最少"。"不知疲倦""敬爱""周总理"应采用重读型重音来读，读得重而深厚，而"最少最少"宜采用轻读型重音来读，读得轻而深沉。

若按表现思想感情、内容重点或句子语法结构来划分，重音可分为语法重音、感情重音和逻辑重音三种。在句子中，一般情况下，谓语、定语、状语、补语要读得重一些，句子中列举的同类词语也要重读；在词汇中，有对比作用的词语和用作比喻的词语也要读得重一些。这都是语法重音。逻辑重音是语法重音之外的音节读成重音的情况。逻辑重音有区别作用和强调作用。如，在句子"我请你喝一杯咖啡"中，如果把"我""你""一杯""咖啡"等词语读成重音，则是为了区别开邀请人、邀请对象、所喝数量、所喝饮料。再如，在"我，只有我，才能帮助你克服这个困难"中，"只有"读成重音，就是为了强调。感情重音大部分出现在表现内心节奏强烈、情绪激动的地方。如，鲁迅小说《伤逝》中的几句话："然而现在呢，只有寂静和空虚依旧，子君却决不再来了，而且永远，永远地！……"把"决不""永远，永远地"等读成重音，就能把"我"的伤痛和悔恨等情感表达出来。

重音技巧有二：一是用能表达明确态度和感情的语气带出重音；二是借助停顿和读音的长短变化来表示。

③语速。语音的快慢称语速。语速是讲话的速度。在口语交际中，语音的快慢对于表情达意是十分重要的。在正常的谈话中，多数人每分钟说出的单词数为130～180个，但是在演讲、论辩过程中，语速是否恰当，要取决于听众能否理解口语表达者讲话的内容，还要考虑感情、环境气氛等需要。从技巧上说，把音节拉长，速度就慢；音节短促，速度就快。要正确运用语速，必须做到两点：一是语速要富于变化，缓急相间、快慢结合；二是语速变化要有过渡，不要过于突兀。

④语调。语调是指句子高低升降的变化，这种升降变化能表达不同的语气。语调一般分为四类：平直调、上扬调、下降调、曲折调。平直调一般用于陈述说明的语句；上扬调多用于疑问、反问句式，或某些感叹句、陈述句，适宜于提问、称呼、鼓动、号召、训令等场合；下降调多用于感叹，常表示祈求、命令、祝愿、感叹等方面内容；曲折调多用于语意双关、言外之意、幽默含蓄、有意夸张等语句的表达中。

在口语表达时，掌握并善于运用重音、停顿、速度和语调技巧，声音便会产生节奏性。练习声音的节奏性的方法有多种，这里主要介绍读讲法。

读，主要是朗读、快读。朗读就是运用普通话把书面语言清晰、响亮、富有感情地读出来，变视觉形象的文章为听觉形象的语音；快读就是快速朗读。朗读有两种方法：有备朗读、即兴朗读。坚持不懈地进行朗读法训练，可以把自己锻炼得口齿伶俐，语音准确，吐字清晰，发音响亮，能灵敏准确地传导信息。

讲，就是在任何场合、时间、机会都勇于说与讲。

一般而言，通过读讲法的训练，大多可以达到口语表达准确情绪，流利清楚，抑扬顿挫，节奏感强。

【课堂实训】

1.下面是李存葆的小说《高山下的花环》中雷军长的战前演讲片段，请仔细体会其情感，大声地、节奏鲜明地朗读。

我的大炮就要万炮轰鸣，我的装甲车就要轰轰开进！我的千军万马就要去杀敌！就要去拼命！就要去流血！可刚才有那么个神通广大的贵妇人，她竟有本事从千里之外，把电话要到我这前沿指挥所。她来电话干啥？她来电话是要我给她儿子开后门，让我关照他儿子！奶奶娘！走后门，她竟敢走到我这流血牺牲的战场上！我在电话里把她臭骂了一顿！我雷某不管他是天老爷的夫人，还是地老爷的太太。走后门，谁敢把后门走到我这流血牺牲的战场上，没二话，我雷某要让她儿子第一个扛上炸药包，去炸碉堡！去炸碉堡！！

2.指定学生朗读下文《永远的蝴蝶》，要求：在朗读过程中，正确处理停顿，发音要准确，吐字要清晰，要有节奏性。

永远的蝴蝶

陈启佑

那时候刚好下着雨，柏油路面湿冷冷的，还闪烁着青、黄、红颜色的灯火。我们就在骑楼下躲雨，看绿色的邮筒孤独地站在街的对面。我白色风衣的大口袋里，有一封要寄给在南部的母亲的信。樱子说她可以撑伞过去帮我寄信。我默默点头，把信交给她。

"谁叫我们只带一把小伞哪。"她微笑着说，一面撑起伞，准备过马路帮我寄信。从她伞骨上渗下来的小雨点，溅在我的眼镜玻璃上。

随着一阵拔尖的刹车声，樱子的一生轻轻地飞了起来。缓缓地，飘落在湿冷的街面，好像一只夜晚的蝴蝶。

虽然是春天，好像已是深秋了。

她只是过马路去帮我寄信。这简单的行动，却要叫我终身难忘了。我缓缓睁开眼，茫然站在骑楼下，眼里裹着滚烫的泪水。世上所有的车子都停了下来，人潮涌向马路中央。没有人知道那躺在街面的，就是我的蝴蝶。这时她只离我五公尺，竟是那么遥远。更大的雨点溅在我的眼镜上，溅到我的生命里来。

为什么呢？只带一把雨伞？

然而我又看到樱子穿着白色的风衣，撑着伞，静静地过马路了。她是要帮我寄信的。那，那是一封写给在南部的母亲的信。

我茫然站在骑楼下，我又看到永远的樱子走到街心。其实雨下得并不大，却是我的一生一世中最大的一场雨。而那封信是这样写的，年轻的樱子知不知道呢？

"妈：我打算下个月同樱子结婚。"

3.教师准备一篇政论性文章，让学生做无准备朗读。要求朗读得准确顺畅。

4.就学生关心的一二话题，请学生准备3分钟，然后踊跃上台做2分钟发言。

（二）有声语言内容层面的训练技巧

1.有声语言内容层面的训练目标。

语言在内容层面的训练目的无非是锻炼和完善口语表达者的语言内容。

（1）通过训练，使语言准确、鲜明、生动。准确是语义要求，就是选用的词语贴切，句子的组织安排合乎逻辑，能确切地表达说话者的思想感情和对客观事物的认识与理解；鲜明是语意明确，条理清楚，能够把要表达的意思明白无误地说出来，而且能抓住事物的特点、本质，明确而突出地传达给听众，给听众以清晰的印象；生动就是语言的运用灵活多样、新颖别致、活泼动人，能用各种手段把事理、情理生动地表述出来，使听众易于理解和接受。准确、鲜明、生动三者之间有着不可分割的内在联系：准确是鲜明和生动的前提；鲜明生动又赋予准确的语言以强烈的表现力和感染力。口语表达者只有不断加强运用语言能力的培养锻炼，不断提高自己运用语言的能力，才能使自己口语表达的语言在内容层面上做到准确、鲜明、生动。

（2）通过训练，让语言的运用与语境和谐统一。语境是口语表达活动的对象和时空环境，是制约口语表达活动的客观条件。表达者必须让自己说的话语符合语境的要求。要根据不同的语境和不同的表达内容，在词语的锤炼、句式的调整、语气的选用和修辞手法的运用等方面有所变化，使语言的运用与表达内容和语境和谐统一，以实现口语交际预期目的。

（3）通过训练，让说出的语言与自我的社会角色和个性特征和谐统一，并在此基础上形成自己的个性风格。口语表达者运用语言符合自己的社会角色、社会身份，就会使自己及所讲的内容具有权威性和可靠性，得到听众的认同；否则，将会导致沟通活动的失败。不过，相同社会角色的表达者由于气质、修养、阅历等方面的不同，又存在着个性方面的差异。表达者运用语言不但不能抹杀自己的个性，相反要在语言实践中不断培养自己的个性，完善自己的个性，使之形成较为稳定的个性特点，从而形成自己的语言风格。语言风格是多样化的，大致有平实朴素型、机智风趣型、淡雅清新型、华美绚丽型、激昂雄浑型、含蓄典雅型、严谨持重型和繁复俏皮型等。

【课堂实训】

教师放北京卫视《我是演说家》（2016年7月22日晚播出）中的陆蓉之和赖佩霞的演讲视频，从有声语言的内容层面来比较二者的不同。

2.有声语言内容层面的训练技巧：广取博览、积学储识。

（1）系统学习语言学、修辞学、逻辑学等方面的知识与方法，在语汇、语法、句式、句型、修辞等众多方面进行积极与综合的训练，以提高口语表达的正确性、鲜明性和生动性。

（2）学习、积累和吸收丰富的优秀的语言养料。一是学习书本语言（书面语言或文学语言）。优秀的书面语言是在口语基础上经过加工提炼而成的，既是丰富生动的，带有口语的质朴平易，又纯洁精炼，符合语言规范。口语表达者应多读书，在优秀作品中汲取营养，是培养语言能力的重要途径之一。在学习书面语言的过程中，要对古今中外优秀作品都加以涉猎。二是向民间语言学习。民间语言指的是大众的语言，它是最生动、最丰富、最有生命力的。深入大众的生活和社会实践，熟悉大众的生活，理解大众的感情，便可以熟悉和掌握大众的语言。

（3）掌握表达语言的技巧。技巧问题涉及口语表达中语言运用的方方面面，这里重点关注表述语言的三种技巧。

①模糊的表述技巧。语言的模糊性是语义的本质属性之一。它是客观事物本身的某种模糊性质和人认识上的有限性在语言上的反映。孙犁在《好的语言和坏的语言》一文中，有如下性质的语言是文学上最好的语言：明确；朴素；简洁；浮雕；音乐性；和现实生活有紧密联系。前三点体现的是语言的精确性，而后三点体现的是语言的模糊性。长期以来，人们认为口语必须表达准确、鲜明，不能模糊。实际上，"人类生活中不可能没有模糊概念，不可能处处用精确概念代替模糊概念"[1]，语言表达达到精确性与模糊性的统一，才是最佳的效果。在口语交际过程中，语言的模糊性有极强的交际功能。运用语言的模糊性，对某一具体问题做模糊的表达，是表述语言的重要技巧之一。

所谓模糊表达就是有意识地用模糊语言进行表达，即由对语义体现的概念在外延上没有明确界限的事物，或出于表达策略的需要，有意识地使用一些语义模糊的话加以表述。运用模糊语言，充分发挥语言模糊性的优势，可以给口语表达带来灵活性、暗示性和机变性。如，在"枯藤老树昏鸦，小桥流水人家，古道西风瘦马。夕阳西下，断肠人在天涯"（马致远的《秋思》）一曲中，作者故意把一组好似无逻辑、无关联的意象堆砌在一起，生动表现出天涯游子纷繁复杂、无限惆怅的思绪状况。全曲整体上逻辑一致，这是因为作者运用了语言的

---

① 伍铁平.模糊语言学［M］.上海：海外语教育出版社，1999.

模糊性。这是书面模糊表达之例。在言语交际中，模糊表达的例子也很多。如，有个喜欢唱歌但唱得不怎么样的朋友请你评价他的歌唱得怎么样。你如果说他唱得好，你就是虚伪而不讲真话；你如果直言说他唱得难听，可能会伤了他的自尊心。此时，最好用模糊表达法，说"还好""还可以"，这样含糊其词，既不肯定也不否定，语义较模糊，但不伤对方的自尊心。

②幽默的表述技巧。运用幽默的语言进行口语表达时，口语表达者往往从常人想不到的角度来思考问题和表达态度与看法，让听者在轻松愉快中明白说话人的意图，既表达了意思，又融洽了人际关系。这就要求口语表达者见多识广、豁达乐观，同时还要掌握一定的表达技巧。幽默大师林语堂受邀在美国哥伦比亚大学课堂上讲授"中国文化"时，大谈中国文化的好处。有一位女生问他："林博士，您好像是说，什么东西都是你们中国的最好，难道我们美国没有一样东西比得上中国吗？"林语堂略一沉吟，笑着说："有的，你们美国的抽水马桶要比中国的好。"

③委婉的表述技巧。在表述过程中，有时需要直截了当的陈述，有时也需要迂回曲折的表达。说话人运用加工修饰过的话语，将某些不宜说或不想说但又必须说的意思隐晦曲折地表达出来，这种表达的技巧就是委婉。委婉是人们在社交中，为谋求理想的交际效果而创造的一种适当的语言表达形式。其运用形式是多样化的：可以采用同义替代的形式，如，不直接说"死"而用"过世""故去"等同义词语替代；也可以采用谐音双关的形式，如批评质量不好、卫生条件差的马路为"扬灰路"（与"洋灰路"谐音）；也可以采用以问代答的形式，如物理学大师法拉第公开做电磁学的实验展示后，有人高声责问："这有什么用呢？"法拉第反问道："请问，新生婴儿有什么用呢？"可以有意偏离常规形成各种修辞格，如说"袁大头"是指印有袁世凯头像的银圆，是"借代"，领导对工作做得不好的人说"你干得实在太好了"，是反语；也可以通过违背合作原则产生会话含义，没有提供足够的信息，但听者完全可以领悟到其立场与看法。当然，不管采用哪种形式，委婉技巧的根本点是其暗示性，因此一定要以听话人乐于接受和易于接受为原则。

【案例2】

晚饭后，失业了的嫂子和小姑子聊天。嫂子说："唉，人要是倒霉，连喝口凉水都塞牙，我前年好不容易找个工作，现在又丢了。这往后的日子可怎么过啊！"小姑子是个乐天派，她笑笑说："你光发愁有什么用呢？你放心，老天爷饿不死瞎眼的雀儿，天塌下来有地接着。走一步看一步，车到山前必有路。现在咱生活是难点，可没有爬不过去的山，没有趟不过去的河。顶不济了咱去拾破烂，本小姐是属虾米的，能折能弯。俗话说得好，三百六十行，行行出状元。说不定咱丢了铁饭碗，还能捡回个金饭碗呢。"她的话说得嫂子笑了。

【案例分析】

小姑子在回答嫂子的一席话中，连续运用了"老天爷饿不死瞎眼的雀儿""天塌下来有地接着""车到山前必有路""没有爬不过去的山""属虾米的，能折能弯""三百六十行，行行出状元"等民间俗语，加上比喻等修辞的使用，显得有理有力而且生动活泼，趣味十足。这些来自民间的群众语言表现力极强。学习语言要多向民间语言、群众语言学习。

【案例3】

琼斯是英国的天文学家。有一天，有人问他："地球还能存在多少年？"琼斯回答说："你们想象一下，有一座巍峨的高山，一只小麻雀悠闲地跳来跳去，不停地啄着这座山。小麻雀啄光这座大山大约需要多长时间，地球就能存在多长时间。"

【案例分析】

琼斯面临的是一个难以具体回答的问题。问者要一个具体的确切的数字，而琼斯无法用具体数字来回答，因为，如果回答出还能存在多少亿年，那么令人信服的根据是什么？精确回答不行，琼斯就改用了模糊回答法。他通过一个比喻，机智巧妙地回答问话人。所以，当遇上不好回答、不便回答甚或不想回答但情势又迫使你不能不答的问题时，可巧用比喻、反问等方法

【课堂实训】

1.阅读下则材料，看材料中的"通告"所运用的语言技巧。

材料：电影院里常有女观众戴帽子，影响后排观众看电影，放映员多次打出字幕"放映时请勿戴帽"，但无济于事。有一天，银幕上出现了一则通告："本院为了照顾年老的女观众，允许她们戴帽看电影。"通告一出，所有戴帽者都摘下了帽子。

2.星期六早上，你的好朋友打电话邀你一起去打电游，但你想复习准备迎接英语六级考试。请你用模糊表达法说几句话，拒绝朋友的邀请。

3.你去主持一次学术演讲会。请你用委婉的表达方式，提请听众关闭手机或将手机打到静音上。

4.一个喜欢追剧的女同学，在即将期末考试时，还放不下正热播的一部剧。作为她的好朋友，请你用幽默、诙谐的语言，劝说她改弦易辙。

二、无声语言的训练技巧

通过仪表、身姿、手势、表情、目光等进行思想情感交流和信息传播的手段，称为无声语言，亦称态势语言、体态语。体态语是一种最古老、最原始的交际方式，其历史悠久、源远流长；它是对口头表达的必要补充和辅助（哑语除外）；它所传递的所有信息受表达环境的制约。

（一）体态语的作用

1.强调作用。在口语表达中，有时候为了突出某个意思的重要性，会辅助使用手势或眼神等，以加深、强化听众的印象。

2.补充作用。在口语表述过程中，无声语言还可以辅助有声语言，准确有效、形象生动地表情达意，弥补有声语言的不足，正所谓"言之不足，手之舞之，足之蹈之"。上文提到的英国前首相丘吉尔演讲时故意停顿"盯着自己的大肚皮"起到了有声语言所起不到的直观作用。

3.替代作用。在口语表达的某一阶段，有时会暂停讲话，而以态势语言替代后续内容。

这种方式恰当运用，就会收到"此时无声胜有声"的效果。如，林肯当律师时，一次作为被告的辩护律师出庭。原告律师在法庭上把一个简单的论据翻来覆去地陈述了两个多小时，听众都已不胜其烦。好不容易才轮到林肯上台替被告辩护。他走上讲台，先把外衣脱下放在桌上，然后拿起玻璃杯喝了两口水，接着重新穿上外衣，然后又喝水。再脱外衣。这样反反复复了五六次，逗得法庭上的听众笑得前俯后仰。林肯一言不发，在笑声过后才开始他的辩护演说。

4.审美作用。无声语言不仅是口语表达者的思想感情的恰当表达，同时也是其风采风度的完整展示。如，在演讲过程中，演讲者还未开口，但其走上讲台时的姿势、仪表等态势语言已经给观众造成了一种印象，并且影响到下面演讲内容的传达效果。因此，塑造准确、简洁、优雅和独特的无声语言，既有利于演讲者表达自我思想感情和观念态度，也能使观众获得赏心悦目的审美愉悦。正如英国哲学家培根所言："相貌的美高于色彩的美，而优雅得体的动作的美又高于相貌的美，这是美的精华。"

美国语言学家艾伯特·梅瑞宾有个关于传播效果的著名公式：信息总量＝7％的语言(只是词)＋38％的语气(包括音调、变音和语速等其他声响)＋55％的体态语(无声的)。这一公式充分说明了无声语言即态势语言对于人们交流沟通的重要性。

（二）无声语言的训练目标

无声语言的组成有三部分，即面部表情、手势动作、站势和走势。训练目标也指向这三方面。

1.通过训练，锻炼和改善脸面表情的灵敏性、鲜明性、真切性和艺术性。口语表达时，说话人的面部表情是丰富的。训练时，通过积极调节、控制和支配，让脸面表情丰富、准确、自然、恰当，使交流和沟通对象便于领会和理解。

2.通过训练，培养以手势动作辅助口语表达的能力。在口语表达时，手势可以辅助有声语言表达心理活动，表达思想感情，传导信息。训练时，要以手势动作的雅观、自然、协调、准确为目标，坚持不懈地模仿、创新，最终达到理想状态。

3.通过训练，锻炼说话者在人前或在台上，无论是站立还是走动，都能自然、大方、得体。

（三）体态语的训练技巧

1.面部表情。态势语言中的面部表情语言即表情语，指一个人说话时对于面部表情的恰当运用，即通过眼神、笑容、面容等表达感情，传递信息。一般来说，眼睛和口腔附近的肌肉群是面部表情最丰富的部分。

（1）眼神。眼睛是心灵的窗户，能够最直接、最完整、最丰富地表现人的精神状态和内心活动。眼睛的神态即眼神，最能够透露一个人隐秘的心思，帮助传达微妙、复杂甚至不能言表的情感，因此它在口语交流时具有重要的表情达意与控场作用。泰戈尔曾说，一旦学会了眼睛的语言，表情的变化将是无穷无尽的。一个有口才的人，总是能够恰当运用眼神，向交流和沟通对象传达自己的思想感情，从而影响他人、感染他人。

眼神交流首先就要敢于抬起头看对方或听众。很多人在交流时，往往目光游移，不敢注视交流对象。其次是要会看，要掌握一定的眼神交流方法与技巧，与交流对象产生恰当、得体的目光交流。

眼神的运用包括四个方面：注视的时间、注视的角度、注视的部位、注视的方式。

①注视时间。长时间注视可以表示友好、重视、感兴趣，而太短时间则表示不在意、漫不经心甚至蔑视。在交谈过程中，与对方目光接触应该累计达到全部交谈过程的50%～70%，其余30%～50%时间可注视对方脸部以外5～10米处，这样比较自然、有礼貌。在演讲、课堂教学或主持节目等口语表达场合，要注意目光不可长时间固定在某一位置上，应适当移动目光。

②注视角度。视线向下代表着权威感和优越感；视线向上代表着服从与任人摆布；视线水平代表着客观和理智。

③注视区域。人际交往的场合不同，注视的部位也不同，一般分为公务区、社交区（或亲和区）和亲密区。

公务区：上三角——眼睛以上的部分。也称为公务凝视，比较庄重、正式。一般适合于公务场合和听的场景，目光要给人一种严肃、认真的感觉。

亲和区：下三角——眼睛以下，脖子以上。也称为社交凝视，比较柔和、亲切。一般适合于社交场合和说的场景。

亲密区：大三角——胸至脖子的部分。也称为亲密凝视，比较亲密、关切。一般适合于亲人、爱人等亲密关系。

④注视方式。眼睛注视方式大致有正视、环视、点视、虚视四种。

正视是口语表达主体的视线平直向前，主要视线落在交流对象之上，并以此作为基点适当变换，左右兼顾，统摄全场。这样，既可以显示出坦荡、大方的说话姿态，使每一个交流对象都感到被关注，同时也有利于沟通者双方之间的互动。

环视是眼睛的流转，要求口语表达主体将视线有节奏或周期地从交流对象的左方到右方、从右方到左方，或从会场前排到后排、从后排到前排，如此前后来回扫动，视线构成一个环形，不断地巡视、观察全场，及时捕捉全场任何角落的听众的反应，增强说者与听者之间的即时性互动。在正视基础上，辅之以环视法，可以更好地掌控全场。在感情浓烈、场面较大的演讲场合，这一眼神经常运用。要注意的是，眼睛环视的频率不可太大。

点视是集中凝望某一人或某一处，即口语表达主体的视线有重点地停留在个别交流对象身上，并有稍长时间的目光交流。比如，在课堂教学过程中，教师将这一方法用于专心听讲的学生身上，可以起到启发、鼓励、引导的作用；用于未专心听讲者的身上，可以起到批评、提醒、制止的作用。

虚视是似视非视，口语表达主体也需要虚实兼有的目光交替，"实"看某一部分人，"虚"看大家。"虚"就是眼光好像盯着什么人或物看，其实什么也没看，这是在观察时运用的转换性目光。对于初学演讲的人，这种方法尤其适宜，可以帮助演讲者克服怯场心理，使演讲者避免因为场下听众的灼灼目光而慌神忘词。但"虚视"只能偶尔、间或为之，当稳定心态以后，还是要多运用正视法和环视法。

除了以上四种眼睛注视方式外，还有一些约定俗成的惯例，如，口语表达主体可用短暂的闭目来表示某种特殊的感情，用斜视表示对交流对象的轻蔑，用逼视表示命令，用瞪眼表示敌意，用不停地打量交流对象表示向对方挑衅，用白眼表示反感，行注目礼表示尊敬，用大睁双目表示惊讶，用眼睛眯成一线表示高兴，用眼睛眨个不停表示疑问，等等。训练者要根据语境和内容，灵活运用。

（2）笑容。笑容是面部表情的核心。作为一种良性的脸部表情，笑容是自信的标志、礼貌的象征、涵养的外化。在交际和沟通场合，笑容可以帮助建立融洽的气氛，消除对方的抵触情绪。当然，不同民族、不同国家或地区的人，微笑的含义不尽相同。正确运用笑容应注意以下几点。

①掌握微笑要领。面含微笑，但笑容不可太显著；微笑时，使眼轮肌放松，面部两侧笑肌收缩，口轮肌放松，使嘴角微微向上翘起，嘴唇略呈弧形；在不牵动鼻子、不发出笑声、不露出牙齿或只露半牙的前提下，露出轻轻一笑。

②整体协调、表里如一。微笑时除了要注意口型之外，还要注意面部其他部位的相互配合，还需要发自内心，否则就是难看的"皮笑肉不笑"、假笑。

③可以运用一些辅助技巧，比如默念英文单词Cheese、英文字母G或普通话"茄子""田七"等，这些词语所形成的发音口型，恰好是微笑最佳的口型。

④必须注意场合。也就是注意环境、氛围、听众类型和交流的话题，在适宜条件下运用笑容。

（3）面容。面容是面部肌肉与器官如眉毛、嘴巴、耳朵、鼻子等在情感驱动下共同形成的综合表情。如，蹙眉皱额表示关怀、专注、不满、愤怒或受到挫折等；双眉上扬、双目张大通常是惊奇、惊讶神情的表现；皱鼻子一般表示不高兴、遇到麻烦、不满等；嘴角拉向后方、面颊往上抬、眉毛平舒、眼睛变小是心情愉快的表情；嘴角下垂、面颊往下拉变得细长、眉毛深锁变成倒"八"字是不愉快的表情。要认真观察、仔细揣摩、刻苦训练，以很好地发挥面容在表情达意时的作用。

【案例4】

1941年，日本特使与美国国务卿赫尔举行最后一次会谈，会谈结束后，日本特使面带笑容告辞离去。美方看到日本特使的笑容，便认为未来的美日关系是令人乐观的。不料，没多久，就发生了举世震惊的日本偷袭珍珠港事件。

【案例分析】

在日本，"微笑"这一体态语有多种含义，有时具有"友好"之意，有时则表示"尴尬"或"哀戚"，有时用来掩饰愤怒和厌恶。如果美国官员能了解日本式的"微笑"并不仅仅表"友好"，对日本多一点防范，就不会在珍珠港遭到日本人偷袭时，毫无防范全都感到很突然了。

【课堂实训】

1.目光练习：五人一组，练习注视他人。注视一个人5秒钟，再转向其他人。避免像电风扇一样按顺序看。

2.微笑练习：请面带微笑，向同学讲一段亲身经历的故事。要求：恰当运用目光语，尤其要注意注视方式的运用。

2.手势动作。手势，是口语表达者运用手指、手掌、拳头和手臂的动作变化来表达思想感情的态势语言。它是无声语言的重要组成部分。美国心理学家詹姆斯认为，在身体的各部分中，手的表达能力仅次于脸。在2005年中央电视台春节联欢晚会上，21位聋哑姑娘表演了舞蹈《千手观音》，用她们的手势语，向全国亿万观众传递信息，表达了新春的祝福。口语表达者必须高度重视手势动作的掌握与运用。

（1）手势动作的分类。按照不同的分类标准，可将手势动作分为不同的类别。

按表达功能特点，手势动作可分为情意性手势、指示性手势、形象性手势、象征性手势。情意性手势主要用于情感强烈的内容，表达说讲者的喜怒哀乐；指示性手势主要用于指示具体人、事、物或数量，一般不带感情色彩；形象性手势又称摹状手势、图式手势，主要用于模拟人或事物的形状、高度、特征等；象征性手势是用生动的手势表示约定俗成的抽象概念，以帮助交流对象理解所讲内容的含义，引起听者的联想和共鸣。

按活动区域，手势动作可分为上区手势、中区手势、下区手势。上区手势是指手势在肩部以上区域活动，一般表达积极、振奋、肯定、张扬等带有褒义的内容和情感；中区手势是指手势在肩部至腰部活动，一般用于叙述事物、阐明事理，情感较为平静；下区手势是指手势在腰部以下区域活动，一般表达否定、憎恶、失望、鄙视、批评等带有贬义的内容和感情。

按使用单、双手，手势动作可分为单式手势和复式手势。单手做的手势叫单式手势；用双手做的手势叫复式手势。在口语表达过程中，是运用单式手势还是复式手势，要依据所表达内容的要求、现场的大小、听众的多少、表情达意的强弱而确定。

（2）手势动作必须遵循的原则。在口语交际过程中，手势运用必须遵循四个原则。

①得体自然。手势贵在自然，自然才见感情的真实流露。自然的手势才能真实地表情达意，才能给人以美感。

②和谐统一。手势要与眼神、头部语言、站姿等密切配合进行；手势要与有声语言同步协调。

③适度简洁。手势须与说话内容相适宜，运用要适度、适量，过少显得僵硬死板，过多显得浮躁轻佻，应尽量做到少而精。

④因人制宜。口语表达者要根据自身条件，选择符合自己身份、性别、职业、体貌的手势动作。如，男性手势一般宜刚劲有力，外向动作较多；女性手势宜柔和细腻，手心内向动作较多。老年人手势幅度较小，细致入微；中青年人手势幅度较大，气魄雄伟。个子矮小者可多做些高举过肩的手势，个子高者可多做些平直横向动作。

需要注意的是，在口语表达过程中，手势并不是"设计"出来的，而是随着表达的内容、双方感情的沟通、现场的氛围自然而然生发出来的，它没有固定的模式、规定的形式。但对于初学者而言，开始总要有一个模仿的过程，在观摩学习中细心揣摩、长期积累，自然可以在自己的口才实践中顺手拈来，自然得体。之后要大胆创新。当然，手势动作还要符合时代特色。

（3）手势的运用。手势的运用涉及手掌的运用、手指的运用和拳头的运用。

①手掌的运用。手掌有多种运用方法，要全面掌握，灵活运用。

推掌（两手伸开，由前胸向外推出）：可表示坚决、否认、果断、排斥、势不可挡等意思。

伸手（单手手掌心或双手手掌心向上）：可表示请求、交流、许诺、谦逊等意思。

抬手（单手掌心或双手掌心向上、两臂抬起）：可表示号召、唤起、祈求、激昂、愤怒、强调等意思。

摆手（掌心向下，向外摆出）：可表示否认、蔑视、不屑一顾等意思。

压手（两手掌心向下按压）：可表示要安静、停止或气愤、激动等意思。

挥手（单手或双手高举过头摆动）：可表示兴奋、果断、鼓动、呼吁、前进等意思，向听者致意时也可用。

手掌放在胸前：可表示自己、祝愿、愿望、心情等意思。

两手心在胸前相对：可表示距离、物状、说明、描述等意思。

手掌放在身体一侧：可表示憎恨、鄙视、气愤等意思，也可指示人和事等。

两手由分而合：可表示亲密、团结、联合等意思。

两手平端向上挥动：可表示鼓动、号召、激励听众行动等意思。

②手指的运用。在口语交际过程中，手指的动作十分常见。

手指的作用主要有五种：表示数目；表示态度；指点事物或方向；表达凝聚注意力之意；表示微小或精确。

需要注意的是，不管在哪种口才场合，每一个人都要避免用手指直指他人。而在演讲和论辩等场合，则更不能用手指直接指听众、指主持人或现场工作人员，这是一种缺乏礼仪常识和不礼貌的举动。

③拳头的运用。在口语交际过程中，拳头一般不用，因为拳头动作有较大的排他性。但在一些口语表达场合，拳头可适当使用。如在演讲中，运用拳头一般表示无比激动、坚定信心、充满自豪、力量、斗争、奋斗、义愤、仇恨等意思。

（3）站姿和走势。根据身体各部位的运动形态形成了人的坐姿、站势、走势等。在能体现口才的交际场合，这些形态都能传递信息。一般交际场合，交流双方或多方是站着还是坐着，根据具体情况做出选择。因为一些交际口语场合是要求讲者站着的，所以，这里关注站姿和走势。

①站势。站势可因时因地灵活选择。在演讲现场，演讲者必须站着，这是一个基本原则。古今中外成功的演说家几乎都是站着演讲的，就是在联合国的讲台上，无论国家元首还是政府要员，都一律站着讲，而且还限制时间。其原因是：站着表示对听众的尊重；站着可以避免长篇大论，或埋头念稿子的毛病；站着显示演讲者的精神风貌；站着增强和听众的交流，调节会场的气氛；站着可以给人一个完整的形象，能使手势、身势自由地摆动。演讲者的站姿须自然、大方、不拘谨、不呆板，身子要正，挺胸，收腹，精神饱满，气息下沉，不可塌肩斜背；可一脚略前，一脚稍后，或呈稍息式，两肩放松，重心主要支撑脚掌脚弓上，但绝不可扭曲身子，或过分侧向一方，以斜背对场中另一方；两脚不可靠得太拢，也不宜分得太开；演讲过程中可有所变换。切记：双手不可叉在腰间或怀抱在胸前，貌似盛气凌人，让人难以接受。

②走势。行走的姿态也能传递信息。在日常交际和沟通过程中，说话人按具体语境和内

容需要做出是否走动的决定。比如在演讲场合，演讲时间较长，或者演讲内容激情澎湃，则需要移动身体。演讲者应该走姿文雅、端庄，给人以沉着、稳重、冷静之感，且能展示自己的气质和修养。当然，演讲者或其他类型的口语表达者，即使需要走动，走动的频率也不可过快，幅度不可过大。如，有这样一段演讲词："青年人有青年人的脚步，老年人有老年人的脚步，但不管是谁，无论你迈的是什么样的脚步，都是凭着两只脚，一步一步地走完漫长而短暂的人生之路的。朋友们，我们正在走着这条路，请经常回头看看自己走过的脚步，更不妨仔细想想，在未来征途中，我们的双脚该怎样迈步，往哪迈步？"根据这段演讲词表达的主旨，演讲者的动作幅度宜小不宜大。在实际交流场合，如在课堂教学过程中，有的教师在讲台上不停地来回走动且弯腰夹肩。对教师本人而言，这可能是一种下意识或不自觉的习惯，但对学生而言，这样的频繁走动会影响学习场合的宁静和学习者的思维。教师必须注意克服走势方面的缺陷。

【案例5】

美国作家威廉姆·丹福思说："当我经过一个昂首、收下颌、放平肩膀、收腹的人面前时，他对于我来说，是一个激励，我也会不由自主地站直。"

【案例分析】

威廉姆·丹福思这段话道出了身体语言对他人产生微妙影响的玄机。哪怕一个人沉默不语，他的姿态、神情，已经在无声地告诉人们很多信息了。

【课堂实训】

1.思考回答：聋哑人的手语、交警指挥交通的手势和体育裁判手势，它们是不是体态语？

2.为下面的演讲词设计手势动作：

（1）真理、荣誉、正义是他的动机。

（2）向所有的人宣布这一消息。

（3）乐曲的音调越来越高。

（4）伟大的人物也躺在他们倒下的地方。

（5）高大建筑物突然陷入地下。

（6）仁慈的上帝大声疾呼："和平，和平！"但是没有和平。

（7）月光洒落在荷叶上，静静的。

（8）沿着这寂静的小路，他快步走去。

（9）风助火势，火乘风威，火苗越升越高。

（10）年轻的朋友们，我们的事业是伟大的，我们的前途是光明的。

3.请为下面两段演讲词设计合适的体态语：

（1）了不得，了不得！人类心力发动起来，什么东西也挡他不住。"一！二！三！开步走！""走！走！走！"走到十八世纪末年，在法国巴黎城轰的放出一声大炮来：《人权宣言》！好呀好呀！我们一齐来！属地么，要自治；阶级么，要废除；选举么，要普遍；黑奴农奴么，要解放。十九世纪全个欧洲、全个美洲热烘烘闹了一百年，闹的就是这一件事。吹喇叭，放爆竹，吃干杯，成功！凯旋！人权万岁！从前只有皇帝是人，贵族是人，僧侣是人，如今我们也和他们一样，不算人的都算人了，普天之下率土之滨凡叫做人的，都恢复他们资格了。人权万岁！万万岁！（梁启超《人权与女权》）

（2）士兵们，你们像山洪一样从亚平宁高原上迅速地猛冲下来，你们战胜并消灭了一切阻拦你们前进的敌人。从奥地利暴政下解放出来的皮埃蒙特，表现了与法国和平友好相处的天然感情。米兰是你们的，在全伦巴迪亚上空，到处都飘扬着共和国的旗帜。（拿破仑《在米兰的演说》）

4.运用所学发声技巧与态势技巧，上台做话题为"讲述自己的故事"的3分钟演讲。

【课后练习】

1.在交际场合，怎样使用眼睛？

2.手势的运用方法有哪些？

3.选定一篇有情节、有人物的小说或戏剧为材料，对其进行分析，根据作品中人物的数量，找同学分别扮演不同的人物角色，也可一个人扮演多种角色。扮演时着重训练发声技巧与态势语言的运用。

4.看《超级演说家》第三季（2015年）的某一选手的某段演讲视频，以之为例，实事求是地进行评论，指出优缺点及改正缺点的方法。

5.以"我在演讲语言表达方面的缺失及改进方法之研究"为题，写一篇1000字左右的小论文。

【推荐品读】

颜永平.此处无声胜有声——颜永平演讲态势语言技巧讲座［DB/OL］.http://blog.sina.com.cn/yanyongping.

第四节　听话训练

【教学与训练内容】

1.认识听话训练的重要性

2.掌握听话训练的技巧

【重点】

听话训练的技巧

在口才教学与训练内容中，有一项往往被忽略，那就是听话能力的培养。在口语交际中，听和说是实现沟通的两种基本途径。认真倾听跟说话同样重要。认真倾听能够使人正确理解别人话语的含义，不至于曲解别人的意思；仔细倾听是获取信息与知识的重要途径；善于倾听更是沟通成功的出发点。有智慧的人都是先听后说，会说的都是会听的。听话能力的提高不仅可以保证口语交际顺利进行，而且能够促进思维、智力和语言能力的全面发展。卡耐基说："做个听众往往比做个演讲者更重要。专心听他人讲话，是给予他人的最大尊重、呵护和赞美。"古希腊有一句谚语说："聪明的人，借助经验说话；而更聪明的人，根据经验不说话。"西方有一句话是："雄辩是银，倾听是金。"中国则流传着"言多必失"的说法。所以，口才训练必须听说并重，对学生的听话能力进行专门的训练和培养。

一、听话训练的目标

听话能力的提高有广义与狭义之分。广义的听话能力的提升是要贯穿于一个人的一生的；狭义的听话能力的提高是在口才训练过程中的一种训练内容，指的是通过训练，学生在交际过程中能够提升接收、储存外部传导的各种信息并能对其进行辨析、理解的能力。这里取听话能力的狭义之意。

（一）通过听话训练，培养听话注意力

听话注意力是听话能力中的一项基本因素。在口语交际中，集中注意力倾听首先是一种礼仪，是一种基本的礼貌要求，是对别人的尊重，有助于沟通成功。集中注意力倾听，可以把握说话者传递出来的信息，全面、准确地了解对方话语的要点与观点。

（二）通过听话训练，培养听话记忆力

听话记忆力也是听话能力的重要构成因素。在口语交际中，良好的记忆力是好口才的重要依托。听清了，还要记准了，才能做出有效回应，才会有良好的口语交际效果。

（三）通过听话训练，培养听话归纳力

听话归纳力作为听话的一项重要能力，在口语交际中，要求听话者能够归纳出说话者的话语的内容、主旨等。

（四）通过听话训练，培养听话理解力

听话理解力属于听话能力中较高层次的因素。在口语交际中，不仅要理解所听到的话语的内容，还要把握说话人说话的意图、情感色彩等，听出言外之意、弦外之音。

总之，通过听话能力训练，让学生的听话能力得到全面提升，在口语交际过程中，听得准、记得清、理解快，在辨析语音、理解语义的基础上，具有较强的听话品评能力和听话组合能力。

【案例1】

在一次家庭聚会上，家庭主妇想测测有多少人能做到用心倾听。在呈上蛋糕时，她故意对那些正聊得热火朝天的客人说："蛋糕来了，我在里面加了点'砒霜'，你们尝尝好不好吃。"主妇的话竟然没有引起客人们的警觉。他们继续高谈阔论，并吃起了蛋糕，还边吃边夸蛋糕做得好！

【案例分析】

这个案例说明，听话效果的好坏，有时不在于一个人倾听能力的大小与高低，而在于其是否用心倾听，即是否有较高的听话注意力。

二、听话的技巧训练

听话训练既是一项口才素质方面的基础训练，也对技能运用有推动作用。

在口语交际和人际沟通过程中，一般人的听的能力并不强。美国明尼苏达大学曾经做过实验，实验者让被测验的大学生听一段简短的话，随后让其复述，结果是大多数人都只听对了一半的内容。可见，听别人讲话是有技巧的。

1.抓住中心，理解主旨。不管是单向口才活动还是双向口才活动，总存在有人说、有人听的现象。说话者运用的口头语言具有"一次过"的特点，随想随说，一发即逝，而且，句子较短，结构较简单，词语范围较窄，有时还有重复、脱节、颠倒、补说等现象。要想全面、准确地听懂说话人的意思，记住话意，需要抓住中心，理解主旨。听话时要从说话者的话语层次中捕捉语言信息里的要点，还要注意观察说话人的面部表情、手势，判断出说话人说话时的强调语气以及重音、语速的运用，因为这些都可辅助说话人表达中心和主旨。

2.掌握层次，理清思路。人们的说话带有一定的规律性。一般而言，说出的话，前面是引言或提示，中间的话是主要内容，最后是结论或强调。中间的主要内容那里，会有一些层次，每层都会有解说或举例。所以，听话时，可从说话人话语的层次来抓要点和主旨，从各要点的内在联系入手理清说话人的思路。

3.信息众多，记住要点。在当今交际场合中，可接触的信息量极大，不可能也没必要一

字不差地记下说话人发出的全部信息，记住主要信息如关键词语，特别是人名、地名、时间、重要数字以及事情的主要情节、规律性的认识和重要的结论即可，不要被重复或模糊的信息干扰。

4.听音辨义，全面评价。听话时，只是让音波进入耳鼓是不够的，听话的基本要求是要正确理解说话人的意思，及时判断其说话内容的正确与否、真实与否。要集中注意力，听音辨义，全面评价说话人的见解、思路、内容及表达技巧等。

【案例2】

小宁是单位合唱团成员，因为不久要参加演出，常晚上练习唱歌到深夜。有一天，隔壁章师傅在楼道里见到他，说："小伙子，你是不是刚买了台音响啊？很响亮啊，我在家听得清清楚楚！"小宁回答说："是的，前几天才买的。"晚上回家，小宁打开音响放声高歌。一曲未了，张师傅来敲门，很不高兴地说："请你们照顾一下邻居，小声点儿好不好？"

【案例分析】

在这个案例中，小宁没有从张师傅的话语中捕捉到要点，理解其言外之意：晚上唱歌注意点儿，别影响邻居，结果导致章师傅找上门来。

【课堂实训】

1.听力接力：教师在纸条上写一段话，让第一位同学看，看后把纸条交回。第一位同学把纸条的内容轻声告诉第二位同学，依次下传，最后一位同学听到后大声说出听到的话。

2.听记故事：教师或学生用3分钟讲一个小故事，听完后，由学生说出故事的主人公姓名、故事发生的时间和地点、故事的主要脉络和结局等。

3.听记文章：教师或学生用3分钟读一篇文章，听完后，由学生说出文章的作者、文章的主要内容等。

4.干扰听记：在教室里，边放音乐边介绍一件物品或说明一个道理，让学生听后说出听到的重点信息。

5.听记新闻：教师读一则时事新闻，学生听完后复述新闻的主要内容、关键词并对新闻进行简要评论。

6.听记便条：3名同学扮演客户，他们纷纷因不同事由给秘书（一名同学扮演）打电话，秘书要快速记录不同客户的要求，稍加整理后汇报给"经理"（一名同学扮演）。

7.听后提取要点：教师让学生听一段对话，对夹杂冗余的信息进行剔除，整理散点，说出要点。

三、听话的训练技巧

听的能力是心理上的技巧，可以通过学习和训练来使之发展。学生在课堂听讲和训练时，当众进行的听话训练，对于提高学生的听话能力，具有显而易见的效用。学生训练时，可采用科学的多样化的训练技巧进行训练。

1.听记训练技巧。听记训练是用文字符号把听到的话语迅速记下来的能力训练。这种训练方法可以培养学生的听话注意力和听话记忆力。可以进行听记话语、听记故事、听记文章等方式的训练。

练方法可以培养学生的听话注意力和听话记忆力。可以进行听记话语、听记故事、听记文章等方式的训练。

2.听辨训练技巧。听辨训练是边听边对所听材料进行准确辨析的能力训练。这种训练方法可以培养学生的听话归纳力和听话理解力。可以进行听后回答、听后写出或说出里的某个字或词的意义、听后辨出说话者的言外之意等方式训练。

3.听测训练技巧。听测训练是根据话语内容的逻辑或事件发展的总趋势进行推测、判断话语的结论或故事的结局的能力训练。这种训练方法可以培养学生的听话记忆力、听话归纳力和听话理解力。可以进行听故事推测结局、听上句测下句、听测内容的真假并推断理由、听测人物语言的深层含义等方式的训练。

4.听话组合训练技巧。听话组合训练是对听到的话语的不同内容进行归类、组合的听话技能训练。听话组合训练是听话能力的综合训练。这种训练方法可以提高学生边听边归纳并组合成一段有条理话语的本领，即可以培养学生的听话归纳力和听话理解力。可以进行听读评论性材料归纳主题和特点、听新闻复述内容和关键词并进行简要评论等方式的训练。

在口语交际过程中，说话人往往通过隐喻、预设、话题转换等交际手段将自己的意图和控制融合在语句中，这时，听话人只有具备较强的听话能力，才能辨别出说话人的意图，从而运用恰当的话语来与说话人交流，达到交际和沟通的目的。

【案例2】

现代京剧《沙家浜》第六场是《智斗》，其中，阿庆嫂与刁德一的对唱属于人物思想的交锋，阿庆嫂要机智应答需要有很高的听话组合能力和快速对答能力。

刁德一：阿庆嫂！[唱]适才听得司令讲，阿庆嫂真是不寻常。我佩服你沉着机灵有胆量。竟敢在鬼子面前耍花枪，若无有抗日救国的好思想，焉能够舍己救人不慌张！

阿庆嫂：[唱]参谋长休要谬夸奖，舍己救人不敢当。开茶馆，盼兴旺，江湖义气第一桩。司令常来又常往，我有心背靠大树好乘凉。也是司令洪福广，方能遇难又呈祥。

刁德一：[唱]新四军久在沙家浜，这棵大树有阴凉，你与他们常来往，想必是安排照应更周详！

阿庆嫂：[唱]垒起七星灶，铜壶煮三江。摆开八仙桌，招待十六方。来的都是客，全凭嘴一张。相逢开口笑，过后不思量。人一走，茶就凉，有什么周详不周详！

刁德一：（白）阿庆嫂真不愧是个开茶馆的，说出话来滴水不漏，佩服，佩服！

【案例分析】

《沙家浜》的故事发生在抗日战争时期，新四军的18个伤病员在沙家浜疗伤，地下党员阿庆嫂假扮茶馆老板娘，帮助伤病员们随时转移。刁德一是"忠义救国军"参谋长，是个汉奸，狡诈、凶狠、阴险。在《智斗》中，刁德一与阿庆嫂以对话（唱）的方式进行了两个回合的较量。刁德一的话（唱）言在此而意在彼，阿庆嫂对听到的话进行准确辨析、判断组合，然后一一对答。在第一回合，刁德一用"不寻常"来夸奖阿庆嫂"沉着机灵有胆量"，却用"竟敢"一词，表露了他对阿庆嫂的怀疑。阿庆嫂听刁德一夸自己"有抗日救国的好思想"，知道他是在试探自己是否知道新四军伤病员的情况，便说明自己救胡司令并非出于"抗日救国"思想指导，而是出于生意人的江湖义气，想靠胡传魁胡司令这棵大树做生意，这话合乎情理。阿庆嫂接着说胡司令躲过一劫，是因为他"洪福广"，能"遇难呈祥"，如此，在场的胡司令听着舒服，自觉不自觉地就会维护阿庆嫂。在第二回合，刁德一偷换"大树"概念，以"新四军""这棵大树"来打探阿庆嫂是否与新四军有关系，可谓步步紧逼！阿庆嫂则始终围绕着"来的都是客"这一话题作答：你是客，胡司令是客，日本鬼子、新四军都是客，做生意的人，对客人应照顾周详。客人一走，"茶就凉"了，跟我就没有丝毫关系了，你怎么能说我对新四军"安排照应更周详"？在两个回合的交锋中，刁德一话里藏着刀，绵里藏着针，阿庆嫂察言观色，锣鼓听音，说话听声，机智应答。刁德一不得不"佩服"阿庆嫂的"滴水不漏"，他想打探阿庆嫂有无抗日救国思想，以判断她知不知道新四军伤病员情况的意图，被听辨能力极高的阿庆嫂识破。

【案例3】

电影《非诚勿扰》中有一段对话，其语境是主人公秦奋来到杭州准备买房子，售楼小姐给他介绍房间。

售楼小姐：这是您的客厅，这是您的餐厅，这是您的主卧，这是您的……

秦奋：你别老说这是您的客厅、您的主卧，我还不知道买不买呢，你还是先给我说说价钱吧。

售楼小姐：像您这样的成功人士，钱一定不是问题，最重要的是您是否中意这里的环境，说实话，要论房子您一定看过很多比这好的，但是比这好的环境您花多少钱也买不来。

【案例分析】

在秦奋和售楼小姐的对话中，售楼小姐一句一个"您的客厅""您的餐厅"，很有礼貌，显得很尊重客人。但其实会说的不如会听的，售楼小姐先是预设了秦奋已经要买这房子的前提，然后以礼貌的话语控制着他，让他不知不觉产生出找到家的感觉，增加对房子的认同感。秦奋是个聪明人，他具有听话辨别力和理解力，即他听出了小姐的话中话，识别出了对方言语中存在的控制心理，以"我还不知道买不买呢"的答话绕开售楼小姐的控制式话语，直奔主题，问起价格。而这位售楼小姐是个优秀的销售人员，她并不直接提供秦奋期待的信息——价格，而是用礼貌、奉承的话语避开了秦奋的控制，转移了话题，先避开价格，抬高秦奋的地位和品位，把这里的环境当成卖点，有意识地控制着秦奋，以至于后面"一番话居然把秦奋给堵住了"。当然，秦奋还是听出了小姐的言外之意，正想着找话回击，手机响了，剧情转换了。

【课堂实训】

1.听后描述画面：教师让一个学生朗读萧红小说《呼兰河传》开头描写东北严冬景象的内容，其他同学听后联想这段内容展示在人们眼前的图画，并用口语表达出来。

严冬一封锁了大地的时候，则大地满地裂着口。从南到北，从东到西，几尺长的，一丈长的，还有好几丈长的，它们毫无方向地，便随时随地，只要严冬一到，大地就裂开口了。

严寒把大地冻裂了。

年老的人，一进屋用扫帚扫着胡子上的冰溜，一面说："今天好冷啊！地冻裂了。"

......

小狗冻得夜夜的叫唤，哽哽的，好像它的脚爪被火烧着一样。

天再冷下去：水缸被冻裂了；井被冻住了；大风雪的夜里，竟会把人家的房子封住，睡了一夜，早晨起来，一推门，竟推不开门了。

大地一到了这严寒的季节，一切都变了样，天空是灰色的，好像刮了大风之后，呈着一种混沌沌的气象，而且整天飞着清雪。人们走起路来是快的，嘴里边的呼吸，一遇到了严寒好像冒着烟似的。七匹马拉一辆大车，在旷野上成串的一辆挨着一辆地跑，打着灯笼，甩着大鞭子，天空挂着三星。跑了两里路之后，马就冒汗了。再跑下去，这一批人马在冰天雪地里边竟热气腾腾的了。一直到太阳出来，进了栈房，那些马才停止了出汗。但是一停止了出汗，马毛立刻就上了霜。

2.听后提炼中心：教师让学生听一段话，要求学生听后对话语内容进行归纳总结，归纳出纲目层次，提炼出中心来。

3.听后描述意境及哲理。

断章

卞之琳

你站在桥上看风景，

看风景的人在楼上看你。

明月装饰了你的窗子，

你装饰了别人的梦。

4.听后概括要点：莎士比亚的《哈姆雷特》中有一段著名的哈姆雷特的内心独白。请一位学生（或老师）朗读，其他同学听后概括出这段独白的要点。

生存还是毁灭？这是个问题。究竟哪样更高贵，去忍受那狂暴的命运无情的摧残，还是挺身去反抗那无边的烦恼，把它扫一个干净。去死，去睡就结束了，如果睡眠能结束我们心灵的创伤和肉体所承受的千百种痛苦，那真是生存求之不得的天大的好事。去死，去睡，去睡，也许会做梦！唉，这就麻烦了，即使摆脱了这尘世，可在这死的睡眠里又会做些什么梦呢？真得想一想，就这点顾虑使人受着终身的折磨，谁甘心忍受那鞭打和嘲弄，受人压迫，受尽侮蔑和轻视，忍受那失恋的痛苦，法庭的拖延，衙门的横征暴敛，默默无闻的劳碌却只换来多少凌辱。但他自己只要用把尖刀就能解脱了。谁也不甘心，呻吟、流汗拖着这残生，可是对死后又感觉到恐惧，又从来没有任何人从死亡的国土里回来，因此动摇了，宁愿忍受着目前的苦难而不愿投奔向另一种苦难。顾虑就使我们都变成了懦夫，使得那果断的本色蒙上了一层思虑的惨白的容颜，本来可以做出伟大的事业，由于思虑就化为乌有了，丧失了行动的能力。

5.听后汇报：请4位学生扮演面试官，现场面试一位学生，场景是学生社团面试。要求：每一位面试官准备2个问题，现场提问，被提问者要认真回答。面试官认真倾听并根据回答形成一个面试结果，现场汇报给大家。

四、听话能力训练注意事项

在训练学生的听话能力时，要注意两点：

1.要遵循倾听的行为准则，注意听话礼仪。倾听是有行为准则的，这些规则亦即听话的礼仪。听话礼仪虽然不能直接构成一个人的听话能力，但它是沟通成功的开始，是调节听、讲双方关系的润滑剂。因为谈话是一个双向互动的活动。听话时，要从内心尊重他人，有礼貌地听话，不随意插话打断别人；不听完不要试图去猜测讲话人的意思，不要轻易下判断；控制自己要与讲话人争论的冲动；不做分心的举动和手势；适时通过一些非语言的信号，如点头、微笑等表达倾听兴趣，传达自己在注意倾听的自然状态，肯定对方存在的重要性，对讲话人做出主动反馈；适当附和或重复听到的话语，或做听话记录等，以鼓舞讲话者的讲话热情，这样就有可能听到更有价值的信息。

2.要学会听说有度。听话也不意味着永远保持沉默，而是该自己说话时才开口，不该自己说话时一定三缄己口。拥有良好口才的人，都是注意说话分寸的人，他们始终保持谦虚态度，懂得节制说话，是可以慎言、三思而后"言"者。

【课堂实训】

1.请根据下表做一次听话能力自测。请在"选项"栏目中适合你情况的空格里打上"√"。如果"总是""基本是"空格里的"√"多，说明你的听话能力较强；如果在"偶尔""从不"空格里的"√"多，说明你不是个善于倾听的人，应该刻意提高自己的倾听能力。

序号	项目	选项			
		总是	基本是	偶尔	从不
1	听对方讲话的实质而非字面意思				
2	对方讲话有偏见但坚持听完				
3	对方地位低或年纪轻也认真听他讲				
4	对所讲的话题无兴趣而耐心听完				
5	听对方讲的全部思想和弦外之音				
6	理解对方非口头语言传达的信息				
7	听不懂时会用提问核实信息				
8	用全身姿势表达入神听讲之意				
9	必要时边听边做笔记				
10	能从对方的口语中听出其感情				
11	不打断对方讲话，不讲自己的故事，不随意问一些细节问题				
12	听话看着对方的眼睛				
13	听话时，不接打电话、写字、发电子邮件，不把注意力转移到其他事情上				
14	不用语言或行动催促对方快讲完				
15	不对对方所讲的内容"盖棺定论"				
16	不曲解或漏掉对方所讲的信息				

17	不为对方观点与你相左而打断				
18	能理清说话者的思路				
19	与对方交谈时，选择合适位置				
20	不轻易给讲话者出主意				

说明：本表格是为了解同学们倾听能力的真实情况，无标准答案，请各位同学按照自己的真实情况和想法打"√"即可。

2.教师放一段电视剧《围城》的视频，关掉声音，让学生通过人物的表情、动作来猜测故事情节。

3.请学生试着回答两个问题：一是我宁可听具体明确的事，也不想听不切实际的话；二是别人讲话时，我会想若有机会我要说什么。如果这两题，学生的答案都是"是"，说明他们现在还不懂得倾听。

4.课堂脱口秀：教师播放《非洲角马千里大迁徙》视频给学生看。教师指定一人就所看视频，组织班内同学进行脱口秀练习。

【课后练习】

1.听话有什么技巧？

2.听话训练技巧是什么？听话训练时应该注意什么？

3.看一期《鲁豫有约》和一期美国的奥普拉·温弗瑞主持的《奥普拉·温弗瑞秀》，从听话能力的角度，分析二者成功的原因。

4.你是个善于倾听的人吗？你在倾听时，有哪些不足？你准备怎样克服？

【推荐品读】

廖康强.倾听的艺术［M］.北京：中国社会出版社，2009.

第五节　礼仪训练

> 【教学与训练内容】
> 1.认识礼仪的重要性，了解礼仪训练目标
> 2.掌握礼仪训练技巧
> 【重点】
> 礼仪训练技巧

礼仪，是人类在社会交往活动中形成的、表示尊敬的行为规范与准则，是人际交往中约定俗成的尊重他人、表达友好的习惯做法，也是在人际交往中进行相互沟通的技巧，是衡量一个人的道德水准高低与教养有无的尺度。在人际交往与沟通过程中，一个有高雅的仪表与风度、有良好的个人形象者，必定更易赢得他人的尊重，更能奠定交际成功的基石。因此，良好的礼仪是演讲与口才必备的素养，在演讲与口才教学与训练中，礼仪训练也是极重要的一项。

一、礼仪素养训练目标

礼仪是一个人修养和素质的外在表现。这里关注单向的演讲口才和双向的交谈口才礼仪素养，训练目标指向两方面。

1.通过训练，掌握演讲时的体态举止、风度气质、礼节礼仪。演讲礼仪是演讲者整体形象和演讲成功的重要组成部分。演讲者参加演讲活动时，从步入会场，登台演讲，到演讲结束退台，都必须注意自己的体态风度，要讲究礼仪，给听众留下完美、良好的印象。

2.通过训练，掌握交谈中应遵循的礼节和应讲究的仪态等，掌握论辩时辩手应具备的风度和礼仪要求。

二、礼仪素养训练技巧

（一）单向演讲口才礼仪训练技巧

单向口语表述的主要类型有诵读、复述、诠释、主持、演讲、报告、课堂教学等。这里主要以演讲为例，来把握单向口语表达过程中应该遵循的礼仪。

1.演讲者仪容服饰礼仪。仪容礼仪指在演讲过程中演讲者在容貌、举止方面保持良好的礼节规范和要求。主要包括：

（1）讲究个人卫生礼仪，做到头发美、面部美、肌肤美。

（2）在服饰礼仪方面，应整洁大方、入时得体、轻便和谐，符合民族审美意识与TPO原则

（T、P、O三个字母分别是英文单词"时间time""地点place""场合occasion"的缩写，TPO原则要求人们在交际沟通场合的着装，要兼顾时间、地点、场合，与三者协调一致）。

2.演讲者临场演讲礼仪。

（1）登台礼仪。当主持人介绍演讲者时，演讲者应主动地、及时地站起来，面朝听众，微笑致意，稍做停顿，然后走上讲台。走时，上身要直立，保持良好的走姿，控制好步伐的大小和快慢。走上讲台后要慢步自然转弯，微笑着面向听众站好，鞠躬45度左右，以亲切、温暖的目光环视听众与听众，进行目光交流，然后稳定一下情绪。如果是小型的演讲场所，参与人数不多，不需要登台演讲，则要站立鞠躬或是点头致意。要稳定一下情绪，留给大家一点鼓掌或接受的时间。在开口时，要用泛称或类称先向听众问好，然后再开始演讲。总之登台时，演讲者的个人气质应该不卑不亢、落落大方、彬彬有礼。

（2）演讲过程中的举止礼仪。在演讲过程中，应注意：站立要直要稳，切勿前后摇摆；身体不能靠在讲桌或其他地方；不可在台上频繁走动；身体需要移动时幅度要小，以听众不明显感觉到为佳；手势动作大方自然，忌讳太多太碎；手不要撑着讲桌或插入衣兜；面部表情与内容协调一致；眼睛不能只盯讲稿，要与听众进行眼神交流；面部不能只朝向一个方向，要注意声波的流向。

（3）退台礼仪。演讲结束后，演讲者可后退一步，以端庄的仪态、亲切的目光环视听众，在掌声中向听众和主持人点头或行鞠躬礼以表谢意。如果掌声热烈，应再次敬礼致意，以示感谢听众对自己的鼓励和祝贺。然后像登台时一样，以稳健的步子、快慢适度地退到后台或离开现场。

3.不良演讲口才礼仪。

（1）演讲者着装过于华美或过于随便；身体有异味。

（2）演讲者登台时或者矫揉造作、扭捏作态，或者松松垮垮、拖拖拉拉，或者匆匆忙忙、慌里慌张，或者旁若无人、趾高气扬。

（3）演讲者的称呼庸俗低级化、不全面，太随便、一带而过或直接不用。

（4）演讲过程中，演讲者对听众表现出不耐烦和不屑一顾的态度，有的演讲者甚至有无所谓、不认真对待演讲的表现，进而引发听众的反感。

（5）演讲者退台时，或者过于激动与匆忙；或者洋洋得意，毫不在乎；或者羞怯不安，或敷衍了事。

【案例1】

1960年，美国总统选举首次采用电视辩论方式。在之前的民意调查中，尼克松获得微弱的领先优势，但最后美国人的投票数创下了历史纪录，肯尼迪以49.7%对49.5%的优势赢得了选举。据调查显示，选民中超过一半的人受到了电视辩论的影响，而6%的人声称是电视辩论让他们做出最后决定。在这场势均力敌的较量中，尼克松败北的原因之一是其仪表输给了肯尼迪。肯尼迪身材高大，精神饱满，古铜色肌肤比尼克松显得更健康而上镜，而且他非常讲究细节，在电视镜头里出现时喜欢穿深颜色的西装，显得庄重大方，他本人又非常幽默风趣，个人魅力爆棚。相比之下，尼克松就没把电视辩论当回事，他在北卡罗来纳州的竞选活动中膝盖受伤，入院治疗。出院后，身体虚弱，面色蜡黄，体重也骤减了20磅。第一次电视辩论时，尼克松根本没化妆，面色苍白，脸带胡茬，显得灰头土脸，浅灰色西装与台上的背景几乎相同，更突显了他苍白的肤色。尽管在后来的电视辩论中，尼克松化了妆，但为时已晚。美国选民更钟情于阳光帅气看起来能给人带来希望的肯尼迪。

【案例分析】

1960年的这次美国总统选举，肯尼迪的胜出和尼克松的败北，充分说明了演讲者的仪表美、服饰美与礼仪的重要性。

【课堂实训】

1.教师播放演讲教学录像给学生观看，让学生观察演讲者的礼仪，指出其礼仪表现的优缺点，以掌握正确的演讲礼仪。

2.学生观看莫言领取诺贝尔文学奖的实况录像，就莫言的着装与演讲礼仪发表评论。

（二）双向交谈口才礼仪训练技巧

双向交流式口语表达的主干类型有交谈、辩论等类型。

1.交谈礼仪训练技巧。交谈是人类口语表达活动中最常用的一种方式，是人际交往中增进了解和友谊的重要手段，也是一种增长见识、获取间接经验的好形式，目前已经成为政治、科学、外交、商贸、教育、公关等领域的一项语言活动。交谈以对话为基本形态，由交谈主体、交谈客体、交谈内容组成。交谈可以发生在两个人之间，也可以发生在多个人之间。交谈是一门艺术，交谈时要讲究礼仪。交谈礼仪是指人们在口语交际活动中应遵循的礼节和应讲究的仪态等。

（1）当面交谈礼仪。

①恰当选择话题。

第一，在交际场所，如果都是熟人，不管是谁引起话题，选择的话题都必须让在场者都可以参与，都方便发表看法。可选择一些公共话题，也可围绕现场气氛、天气情况选择话题，还可以最近的新闻等为话题。不可冷暖不均，只谈个别人了解而在场多数人不知道的话题而冷落了多数人；或者按交谈者身份区别对待，热衷于与某些身份地位高的人交谈而冷落另一些人；也不可节外生枝，在众人正在兴致勃勃地谈论某一话题时突然转换话题，令人扫兴。

第二，如果是与刚相识之人交谈，最好谈论一般的平淡的话题，如谈谈近日的天气，或从当时的环境找寻话题，或者询问对方籍贯后引导对方详谈其家乡风物，或者主动谦逊地进行自我介绍引起话题。不可冒昧提出太深入的话题。

第三，想讲一些能引起别人兴趣的话题时，可根据交谈者的年龄、性别、穿着、籍贯等猜测对方可能感兴趣的话题。如，跟老年人谈谈养生话题，跟年轻女性谈谈时装、娱乐、育儿等话题，跟美国男生谈谈NBA，跟英国人谈论安迪·穆雷，跟与你穿了同样品牌的衣服或鞋子的人谈谈这一品牌，等等。

②运用礼貌用语。在交际场所，不管是与陌生人交谈，还是与熟人"热聊"，都应注意使用礼貌用语，如，"您好""请""谢谢""对不起""没关系""打搅了""再见"。礼多人不怪，多用礼貌用语，能得到他人的尊重和认可，在无形中拉近了彼此的距离，可取得良好的

社交效果。

③遵循听话礼仪。交谈本身包括说和听。在交际场合，不要口若悬河地垄断整个谈话，还要全神贯注地聆听对方的讲话，做个讲究礼仪的聆听者。

第一，态度认真，聆听专注。在交谈时，听话人需挺直胸脯，用微笑的神态注视对方眼睛表示认真专注地倾听，当讲话人讲到关键处要有所反应，可小声附和，或赞许地点头表示认可讲话人提供的信息或发表的观点，或巧妙地插入一两句话，如"原来如此""没错"。听话时不可东张西望，不能做一些小动作，显得心不在焉，或极不耐烦。

第二，不轻易打断讲话人的话，也不随意插话，让人把话说完。如果需要打断讲话人的话或需要插话时，要用征询商量的语气说"请允许我打断一下"或"我可以提一个问题吗"等，征得讲话人的同意。

第三，如果交谈时讲话人讲了错话，或话语不妥当，听话者不可挖苦和嘲笑，特别是在人多的场合，避免伤人自尊。假如不同意讲话人的看法，要以礼相陈，坦诚地说出来，不要使用挖苦、讽刺的语言刺激对方，避免恶语相加。另外，注意不随意纠正或质疑讲话人。

④注重说话礼仪。一个人不仅要养成良好的听话习惯，在交谈过程中，还要注重说话礼仪。

第一，注意选择合适话题，内容充满正能量。避免谈论听话者反感的问题；说话内容一般不涉及不愉快的事情，如疾病、死亡；不涉及荒诞离奇之事，不讲耸人听闻之话，不谈黄色淫秽话题；涉及对方反感的问题，应及时迁移。

第二，注意态度与语气。说话时，态度亲切，语气轻柔，话语得体。

第三，注意说话时声音的高低。即便听话者是熟人，声音也不宜过高，以免妨碍他人，引人反感侧目。

第四，注意态势自然恰当。交谈时，说话人表情要自然，无论坐或站身体都不过于拘谨也不过于放松。可以手势辅助讲话，但忌以手指点他人，更不可以拳头相向。

第五，与听话者保持适当距离。与听话者距离太远或太近，都是失礼的。从礼仪上说，保持一两个人的距离，既让对方感到亲切，又保持了一定的"社交距离"，让交谈双方都感到舒服。

【案例2】

张天翼的小说《华威先生》中写华威去参加会议："华威先生的态度很庄严，用种从容的步子走进去，他先前那副忙劲儿好像被他自己的庄严态度消解掉了。他在门口稍微停了一会儿，让大家好把他看个清楚，仿佛要唤起同志们的一种信任心，仿佛要给同志们一种担保——什么困难的大事也都可以放下心来。他并且还点点头。他眼睛并不对着谁，只看着天花板。他是在对整个集体打招呼。会场里很静，会议就要开始。有谁在那里翻着什么纸张，窸窸窣窣的。华威先生很客气地坐到一个冷角落里，离主席位子顶远的一角，他不大肯当主席。'我不能当主席，'他拿着一支雪茄烟打手势。'工人抗战工作协会的指导部今天开常会。通俗文艺研究会的会议也是今天。伤兵工作团也要去的，等一下。你们知道我的时间不够支配：只容许我在这里讨论十分钟。我不能当主席，我想推举刘同志当主席。'说了就在嘴角上闪起一丝微笑，轻轻地拍几下手板。主席报告的时候，华威先生不断地在那里刮洋火点他的烟。把表放在面前，时不时像计算什么似的看看它。'我提议！'他大声说。'我们的时间是很宝贵的：我希望主席尽可能报告得简单一点。我希望主席能够在两分钟之内报告完。'他刮了两分钟洋火之后，猛地站了起来。对那正在哇啦哇啦的主席摆摆手：'好了，好了。虽然主席没有报告完，我已经明白了。我现在还要赴别的会，让我先发表一点意见。'停了一停。抽两口雪茄，扫了大家一眼。"

【案例分析】

华威先生参加会议，到了会场已经迟到了，但他自视甚高，"眼睛并不对着谁，只看着天花板"。在听主席报告时，不是全神贯注地聆听，做个讲究礼仪的聆听者，而是不断做小动作，甚至很不礼貌地打断主席的话，并以不容商量的口气要求自己先讲。这就活画出一个傲慢无礼的抗战文化官僚的形象！

【课堂实训】

教师找一个谈话节目的视频给学生看，学生看时必须注意听，不走神，不记笔记，练习坚持认真听完一个较长节目为止。然后，评价交谈者的礼仪是否恰当得体。

（2）电话交谈礼仪。作为现代通信工具，电话早已走进千家万户。电话沟通快捷、方便、经济。在日常生活中，人们沟通交流的主要工具就是电话。接打电话时，一个人的人品、性格、教养等，能够在交谈过程中体现出来。因而，要掌握正确的、礼貌待人的打电话交谈礼仪，塑造良好的"电话形象"。

①拨打电话的礼仪。

第一，选择恰当时间。除非紧急或重要事情，一般都要尽量避开下班、休息、用餐的时间拨打受话人的电话，节假日也尽量不要打电话搅扰受话人。一般往家中打电话，以晚饭后或休息日下午为好；往办公室打电话，以上午10点左右或下午上班以后为好。

第二，掌握通话时间。打营销类电话时，通话时间不可太长，掌握"三分钟原则"，即一次通话不应长于3分钟。在许多国家，"三分钟原则"也被公务员当作一项制度来遵守，所以，通话时要尽量简明扼要。当然，亲朋之间不顾忌电话费用，可以适当地"煲电话粥"。

第三，使用礼貌用语，语言规范清晰，注意语调与语气等。通话初先做自我介绍，不要让对方"猜一猜"。通话过程中，要态度和蔼，说话客气礼貌，多用"您好""请""劳驾""谢谢""麻烦您"等词语和句子，话要讲得清晰准确，语调要热情大方自然，不要装腔作势。音量要适中，语速要恰当。

②接听电话礼仪。接听电话不可太随便，得讲究必要的礼仪和一定的技巧。

第一，及时接电话。尽快接听电话会给对方留下好印象，一般应遵循"铃响不过三声原则"，即电话铃响三遍之前就应接听，六遍后就应道歉。

第二，确认对方。拿起听筒应首先自我介绍："你好！我是某某某。"对方如果没有介绍自己，要主动问："请问你是哪位？我能为您做什么？您找哪位？"

第三，讲究沟通的口语艺术。与对方交流时，要面带笑容，以亲切、温情的声音感染对方。音量大小适宜，吐字清晰，用语准确，确保对方听明白。需要记录时，用左手接听电话，右手记录有用信息。不要边听电话边和身边的他人谈笑。可恰到好处地以"是，是""好，好的"等应答，表示在认真听对方说话。如果对方找的人在旁边，应说："请您稍等。"然后用手掩住话筒，轻声招呼他（她）接电话。如果对方找的人不在，应该说明，并且问："需要留言吗？我一定转告。"

第四，挂电话前要礼貌。最好是在对方之后挂电话。挂电话前，向对方说声"再见"，然后轻轻把话筒放好。

如果是用手机接打电话，则不管是拨打还是接听，在公共场所都要注意几项：不大声说话，信号不良可改换通话位置或改用其他通讯方式，不可大声呼叫；在会场、影院、音乐厅、图书馆等需要保持安静的场所，主动关机或将铃声设置为振动、静音状态；接电话要到不妨碍他人的地方接听；开车不打电话；在飞行上不用手机；在加油站不用手机；办公场合尽量不打私人电话。

【案例3】

X市一位热心市民发现节假日的"商家造假"现象后，给有关部门打电话。刚说两句，对方就打断说："女士，你说的这事不归我们管，你找别的部门试试。""你还没听我说完，怎么就知道不归你们管呀？""这事肯定不归我们管，你再给其他部门打电话吧。"这位市民有些着急："你们这也不管，那也不管，那你们都管些什么呀？"

【案例分析】

案例中接电话的人，缺乏起码的电话交谈礼仪，不仅伤害了普通市民的热心，也暴露出个别公务员的不良行政行为：遇事不作为，推诿扯皮！

【课堂实训】

1.对照下表检查一下你自己的电话沟通习惯，判断自己与人进行电话沟通时的礼仪做得如何。

情境	不良表现	你的实际表现	
		是	不是
接电话	电话铃响很久才拿起听筒		
	对着话筒大声地说："喂，找谁啊？"		
	一边接电话一边吃东西		
	一边和朋友说笑一边接电话		
	遇到需要记录时，总是手忙脚乱地找纸笔		
打电话	抓起电话粗声粗气地对对方说："喂，找一下老李。"		
	使用"我是二科的小魏"之类的简略语		
	挂完电话才发现还有问题没说		
转达电话	抓起话筒大声喊："小周，你的电话！"		
	态度冷淡地说："他不在！"顺手挂断电话		
	让对方稍等却不再过问他（她）		
	答应替对方转达某事却未告知你的姓名		
遇突发事件	对对方说："这事儿不归我管。"接着就挂断电话		
	接到打错的电话很不高兴地说："打错了！"然后就粗暴地挂断电话		
	电话受噪音干扰时，大声地"喂，喂"后挂断电话		

2.现在，有人通过微信等网络沟通工具进行视频交谈。你认为，视频交谈时，应该遵循的礼仪有哪些？

2.论辩礼仪。论辩是站在不同立场上的人针对同一有争议的问题展开争论的过程。论辩常被称为绅士的吵架，这说明论辩取胜的因素中，除了话题、当事人素养、论辩技巧运用、现场氛围等，还有礼仪要求。在论辩过程中，唯有做到"理""礼"双赢，方可令对方心服口服，从而收到最佳的交际效果。而在论辩赛中，风度和礼仪不仅是评分标准中的得分项，而且占比较大的比例。这里，关注辩论赛礼仪，训练项目只涉及辩手的礼仪。

（1）讲究仪表美。

一是辩手须统一着正装参赛，上衣或西装、衬衫，或其他同一色系的（最好是冷色）的上衣，裤子和鞋子与上衣搭配一致。着装原则是庄重、简洁、得体，有特色，款式大方，色彩协调，少佩饰，色彩不乱。

②发型大方整洁，不怪异。女辩手可化淡妆。男辩手脸面洁净。胡子剃干净。

（2）遵守论辩规矩。

①尊重主席，尊重对方辩友，尊重评委，尊重观众。主席宣布发言方可发言，发言前要先说礼貌用语，如"谢谢主席""谢谢对方辩友""你好"等。

②严格按照辩论赛制，发言必须按照次序进行并注意时限。一方落座另一方方可发言，一般不得打断。攻辩环节外，场上只能有一名辩手站立。

（3）仪态庄重，行为美观。

①发言时，吐字清晰准确，语速不可太快。

②提问或者回答问题时必须身体直立，始终保持微笑。不发言时，要坐端正。面带微笑地目视对方辩友，当然，有时也需面朝评委和观众。因为辩论也是辩论给评委和观众看和听的。

③欠身而坐，身体稍微前倾，不能摇晃身体。两只脚端正放在前方，不跷二郎腿，不抖腿。正确运用手势，要自然得体适度。发言时，手中不可持笔、尺等指指点点，更不能拍桌子等。

④自信冷静，相信自己，相信队友，不要在场上提示队友；反驳时注意语气，避免失态，不着急，不进行人身攻击。

⑤辩赢了，要站起来鞠躬；辩输了，也要真诚地祝贺对方。

【课堂实训】

教师播放辩论录像给学生观看，让学生观察辩手的礼仪，指出其礼仪表现的优缺点。

【课后练习】

1.单向的演讲口才、双向的交谈口才的礼仪各有哪些要求？

2.学生检查自己在社交场合中的表现，看看在礼仪方面有哪些需要改进的地方。

3.学生自由组合、自己编排，以小品的形式将几种日常交往礼节综合起来运用。下次上课到台上展示。

4.在交谈时，哪些个人隐私不大适合去随便打探？

【推荐品读】

许湘岳.礼仪训练教程［M］.北京：人民出版社，2012.

第三章
演讲的口才艺术

【导言】演讲是口才实践的一个方向，是提高口才艺术的一种重要途径。无论对个人还是国家，演讲都是一种表达思想和成就目标的重要手段。纵观历史，演讲历来被视为人们相互交流的重要手段。2500多年前，古希腊著名的政治家伯里克利说过："人若能于某事某物形成自己的见解，却无法将其阐明，这见解也不过是枉然。"时至今日，这番话仍不失为真知灼见。现代社会中，通过演讲传播思想、扩大影响力的人可谓比比皆是：圣雄甘地、埃莉诺·罗斯福、温斯顿·丘吉尔、纳尔逊·曼德拉、罗纳德·里根、马丁·路德·金、比尔·克林顿、巴拉克·奥巴马。中国的领导人如毛泽东和邓小平，同样以言语的力量改变了历史轨迹。对于普通人来说，生活中也总有一些场合需要我们站在听众面前演讲，因此，也需要学习如何演讲。该章主要学习演讲的口才艺术，重点是学习演讲稿的写作技巧，掌握有声语言、态势语言的技巧以及演讲的临场表达技巧。难点在于演讲稿的写作技巧以及演讲的临场表达技巧。

第一节　演讲的构成要素、作用及与朗读、谈话的区别

【教学与训练内容】

1. 了解演讲活动的基本构成要素
2. 了解演讲的作用
3. 了解演讲与朗读、谈话的区别

【重点】

演讲与朗读、谈话的区别

　　公元前2080年，一位年迈的法老对即将继承法老之位的儿子美里卡拉给出如下建议："做一个善于言辞之人，（这样）你就会变得强大……舌即是剑……言语比战斗更加勇猛。"[①]这句话说明，这位法老对于言辞的力量、演讲的力量已经有了相当清醒的认识。

　　在历史长河中曾经涌现出许多优秀的演讲家，比如苏格拉底、富兰克林、戴高乐、丘吉尔。这些杰出人物常常作为演说家在人类历史转折时刻或光荣瞬间留下了许多经典的演讲篇章，比如戴高乐的《告法国人民书》、斯大林的《广播演说》、罗斯福的《一个遗臭万年的日子》、恩格斯的《在马克思墓前的讲话》。这些经典的演讲在许多重要时刻和事件上铭刻下永恒的记忆，传递着历史的温度。

一、演讲活动的构成要素

　　演讲主体、演讲受体、演讲内容、演讲语言、演讲时境——这是构成演讲活动的五个基本要素，它们彼此依存，缺少任何一个要素，演讲活动都无法进行。

　　1.演讲主体即构成演讲活动的首要因素——演讲者。演讲者是演讲活动的中心，是信息的传播者。没有演讲者，当然也就不可能有演讲活动。对于一次演讲活动的内容、方式、效果、影响、价值与意义等，演讲者起着决定性作用。

　　2.演讲受体就是演讲活动的参与者——听众。没有听众，就没有交流过程。只有在其他人在场时，我们才有沟通的可能，只有有人听到我们讲话且有能力理解我们的话时，沟通才会发生。

　　3.演讲内容。从传播角度来看，演讲是一个包含了信息源、传播者、受传者、媒介、效果五个基本环节的信息传递过程。传播者就是演讲者；受传者即听众；媒介即语言；效果就是指演讲的成效；而信息源就指演讲的内容，是整个演讲活动的起点。演讲者要想获得良好的演讲效果，必须尽可能地满足听众的心理需求，并增加演讲中的信息含量和密度，也就是说，要使自己的演讲内容变得丰富而充实。

---

① 厄尔巴.未知帝国的辉煌［J］.国家地理，1978（12）：750.

4.演讲语言。其包括有声语言和无声语言两个方面。

演讲的"讲"就是有声语言，即通过声音来表情达意，以说为主要形式。在演讲活动中，有声语言对传播信息起主要作用。

演讲的"演"，就是无声语言，又称态势语言、形体语言等，即借助手势、表情、动作、姿态等表达思想感情，是有声语言的必要补充，辅助有声语言传情达意，提高演讲效果。

在演讲活动中，有声语言与无声语言彼此交织、相互促进。只有将"讲"与"演"有机结合，将有声语言与态势语言和谐统一，才能构成一个完整的信息载体，从而更加准确、生动地表达演讲内容，实现演讲目的。

5.演讲时境。演讲时境即演讲主体和演讲受体所共处的时间与空间环境，是一次演讲活动得以顺利进行的基本条件。一般说来，每次演讲活动都需要有相应的场合、相当的听众、适当的布置、合适的讲台、效果良好的音响、恰到好处的色彩、光线和一定的时间限制。时空环境制约和规范着演讲的内容、语言及其表现方式，可以对演讲产生一定的反作用。如果时空环境有所变化，那么演讲内容、演讲语言等也就随之发生改变，否则就会受到影响而难以达到预期效果。

二、演讲的作用

汉代刘向《说苑·善说》中说："昔子产修其辞而赵武致其敬，王孙满明其言而楚庄以惭，苏秦行其说而六国以安，蒯通陈其说而身得以全。夫辞者，乃所以尊君、全身、安国、全性者也。"由此可见，演讲具有巨大而独特的作用，这种作用包括对演讲者本身的作用和对社会的作用两个方面。

1.对演讲者而言：第一，促进个人成才。成功的演讲家，都是经过艰苦的努力磨炼而成的。演讲者必须具备精深的思想、渊博的学识和丰富的阅历，才有可能做出精彩的演讲，而这些都需要努力学习与深厚积累；同时，演讲者还须具备较强的观察力、判断力、应变力和记忆力，这些更需要后天刻苦的磨炼。只有经过多方面的学习与磨炼，才可能造就一个成功的演讲者。通过学习与磨炼，演讲者同时得到提高的还有他的思想、学识等多方面能力与素质。所以，演讲可以促进个人快速成才。第二，培养良好的人际关系。演讲是一种智慧，应用得当可以获得人脉资源。演讲者通过演讲训练收获了丰富的学识、敏捷的应对和得体大方的举止，这些素养使他们比一般人更容易冲破人际关系的障碍，从而迅速、有效地与人交往和沟通。

2.对社会而言：第一，传播真理，形成正确的舆论导向。演讲重在以理服人，对听众产生启迪作用。真理的启迪是一种理性的教育，它可以帮助人们认识社会现实和历史状况，辨别客观事物的美丑和善恶，用真理取代谬误，陶冶性格情操，净化思想感情，规范道德行为。第二，培养高尚情感，促进人类文明发展。成功的演讲不仅能以理服人，还能以情感人。伟大的无产阶级革命家列宁曾指出："没有人的情感，就从来没有也不可能有人对真理的追求。只有充满感情的人才能使人相信他的情感是真实的，唯有最真实的生气或忧愁，才能唤起人们的愤怒和忧郁。"[1]演讲者借助于声音、语调、姿势、动作等表达自己的情感与态度，用正确的道德情感、

---

① 列宁.列宁全集（第20卷）[M].北京：人民出版社，1958：255.

丰沛的艺术情感来感染和影响听众，激发听众的高尚情感。第三，唤起听众的行动和实践。演讲最根本的目的是鼓动听众"做"或"不做"某种思想行为。听众最终被唤起的行动才是一次演讲活动的作用最集中、最实际的体现。可以说，一切成功的演讲必须导发出听众正确的行动。

【案例1】

公元前44年，罗马统帅裘利斯·恺撒被以布鲁图斯为首的罗马元老贵族刺杀。布鲁图斯为了掩盖自己的罪行，在演讲中恶毒地诋毁恺撒是暴君、独裁者，大谈杀死恺撒的必要性。不明真相的听众信以为真，一起大叫"杀得好"！

然而，恺撒生前的执政官安东尼则在演讲中历陈恺撒的功绩，证明他是宽厚的君主。安东尼的演讲饱含真诚深挚的情感，最终影响了听众，使听众转变了原来的成见，愤怒地烧了布鲁图斯的家。

【案例分析】

由此可见，正确的演讲可以启迪人心、传播文化、宣传真理、引导民众，形成正确的舆论导向。

【案例2】

公元前4世纪中叶，马其顿国王腓力二世企图侵略希腊。为了唤醒同胞、拯救祖国，德摩斯梯尼发表了8篇著名的《反腓力演说》[①]，这些演说言辞锋利、慷慨激昂，极大地激发了人们抵抗入侵、保卫祖国的爱国主义激情。甚至就连腓力二世自己读到演说词时也深受震撼。

【案例分析】

德摩斯梯尼的《反腓力演说》是西方演说史上的名篇。演讲者将火一般的激情与冷峻的理性相结合，措辞激烈而又极富感染力，连他的敌人都被撼动。[②]

【案例3】

据《史记·陈涉世家》记载，公元209年，陈胜在"谪戍渔阳"途中过大泽乡（今安徽宿县西南）时，召集同伴们发表演讲："公等遇雨，皆已失期，失期当斩。籍弟令毋斩，而戍死者固十六七。且壮士不死即已，死即举大名耳。王侯将相宁有种乎？"（意为：诸位遇上了大雨，都已经误了朝廷规定的期限，误期就会杀头。就算朝廷不杀我们，但是戍守边疆的人十个里头肯定有六七个死去。再说，好汉不死便罢，要死就要取得大名声，那些王侯将相难道是天生的贵种吗？）

【案例分析】

陈胜的这篇演讲，讲明事理、晓以利害，慷慨激昂而大义凛然，具有强烈而巨大的号召力，立即得到了同行的900名戍卒的积极响应，从而掀起了中国历史上第一次声势浩

---

① 具体文本因篇幅所限，未能全文录入。可参见，王义杰、韩复生.世界名人经典演讲词［M］.天津：天津古籍出版社，2005.其中收录了第二篇。罗念生.希腊罗马散文选［M］.长沙：湖南人民出版社，1985.其中收录了第三篇，等等。

② 关于德摩斯梯尼的《反腓力演说》的赏析，可以参看王志超《〈反腓力第一辞〉三题》（《山西档案》，2014年第5期），本书对《反腓力演说》的第一辞进行了细致的解读。

大的农民起义，导致了横征暴敛的秦王朝的覆灭。

三、演讲与朗读朗诵、谈话的区别

在演讲实践中，有些人容易将演讲与朗读朗诵、谈话混为一谈。其实，它们之间存在着较为明显的区别。

（一）演讲与朗读、朗诵的区别

朗读即朗声阅读，即使用有声语言清晰响亮地将书面语言读出来。朗诵则是表达文学作品思想感情的一种听觉艺术，带有一定的表演性质，它的要求比朗读更高一些，更富于艺术性。演讲与朗读、朗诵的不同主要表现于以下三个方面。

1.朗读、朗诵都是变文字的视觉形象为听觉形象，但是都要受原有书面材料的局限与制约。因此，确切地说，它们只是在已有的书面材料基础上的一种再造活动。

2.朗读、朗诵重在诵读，其所借以表达书面材料的有声语言仍然具有较强的书面性。演讲则重在讲，它比朗读、朗诵更加注重口语化程度。因此，在演讲活动中，演讲者应该学会把无声的书面语言转换成有声的口头语言，也就是说，演讲者要将写好的演讲稿讲出来、说出来，而不是念出来。

3.朗读和朗诵的形式多种多样，有单人诵读，也有集体诵读；而演讲在同一时间内，只能一个人说话，不可能有几个人齐声说话，也就是说，在同一时间内，只能有一个演讲者。

【课堂实训】

1.下面是中国现当代文学经典作品的八个片段，请四位同学分工，进行分角色配乐朗读。角色有：《雷雨》中的周朴园、《原野》中的金子、《恋爱的犀牛》中的马路、《阮玲玉》中的阮玲玉、《日出》中的陈白露、《北京人》中的曾文清、《雷雨》中的繁漪、《红高粱》中的九儿。

《跨越时空的爱》

合——开场白

有一种爱 因了解而来

这一份爱 跨越时空而来

从未放弃 未曾离开 依然等待

这一份爱 在你心门外等待

轻轻敲着你心门问你

是否愿意把门打开

《雷雨》周朴园：侍萍，你静一静。把脑子放清醒点。你不要以为我的心是死了，你以为一个人做了一件于心不忍的事就会忘了么？你看这些家具都是你从前顶喜欢的东西，多少年我总是留着，为着纪念你。你的生日——四月十八——每年我总记得。一切都照着你是正式嫁过周家的人看，甚至于你因为生萍儿，受了病，总要关窗户，这些习惯我都保留着，为的是不忘你，弥补我的罪过。

《原野》金子：虎子，我要走。这儿到了秋天就下着大雾。只有我那瞎子婆婆跟我在一块，她恨我，我恨她。大星是个窝囊废，没有一点本事。他是他妈的孝顺儿子，不是我的爷儿们。你听，到那个地方，就坐这个"吐兔图吐，吐兔图吐"，坐着火车，一直开出去，开，开，开到天边外。你记得我们小的时候么：有一天我梳着油亮亮两个小辫，在我家里小窗户下面纺着线等你？我还记得那时我纺线时唱的歌呢："大麦绿油油，红高粱漫过山头了，我从窗口里望见你，我的心更愁了。"

《恋爱的犀牛》马路：黄昏是我一天中视力最差的时候，一眼望去满街都是美女，高楼和街道也变幻了通常的形状，像在电影里……你就站在楼梯的拐角，带着某种清香的味道，有点湿乎乎的，奇怪的气息，擦身而过的时候，才知道你在哭。事情就在那时候发生了。我有个朋友牙刷，他要我相信我只是处在恋爱中，像图拉在非洲草原时那样，但我知道不是。你是不同的，唯一的，柔软的，干净的，天空一样的，我的明明，我怎么样才能让你明白？你是我温暖的手套，冰冷的啤酒，带着阳光味道的衬衫，日复一日的梦想。

《阮玲玉》阮玲玉：四少爷，四先生。四达，对你，我爱过，我恨过，悔过，羞过，这一切都是最深最深的，因为我是第一次。谢谢你，谢谢你把我推上了明星的宝座。去吧。和你，开始于一团说不清道不明的感情纠葛。是前世的善缘？是后世的孽根？是秋千上的游戏？是梯架上攀登？丈夫，谢谢你给我汽车，洋房，珍珠，翡翠，足以使任何一个女人骄傲的一切。去吧。明天就要开庭，明天，就要对一个强者中的强者，弱者中的弱者进行缺席审判。人们，用你们的善心和良知听我说一句话：在这个叫作人世的地方，我活了二十五年，检点我的所作所为，一丝一毫无愧于心，我应该是原告，原告。

《日出》陈白露：达生，你要问我自己是谁么？你听着：出身，书香门第，陈小姐；教育，爱华女校的高才生；履历，一阵子的社交明星，几个大慈善游艺会的主办委员；做过电影明星，当过红舞女。怎么这么一套好身世，难道我不知道自己是谁？我一个人闯出来，自从离开了家乡，不用亲戚朋友一点帮忙，走了就走，走不了就死去。到了现在，你看我不是好好活着，我为什么不自负？我没故意害过人，我没有把人家吃的饭硬抢到自己的碗里。我同他们一样爱钱，想法子弄钱，但我弄来的钱是我牺牲过我最宝贵的东西换来的。我没有费着脑子骗过人，我没有用着方法抢过人，我的生活是别人甘心愿意来维持，因为我牺牲过我自己。

《北京人》曾文清：愫方，明天我一定走了，这个家我不想再回来了。今天我想了一晚上，我真觉得是我，是我误了你这十几年。害了人，害了己，都因为我总在想，总在想着有一天，我们——可怜，愫方，我不敢想，我简直不敢再想你以后的日子怎么过。你就像那只鸽子似的，孤孤单单地困在笼子里，等，等，等到有一天——为什么，为什么我们要东一个，西一个苦苦地这么活着？为什么我们不能长两个翅膀，一块儿飞出去呢？（摇着头）啊，我真是不甘心哪？这次我出去，我一辈子也不想回来。愫方，你，你还是嫁，嫁了吧，你赶快也离开这个牢吧。

《雷雨》繁漪：热极了，闷极了，这里真是再也不能住的。我希望我今天变成火山的口，热烈烈地冒一次，什么我都烧个干净，当时我就再掉在冰川里，冻成死灰，一生只热热烈烈地烧一次，也就算够了。我过去的是完了，希望大概也是死了的。哼，什么我都预备好了，来吧，恨我的人，来吧。叫我失望的人，叫我忌妒的人，都来吧，我在等候着你们。

《红高粱》九儿：豆官！豆官！我的儿，你来帮娘一把，你拉住娘，娘不想死，天哪！天……天赐我情人，天赐我儿子，天赐我财富，天赐我三十年红高粱般充实的生活。天，你既然给了我，就不要再收回，你宽恕了我吧，你放了我吧！天，你认为我有罪吗？你认为我跟一个麻风病人同枕交颈，生出一窝癞皮烂肉的魔鬼，使这个美丽的世界污秽不堪是对还是错？天，什么叫贞节？什么叫正道？什么是善良？什么是邪恶？你一直没有告诉过我，我只有按着我自己的想法去办，我爱幸福，我爱力量，我爱美，我的身体是我的，我为自己做主，我不怕罪，不怕罚，我不怕进你的十八层地狱。我该做的都做了，该干的都干了，我什么都不怕。但我不想死，我要活，我要多看几眼这个世界，我的天哪……

合——《红高粱》：站在河堤上，抬眼就见到堤南无垠的高粱平整如板砥的穗面。它们都纹丝不动。每穗高粱都是一个深红的成熟的面孔，所有的高粱合成一个壮大的集体，形成一个大度的思想。高粱与人一起等待着时间的花朵结出果实。

2.以拿破仑的《在蒙特诺特战役中的演说》为材料，将其熟读、背诵，然后做模拟演讲。在读、背、讲的过程中，将其与朗读相比较，揣摩演讲与朗读的区别。

在蒙特诺特战役中的演说[①]

（1796年4月28日）

士兵们！你们在十五天内赢得了六次胜利，缴获了二十一面旗子和五十五门大炮，攻下了几座要塞，征服了皮埃蒙特的最富饶的地方，你们捉住一万五千名俘虏，你们杀伤一万多敌人。

在此以前，你们为那些不毛之山而战，并在那些山岩上留下了你们的荣誉，可是这些山岩对祖国却是毫无裨益的。现在由于你们的功勋，你们可以同荷兰和莱茵方面军并驾齐驱了。

你们什么也没有，什么都得自己操心。你们没有大炮打了胜仗，没有桥梁能够过河，没有鞋穿能够急行军，你们休息时没有酒喝，甚至常常没有粮食吃。只有共和国的军队，只有自由的战士才能够忍受你们所忍受的一切。士兵们，为此应当感谢你们！有功必赏的祖国正在以自己的繁荣昌盛来答谢你们。如果你们，土伦的胜利者们，曾经预言过1794年的不朽的战争，那么，你们现在的胜利就预示着面前还有更光荣的战事。

奥地利和皮埃蒙特两国军队不久以前遭到你们勇敢的攻击，现在它们恐惧万状地在逃避你们了。以前嘲笑你们穷困，以梦想你们的敌人打胜仗为乐事的荒淫无耻的人们，现在吓得惊慌失措，胆战心惊了。可是，士兵们，你们还不能万事大吉，因为你们还有仗要打。无论是都灵或米兰你们还没有拿下来，那些杀害巴斯维尔的凶手还在践踏着赶走塔尔克维尼的胜利者们的骸骨。据说，你们中间有些人的勇气减少了，他们竟宁愿回到亚平宁山和阿尔卑斯山的山顶上去。不，我不相信真有这回事。蒙特诺特、米莱西莫、迭戈和芒多维等战役的胜利者们，正满怀着把法国人民的光荣传播到更远的地方的热烈的愿望！……

（二）演讲与谈话的区别

演讲与日常生活中的谈话的区别如下。

---

① 转引自仲金留，魏裕铭.名人演讲辞精粹［M］.桂林：漓江出版社，1987：28-29.

1.日常生活中的谈话不受时空环境条件的局限，随时随地可以进行；没有主体、受体之分，可以在两个人或几个人中间进行。演讲活动的开展则离不开特定的时空环境条件，而且必须是一个人面对众多听者进行。

2.日常生活中谈话的内容、方式比较自由，谈话者可以你一言、我一语，可以随意转换话题，不要求谈话内容的系统、完整，不要求有声语言的艺术性，只要表达了自己的思想观点就算达到了目的。演讲则要受到一定时空的限制，内容上应注意其完整性、逻辑性，形式上要讲究技巧，要恰当地运用语音、语调、语速、表情、眼神、手势、姿态等。

【课后练习】

1.结合自己的经验，谈谈演讲的作用。

2.结合实例，谈谈演讲与朗诵朗读、谈话的区别。

【推荐品读】

1.〔古希腊〕亚里士多德罗.修辞学［M］.罗念生，译.上海：上海人民出版社，2006.

2.〔美〕卢卡斯.演讲的艺术［M］.顾秋培，译.北京：外语教学与研究出版社，2014.

第二节　演讲稿写作技巧与训练

【教学与训练内容】

1．掌握演讲稿的含义、特点及作用

2．掌握演讲稿对主题的要求

3．掌握演讲稿材料的特点和对选材的要求

4．掌握演讲稿的基本结构

5．掌握演讲稿语言的特点

【重点】

演讲稿对主题与选材的要求、演讲稿的结构、演讲稿语言的特点

一、演讲稿的含义

演讲稿是演讲者为演讲所准备的文稿或演讲内容的记录，是进行演讲的依据、规范和提示，是一种直接面对听众，凭借口头表达，进行宣传、教育、鼓动或是思想交流的一种论说性文章。它可以用来表达个人的主张与见解，介绍自己的学习、工作情况和经验，还可以把自己的观点与思想感情传达给听众以及读者。演讲稿一般论点鲜明、逻辑性强，但又不是一般的议论文，而是一种带有强烈的宣传性和鼓动性的应用文体。

二、演讲稿的特点

（一）针对性

演讲是一种社会活动，是为了以思想、感情和理论来晓谕听众、打动听众，所以演讲稿必须要有现实的针对性。

1.作者提出的问题必须是听众所关心的问题，能为听众心悦诚服地接受并唤起其实践行动，如此，演讲才能起到应有的社会效果。

2.演讲所面对的听众会有不同类型和层次，演讲时所处的"公众场合"也有不同的类型，如专业性会议、学校、宗教团体、各类竞赛场合等等。因此，作者在写作时要根据不同对象、不同场合，有的放矢地设计不同的演讲内容。

【案例1】

认识的人，了解的事①

作者：柴静

十年前在从拉萨飞回北京的飞机上，我的身边坐了一个五十多岁的女人，她是三十年前

---

① 董小玉，骆鹏.中外演讲名篇赏析［M］.重庆：西南师范大学出版社，2014：121.（略有改动）

去援藏的,这是她第一次因为治病而离开北京。下了飞机下很大的雨,我把她送到北京一个旅店里。过了一个星期我去看她,她说她的病已经确诊了,是胃癌的晚期,然后她指了一下床上有一个箱子,她说:"如果我回不去的话你帮我保存这个"。那是她三十年当中,走遍西藏各地,跟各种人:官员、汉人、喇嘛、三陪女交谈的记录。她没有任何职业身份,也知道这些东西不能发表,她只是说,一百年之后,如果有人看到的话,会知道今天的西藏发生了什么。这个人姓熊,拉萨一中的女教师。

五年前,我采访了一个人,这个人在火车上买了一瓶一块五毛钱的水,然后他问列车员要发票,列车员乐了,说:"我们火车上自古就没有发票。"然后这个人把铁道部告上了法庭,他说:"人们在强大的力量面前,总是选择服从,今天如果我们放弃了一块五毛钱的发票,明天我们就可能放弃我们的土地权、财产权和生命的安全。权利如果不用来争取的话,权利就只是一张纸。"他后来赢了这场官司,我以为他会和铁道部结下梁子,结果他上了火车之后,在餐车要了一份饭,列车长亲自把这份饭菜端到他的面前说,"您是现在要发票还是吃完之后我再给您送过来"。我问他"你靠什么赢得尊重",他说,"我靠为我的权利所作的斗争"。这个人叫郝劲松,三十四岁的律师。

去年我认识一个人,我们在一起吃饭,这个六十多岁的男人,说起来丰台区一所民工小学被拆迁的事儿,他说所有的孩子靠在墙上哭。说到这儿的时候他也动感情了,然后他从裤兜里面掏出来一块皱皱巴巴的蓝布手绢,擦擦眼睛。这个人十八岁的时候当大队的出纳,后来当教授,当官员。他说他做这些事的所有目的,是为了想给农民做一点事。他在我的采访中说到,说征地问题,给农民的不是价格,只是补偿,这个分配机制极不合理,这个问题不仅出在土地管理法,还出在 1982 年的宪法修正案。在审这期节目的时候我的领导说了一句话,说这个人说得再尖锐,我们也能播。我说为什么,他说因为他特别真诚。这个人叫陈锡文,中央财经领导办公室主任。

七年前,我问过一个老人,我说你的一生也经历了很多的挫折,你靠什么来保持你年轻时候的情怀,他跟我讲有一年他去河北视察,没有走当地安排的路线,然后他在路边发现了一个老农民,旁边放了一副棺材,他就下车去看,那个老农民因为太穷了,没钱治病,就把自己的棺材板拿出来卖。这个老人就给了他五百块钱让他回家,他说我给你讲这个故事的目的是告诉你,中国大地上的事情是无穷无尽的,不要在乎一城一池的得失,要执着。这个人叫温家宝,时任中华人民共和国总理。

一个国家是由一个个具体的人构成的,她由这些人创造,并且决定。只有一个国家拥有那些能够寻求真理的人,能够独立思考的人,能够记录真实的人,能够不计利害为这片土地付出的人,能够去捍卫自己宪法权利的人,能够知道世界并不完美但仍不言乏力,不言放弃的人。只有一个国家拥有这样的头脑和灵魂,我们才能说我们为祖国骄傲。只有一个国家能够尊重这样的头脑和灵魂,我们才能说我们有信心让明天更好!

【案例分析】

这是 2009 年 8 月 29 日 "庆祝共和国六十华诞首都女记协演讲大赛" 特等奖获得者柴静的演讲稿。这篇演讲稿紧扣 "庆祝共和国六十华诞" 的演讲要求,针对演讲的参与者和听众——女记者这一特殊群体而发声,探讨和思考这一职业群体乃至每一个国人在当下中国应如何存在的问题。这是一篇语言几近于平淡的演讲稿，几乎通篇都是平实的叙述，并无激昂的情感和铿锵的音调，但却有着令人思考、发人深省的强大力量。

（二）可讲性（口语性）

演讲稿的"口语性"并不是要求演讲稿用口头语言来写，而是说演讲稿是要"讲"出来让听众"听"的，所以它不同于普通的文稿写作，应该具有可讲性或者说口语性质，即能够"上口"且"入耳"，讲起来朗朗上口，听起来清楚明白。比如可以把长句改为短句，倒装句改为常规句，把生僻词语换成常见词语，把拗口的文言词语换为通俗易懂的口语，把单音节词换成双音节词，等等。演讲者可以通过试讲、练习，发现其中拗口或含糊之处，然后加以修改调整。

（三）社会性

"鼓天下之动者，存乎辞"（《周易·系辞·上》）。演讲是面向广大听众进行公开讲话的一种社会活动，需要产生相应的社会效果。听众是演讲的受众，也是演讲的验收员和评论者。因此，在写作演讲稿的时候就要考虑它的社会性。执笔人必须懂得自己的听众，使演讲的内容适应并提高听众的水平。斯大林就曾经这样赞赏列宁的演说："当时使我佩服的是列宁演说中那种不可战胜的逻辑力量，这种逻辑力量虽然有些枯燥，但是紧紧抓住了听众，一步接一步地感动听众，然后把听众俘虏得一个不剩。我记得当时有许多人说：'列宁演说中的逻辑好像万能的触角，用钳子从各方面把你钳住，使你无法脱身；你不是投降，就是完全失败。'"①

【案例2】

强盗的战争②

列宁

同志们：欧战逞狂肆虐已经一年零六个多月了。战争每拖长一月，每拖长一天，工人群众就更加清楚地知道齐美尔瓦尔得宣言说的是真理："保卫祖国"之类的词句不过是资本家骗人的话。现在人们一天比一天看得更清楚，这是资本家、大强盗的战争，他们所争的不过是谁能分到更多的赃物，掠夺更多的国家，蹂躏和奴役更多的民族！

这些话听起来似乎不足信，特别是对于瑞士的同志们，然而这些话都是确实的，就在我们俄国，不但血腥的沙皇政府，不但资本家，而且有一部分所谓的或过去的社会主义者，也说俄国进行的是"自卫战争"，也说俄国反对的不过是德国的侵略。其实全世界都知道，沙皇政府压迫俄国境内其他民族的一亿多人民，已经有好几十年，俄国对中国、波斯、阿尔巴尼亚和加里西亚实行掠夺政策，也已经有好几十年了。无论是俄国、德国或其他任何一个强国，都没有权利谈什么"自卫战争"；一切强国所进行的都是帝国主义的、资本主义的战争，都是强盗性的战争和压迫弱小民族及其他民族的战争，都是保证资本家利润的战争，使资本能够以群众遭受的骇人听闻的痛苦和无产阶级流出的鲜血换

---

① 斯大林全集（第六卷）［M］.北京：人民出版社1956：50.
② 李天道.外国演讲辞名篇快读［M］.成都：四川文艺出版社，2004：198.

得亿亿万万纯金的收入。

四年以前，在1912年11月，当战争日益逼近这一形势已经很明显的时候，全世界社会主义者的代表在巴塞尔召开了国际社会党人代表大会。那时对于将来的战争是列强之间的、大强盗之间的战争，战争的罪过应当由各强国的政府和资本家阶级承担，已经是无可怀疑的了。全世界的社会主义政党一致通过的巴塞尔宣言，公开说出了这个真理。巴塞尔宣言没有一句话提到"自卫战争"，提到"保卫祖国"。它一无例外地抨击各强国的政府和资产阶级。它公开说，战争是滔天的罪行，工人认为相互射击就是犯罪，战争的惨祸和工人对这种惨祸的愤怒，必然会引起无产阶级革命。

后来战争真正爆发了，大家都看到，巴塞尔宣言对这次战争性质的估计是正确的。但是，社会主义组织和工人组织不是一致地拥护巴塞尔决议，而是发生了分裂，现在我们都看到，世界各国的社会主义组织和工人组织是怎样分成两大阵营的。一小部分人，就是那些领袖、干事、官僚，背叛了社会主义，站到各国政府那一边去了。另一部分人，包括自觉的工人群众，继续聚集力量，为反对战争、实现无产阶级革命而奋斗。

后一部分人的观点也反映在齐美尔瓦尔得宣言里。

在我们俄国，战争一开始，杜马中的工人代表就进行了反对战争和沙皇君主制的坚决的革命斗争。彼得罗夫斯基、巴达也夫、穆拉诺夫、沙果夫、萨莫依洛夫这五个工人代表广泛发出了反对战争的革命号召，努力进行了革命鼓动。沙皇政府下令逮捕了这五个代表，法庭判处他们终身流放西伯利亚。这些俄国工人阶级的领袖已经在西伯利亚受了好几个月的折磨，但是他们的事业并没有被摧毁，全俄自觉的工人正循着同样的方向继续干着他们的工作。

同志们！你们在这里听到了各国代表的关于工人如何进行反战革命斗争的演说。我只想给你们举一个最富强的国家即美国的例子。这个国家的资本家现在由于欧战而得到巨大的利润。他们也鼓动战争。他们说，美国也应当准备参战，应当向人民榨取几亿美元来进行新的军备、无穷无尽的军备。美国的一部分社会主义者也响应这种骗人的、罪恶的号召。但是我要把美国社会主义者的最有声望的领袖、美国社会党的共和国总统候选人尤金·德布兹同志写的一段话念给你们听一听。

在1915年9月11日的英国《向理智呼吁报》（《Appeal to Reason》）上，他说道："我不是资本家的士兵，而是无产阶级的革命者，我不是财阀的正规军的士兵，而是人民的非正规军的战士。我坚决拒绝为资本家阶级利益作战。我反对任何战争，但是有一种战争我是衷心拥护的，那就是为了社会革命而进行的世界战争。如果统治阶级迫不及待地需要战争，那么我决心参加这种战争。"

美国工人热爱的领袖、美国的倍倍尔——尤金·德布兹同志就是这样向美国工人们讲的。

同志们，这又向我们表明，世界各国的工人阶级真正在集聚力量。人民在战争中所受的灾难和痛苦是难以设想的，但是我们不应当，也没有任何理由对将来悲观失望。

在战争中阵亡的和由于战争而丧生的几百万人并不是白白地牺牲的。千百万人在忍饥挨饿，千百万人在战壕中牺牲生命，他们不但在受苦受难，而且也在聚集力量，思索大战的真正原因，锻炼自己的意志，他们对革命有了愈来愈清楚的认识。在世界上所有的国家里，群众的不满愈来愈增长，风潮、罢工、游行示威和抗议战争的运动愈来愈激烈。对于我们这就是保证，保证反对资本主义的无产阶级革命一定会在欧战以后到来。

【案例分析】

《强盗的战争》这篇演讲情感充沛、气势磅礴，极具鼓动性和感染力。曾三次见到列宁演讲的日本共产党人片山潜曾这样回忆："列宁同志没用任何专为加强听众印象的矫揉造作的词句和手势，但却具有非凡的魔力，每当他一开始讲话，场内马上就肃静下来，所有的眼睛都集中到他身上。"其中，"非凡的魔力"，指的就是震撼人心的鼓动效果。演讲稿还引用了格言，以及具有强大号召力的其他革命者如美国社会党领袖尤金·德布兹的原话，用以说明战争的本质，增强了可信度，这样就能在更大范围中赢得民众的支持。

（四）声韵美

演讲稿应便于演讲者调动声音技巧来恰当地传情达意，因此，演讲稿的句式应有适度变化，长短结合、声调顿挫、富有感情，使听众听得懂、愿意听并能引起强烈的共鸣。

【案例3】

我有一个梦想（节选）[①]

马丁·路德·金

我并非没有注意到你们有些人历尽艰难困苦来到这里。你们有些人刚刚走出狭小的牢房。有些人来自因追求自由而遭受迫害风暴袭击和警察暴虐狂飙摧残的地区。你们饱经风霜，历尽苦难。继续努力吧，要相信：无辜受苦终得拯救。

回到密西西比去吧；回到亚拉巴马去吧；回到南卡罗来纳去吧；回到佐治亚去吧；回到路易斯安那去吧；回到我们北方城市中的贫民窟和黑人居住区去吧。要知道，这种情况能够而且将会改变。我们切不要在绝望的深渊里沉沦。

朋友们，今天我要对你们说，尽管眼下困难重重，但我依然怀有一个梦。这个梦深深植根于美国梦之中。

我梦想有一天，这个国家将会奋起，实现其立国信条的真谛："我们认为这些真理不言而喻：人人生而平等。"

我梦想有一天，在佐治亚州的红色山岗上，昔日奴隶的儿子能够同昔日奴隶主的儿子同席而坐，亲如手足。

我梦想有一天，甚至连密西西比州——一个非正义和压迫的热浪逼人的荒漠之州，也会改造成为自由和公正的青青绿洲。

我梦想有一天，我的四个小女儿将生活在一个不是以皮肤的颜色，而是以品格的优劣作为评判标准的国家里。

我今天怀有一个梦。

---

① 崔喜哲，陈瑞璞. 全球最励志英文演讲精选50篇 听演讲学英文［M］. 北京：中国水利水电出版社，2014：180-185.

我梦想有一天，亚拉巴马州会有所改变——尽管该州州长现在仍滔滔不绝地说什么要对联邦法令提出异议和拒绝执行——在那里，黑人儿童能够和白人儿童兄弟姐妹般地携手并行。

我今天怀有一个梦。

我梦想有一天，深谷弥合，高山夷平，歧路化坦途，曲径成通衢，上帝的光华再现，普天下生灵共谒。

这是我们的希望。这是我将带回南方去的信念。有了这个信念，我们就能从绝望之山开采出希望之石。有了这个信念，我们就能把这个国家的嘈杂刺耳的争吵声，变为充满手足之情的悦耳交响曲。有了这个信念，我们就能一同工作，一同祈祷，一同斗争，一同入狱，一同维护自由，因为我们知道，我们终有一天会获得自由。到了这一天，上帝的所有孩子都能以新的含义高唱这首歌：

我的祖国，可爱的自由之邦，我为您歌唱。这是我祖先终老的地方，这是早期移民自豪的地方，让自由之声，响彻每一座山岗。

如果美国要成为伟大的国家，这一点必须实现。因此，让自由之声响彻新罕布什尔州的巍峨高峰！

让自由之声响彻纽约州的崇山峻岭！

让自由之声响彻宾夕法尼亚州的阿勒格尼高峰！

让自由之声响彻科罗拉多州冰雪皑皑的洛基山！

让自由之声响彻加利福尼亚州的婀娜群峰！

不，不仅如此；让自由之声响彻佐治亚州的石山！

让自由之声响彻田纳西州的望山！

让自由之声响彻密西西比州的一座座山峰，一个个土丘！

让自由之声响彻每一个山岗！

当我们让自由之声轰响，当我们让自由之声响彻每一个大村小庄，每一个州府城镇，我们就能加速这一天的到来。那时，上帝的所有孩子，黑人和白人，犹太教徒和非犹太教徒，耶稣教徒和天主教徒，将能携手同唱那首古老的黑人灵歌："终于自由了！终于自由了！感谢全能的上帝，我们终于自由了！"

【案例分析】

马丁·路德·金是著名的美国民权运动领袖，1964年度诺贝尔和平奖的获得者。他也是一位出色的演说家，被誉为"黑人之音"，美国《展示》杂志将其列为近百年世界最具说服力的演说家之一。1963年8月28日，在林肯纪念堂前，马丁·路德·金发表了《我有一个梦想》的演说。在这篇演讲中。马丁·路德·金以饱满的战斗激情，表达了黑人兄弟的心声，为反对种族歧视、争取自由平等发出呼号。演讲稿使用第一人称，突出口语化，同时兼顾语意的绵密和语调的铿锵。文中出色地运用大量排比句，以完整的结构、严密的逻辑、排山倒海般的情感产生了巨大的力量，使演讲富有极强的感染力和鼓动性，激起听众深深的共鸣。

三、演讲稿的作用

演讲稿的写作与其他文体的写作有着不同的意义和作用。

（一）梳理演讲者的思路，提高语言的表现力

演讲稿的写作过程，实际是演讲者理清思路、组织语言的过程。因此，一篇成功的演讲稿，就是作者思想感情、观点态度有条不紊、严密细致的组织和表达。演讲者可以通过写作过程中对语言的推敲、文字的斟酌，提高语言的表现力，增强演讲的感染力和鼓动性。

（二）提示演讲内容，消除演讲者紧张心理

演讲中如有突发状况如卡壳忘词时，演讲者可以借助手中演讲稿的提示将演讲继续下去。演讲稿也可以帮助演讲者尤其是初次演讲的新手消除恐惧或者紧张心理，能够较为从容镇定地进行演讲。当然，演讲者即使被允许带稿上台，也应该尽量少看或不看，以免影响演讲效果。

（三）限定演讲进速

演讲的速度一般在每分钟220字左右，具体可以根据内容稍有调整。但每次演讲都会有时间限制，演讲的速度过快或过慢、时间过长或过短都会影响其效果，演讲稿可以起到辅助的限定作用。

四、演讲稿的写作技巧与训练

演讲稿的写作大致有以下环节：选择讲题（选题）、确定主题（立意）、搜集选择材料、安排结构、组织语言、修改等。

（一）演讲稿的选题、立意技巧与训练

1.演讲稿的选题技巧。选题是指选择演讲题目或选择讲哪个领域的话题。选题的范围极广，大到国内外大事，小到个人琐细之事。一般而言，演讲稿选题通常有三种情况：一是演讲组织者规定了主题而选题；二是演讲组织者规定了内容的大致范围而选题；三是演讲者自选演讲题目或演讲范围。演讲稿选题技巧与选题原则相关。

（1）选题要适合听众心理需求。听众的年龄层次、知识水平等不一致，也会有不同的心理需求，因此，演讲的选题要适合不同层次听众的心理需要，才能调动听众的注意力，激发听众的兴趣。比如，对青年人演讲，可以选择"恋爱观""流行音乐"等比较适宜的话题，对老年人演讲，选择"养生"等话题更加合适。显然，如果对山区农民大谈高能物理、有机化学，估计听者大都会一头雾水，即便演讲者是领域内知名专家恐怕也不会受欢迎；但如果换成果木培育、水土保持、家畜养殖等话题，就会是另一番情形。而美国历届总统的竞选演讲和就职演讲，大都是提出自己的政治主张，宣传自己的治国之策，这都是选民最关心的现实问题。

（2）选题要有强烈的时代感。演讲是现实的信息交流活动，是演讲家通过对社会现实的判断和评价，直接向听众公开表达看法、促使听众行动的现实活动，只有紧追时代步伐、迎合时代气息的演讲才更容易引起听众的共鸣。如，站在2016年的讲台上还在讲"下海经商的必要性"则是不合适的。

（3）选题要有积极意义。要选能给听众指明行动方向、给听众行动的手段和方法、给听众以希望的讲题。如，给未曾接受高等教育的青年人演讲，可选择"成才之路千万条"这种充满正能量的讲题，给听众以鼓励。

（4）选题要适合自己。选择适合自己的题目，既能使演讲深入、透彻，还会使演讲更有说服力。如，大学生参加学校的演讲比赛，在听众基本相同的情况下，选题要考虑自己的优势，可选择大学生普遍关心、自己又很熟悉的大学校园中的一些问题等作为讲题。

（5）选题要适合演讲场合和时间长短。场合不同，选题也应不同：时间长，话题可大一些，时间短，话题不能过大。中国近代著名思想家、文学家梁启超曾在1922年去南京、苏州等地连续做了20多场演讲，在不同的场合，梁启超都有独到的选题。而一位古典文学教师做一场为时一小时的学术演讲，竟然选"论中国古典文学"为讲题，则明显不适合。

【案例4】

敬告中国二万万女同胞①（节选）

秋瑾

诸位，你要知道天下事靠人是不行的，总要求己为是。当初那些腐儒说什么"男尊女卑""女子无才便是德""夫为妻纲"这些胡说，我们女子是要有志气的，就应当号召同志与他反对，陈后主兴了这缠足的例子，我们要是有羞耻的，就应当兴师问罪；即不然，难道他捆着我的腿？我不会不缠的么？男子怕我们有知识、有学问、爬上他们的头，不准我们求学，我们难道不会和他分辩，就应了么？这总是我们女子自己放弃责任，样样事体一见男子做了，自己就乐得偷懒，图安乐。男子说我没用，我就没用；说我不行，只要保着眼前舒服，就作奴隶也不问了。自己又看看无功受禄，恐怕行不长久，一听见男子喜欢脚小，就急急忙忙把它缠了，使男人看见喜欢，庶可以藉此吃白饭。至于不叫我们读书、习字，这更是求之不得的，有什么不赞成呢？诸位想想，天下有享现成福的么？自然是有学问、有见识、出力作事的男人得了权利，我们作他的奴隶了。既作了他的奴隶，怎么不压制呢？自作自受，又怎么怨得人呢？这些事情，提起来，我也觉得难过，诸位想想总是个中人，亦不必用我细说。

【案例分析】

从选题角度讲，首先秋瑾的这次演讲，因为对象是处于封建礼教压迫下的中国的二万万女同胞，她要以演讲鼓励妇女们起来同封建势力抗争。所以，她的这次演讲的选题首先是考虑到听众的需要。其次，该选题在当时极具时代感和社会价值，同时，也适合秋瑾的女性身份。

---

① 广来.近代名家名人文库 宋教仁、秋瑾、黄兴 [M].呼和浩特：内蒙古人民出版社，2009：80-81.

【课堂实训】

关于大学校园爱情，有人说，在大学里，恋爱是大学的选修课；也有人说，在大学里，恋爱是必修课。你有什么想法？请确立一个题目，发表3分钟的演讲。

2.演讲稿主题确立（立意）技巧。立意，就是确定作品的主题，而演讲稿的主题是演讲者在演讲中确立的中心论点，也是演讲者所要分析、论证的主要问题。主题是演讲的灵魂。演讲稿主题确立的技巧与主题要求相关。

（1）正确，这是对主题最基本的要求。正确是指确立演讲主题、意向要符合客观事物的本质和规律，接近真理。确立正确的主题，关键是作者要有正确的世界观和人生观，以观察事物，分析问题，从而得出经得起社会实践检验的正确的结论。"演说的最终目的是说服人们"，要晓之以理，以理服人，所以，主题最重要的是正确。如甲骨文软件公司创始人拉里·埃里森在面向耶鲁大学毕业生所作演讲中，劝那些"还没有毕业的同学"："离开这里。收拾好你的东西，带着你的点子，别再回来。退学吧，开始行动……一顶帽子一套学位服必然要让你沦落……"① 因此，他的演讲被打断，他也被带离演讲台。

（2）深刻，这是指能透过各种客观事物的现象抓住其本质，对现实生活中每件事物、每个现象所蕴藏、所显示的内在意义有深刻认识和独到的见解。作者能"见人之所未见，发人之所未发"，写出意蕴深远的讲稿来。要达到主题深刻，作者要借助丰富的、最能揭示现实生活中人物和事件的思想意义的材料，运用严密逻辑和由表及里的分析，层层深入，挖掘出具有深刻意义的主题来，能以小见大、见微知著地进行适当的加工，并善于生发开去，增强演讲稿的思想性。例如在一次演讲会上，有一位演讲者讲了他亲自经历的一件事：他跟着科普队到农村去普及科学知识。科普队告诉一个村的村长，要他派人来取一个温度计。村里人从不知道温度计是个什么样的东西，居然赶了一辆大马车来拉！演讲者讲到这里几乎声泪俱下，他想不到我们中国还有这样愚昧落后的地方！他被震撼了，为此痛心疾首。他通过这件事说明了农村的落后、贫困，这样的状态亟须改变，演讲以小见大，主题深刻。

（3）集中，是指演讲稿只能集中阐述一个中心思想，单一明确、重点突出。这就要求作者在写讲稿时，只能安排一个中心，不能搞多个中心，因为多中心即无中心。企图在一次演讲中解决许多问题，什么都想说，结果是什么都说不清楚。一篇讲稿一会儿说爱国主义，一会儿又讲法律问题，就一定是杂乱无章，让人费解，无从把握演讲者的重点和具体要说明的是什么问题。所以，演讲稿的主题一定要高度集中、高度凝练，全文要自始至终紧紧围绕主题把问题讲清楚，讲深讲透，从而给听众留下一个深刻的印象。

（4）鲜明，是指作者的态度要爱憎明确，讲稿的主题鲜明、突出，作者肯定什么、否定什么、歌颂什么、抨击什么，是非分明，让人一听就明确地知道演讲者的思想观点、见解主张是什么，并把这些强烈地传递给听众。演讲稿的主题鲜明，要求作者在认识上十分清楚，态度明朗，阐发自己的思想观点时理直气壮。如果演讲稿作者自己对问题的认识是模糊的，怎么能表达出鲜明的态度呢？立场观点鲜明，才能强化讲稿的主题，加深听众印象。如，1982

---

① 拉里·埃里森的这篇演讲是存在很大争议的。有的人批评这篇演讲鼓吹文凭学历无用，有的人赞扬这篇演讲别具一格。然而，作为一篇在公共场合发表的演讲，虽然它凸显了拉里·埃里森的个性，但面对心理状况千差万别的听众，这样的主题还是极容易造成误导的。

年铃木善幸在联合国第二次裁军大会上发表的演讲，表达了对于和平的向往，言辞恳切、感情真挚，对于改变人们对日本的一贯印象起到了积极的作用。这篇演讲稿以罗列事实的方法，鲜明、充分地表达了演讲的主旨："我将与国民一起，为实现我国宪法的理想，建立一个没有战争的社会而努力。"①

（5）新颖，是指演讲稿所提出的见解、所抒发的感受有自己的独特性，给人以新鲜醒目之感。演讲稿主题的新颖性主要表现在：一是跟上社会形势，体现时代的特色；二是能反映人们司空见惯却没引起注意的问题；三是从人们没有考虑到的新角度去思考、分析问题。

【案例5】

国强则少年强②

许吉如

我想请现场的男生去设想或者是回忆一个场景，你的女朋友板着脸站在一边，突然就很委屈地哭出来了，你问她什么都不开口的。宝宝心里苦，但是宝宝不说。这个时候你心里很慌张，你想不对呀，怎么回事呢？上个月看中的包我买了呀，昨天的朋友圈我点赞了呀，前天前女友发过来的短信我删掉了的呀。这个时候她大小姐终于开口了，她说我也不知道为什么，就是没有安全感了。这个时候你的内心是崩溃的，这是她第101次跟你提出安全感的概念。鼓掌的那个哥们，可能你女朋友跟你提了200次。这个时候男生会很沉默对吧，然后你妹子看你不理她就很慌啊，她就跑到"知乎"这样的地方去提问。她发了个帖子叫：跟男朋友说没有安全感，男朋友不理我了，姐妹们我该怎么办？在线等，挺急的。

这种帖子底下一般评论也不会太多的，但是通常会有一个饱经沧桑的"老司机"说一句废话，而这句废话被你的妹子视为真理。老司机就说：妹子，安全感不是男朋友给的，安全感是我们自己给自己的啊。这个老司机说的其实没有错，生活中的安全感是我们自己给自己的。好好工作，会有物质上的安全感；好好学习，才能有期末考试的安全感；不作死你就不会死，那是爱情的安全感。安全感的本质是我们用自己的努力和生活进行的一场等价交换，但是今天我想说的是一份不基于任何条件、不需要努力、我们往往身在福中而不知福的安全感。

今年春天的时候我们学院组织同学去各个国家实地调研，我选择了去位于中东地区的以色列。这个国家多灾多难，但却是国际强国，所以我对它充满了兴趣。有两个细节奠定了我对于这个国家的看法。第一个细节发生在机场。当时我去托运行李，大家都知道你托运行李一般就是5分钟到10分钟的时间，不会有人问你太多问题，对不对？但是那一天，以色列的安检人员对我进行了长达半个小时的盘问，你叫什么，姓什么，从哪里来到哪里去，念过什么学校，做过什么工作，去过哪些国家，有过什么梦想，写过什么论文等，全部都要问。我觉得很被冒犯，因为我是一个普通的游客，你为什么要把我当作恐怖分子？这个时候我身边的以色列同学跟我解释，他说这其实是我们以色列航空多

---

① 转引自关力.最具影响力的经典演讲词［M］.北京：中国华侨出版社，2010：160.

② 选自许吉如（哈佛大学中国留学生）：《国强则少年强》（演讲视频），北京卫视2016年7月8日《我是演说家》（第三季），有改动。

年的常态，自从1948年建国以来，我们一直受到国际上各种恐怖势力的袭击，阿拉伯世界至今没有承认我们的国家地位，所以我们只能用这种最保险的但是最笨的方法排查危险。国家太小，袭击太多，我们输不起。

第二个细节发生在机舱内，当飞机下降在特拉维夫这座城市的时候，机舱里响起了一阵掌声。我很纳闷，因为整趟行程是非常安全的，没有任何的气流颠簸，换言之，它是一次常规到不能再常规的安全着陆，在这种情况下鼓掌有意义吗？我的以色列同学又跟我解释，他说，每一趟航班，无论是国际航班还是国内航班，只要安全着陆，我们就一定会鼓掌！因为我们对于安全有一种执念。"二战"时期，纳粹对犹太人展开种族屠杀，我们的父辈不是在逃难就是在逃难的途中遇难，从那个时候起我们成为一个没有安全感的民族。所以我们今天所做的一切就是重建安全感。

他的话让我意识到不安全感对于一个国家和他的国民而言，是一种怎样的体验。不安全感其实不影响综合国力的提升，因为不安全感催人奋进，所以今天的以色列在国防、军事、科技、农业、商业、金融，你能想到的任何领域都是世界强国。但是这样一种不安全感，一旦渗透进每一个国民自己的生活中，一旦蔓延进每一个国民的心里，会让人失去一份心安理得。这份心安理得意味着你不需要向外界去解释你国家存在的正当性，你不需要时刻去提防国土安全，你更不需要担心国破家亡而流落他乡。这份安全感是一个国家给国民最根本的安全感。生活中的安全感，就像我们开头所说它很多时候是一种等价交换，但是国家层面的安全感，是抛开个人因素不谈，只因享有国民身份，就可以免受漂泊，免于恐惧。

在美国的时候，我的班上有一个来自叙利亚的同学，当他得知我毕业之后就要回到中国的时候，他跟我说，他说我很羡慕你呀，我的国家长年在内战。虽然在今天我们两个都是在美国的留学生，但是我们各自都还有一个身份，我的身份叫叙利亚难民，而你的身份叫中国国民。难民与国民的最大的区别在于，你是否拥有自由选择的权利。你是否一定要将自己的命运寄托在一个别的国家，寄托在一纸非常冰冷的移民法案，还是说你可以轻飘飘地讲，世界那么大我想去看看，可是家里这么好，我随时可以回得来。

安全感所带来的自由选择的权利，是一个国家赋予年轻人最好的礼物。因为这意味着你不必因为在一个别国的国土上成为一个非常优秀的个体才可以被尊重。你就踏踏实实地做——哪怕普普通通的中国人也会被善待，因为你的背后是一个稳定的国家，而世界对你的国家充满敬畏。

在美国读书的时候，我经常在课堂上被我们老师安排去向大家解释这个中国的"十三五"规划，"一带一路"，解释我们刚刚出台的二胎政策又或者是南海冲突。其实我的语言是有很多瑕疵的，我的观点可能也很平凡，但是这样的我能在课堂上永远有一丝话语权，那是因为他们觉得中国很重要，所以中国学生的话一定要听。一百多年前，梁启超曾经说，今日中国之责任不在他人而全在我少年，少年强则中国强。一百年后的今天，其实道理反过来也一样，中国强则少年强，中国强则中国少年强。

因为一个强大的国家会赋予一个少年强大的安全感。基于安全感，他可以自由地选择他想生活的地点、职业状态乃至是心情。因为他是轻装上阵去看这个世界又理直气壮地回到自己的家园。有一句话是这样讲的，如果你觉得你活得很舒服，那是因为有很多人在默默地为你付出。如果你觉得很安全，那是有很多人在为你承担风险。他们是边疆官兵、维和部队、外交官、公共服务的各行各业……在为你和我更强的安全感在不懈努力。但即便不懈努力如他们，我们国家还是有不完美的地方，我们也有自己的不安全感。所以在这个意义上，今日中国固然强，但今日之中国少年唯有更强。因为只有这样我们才能骄傲地回应一百多年前梁启超先生的期盼，告诉他说，少年强则国强，中国强则中国少年更强，中国强就是因为少年强。

【案例分析】

这篇演讲稿主题鲜明集中：中国给予中国国民的安全感是一份不基于任何条件的安全感，而这种安全感所带来的自由选择的权利，意味着一个普普通通的中国人也会被善待，因为你的背后是一个稳定的国家，而世界对你的国家充满敬畏。同时，这篇演讲稿的主题深刻而新颖，处处紧扣当下世界形势与中国实际，从生活小事逐渐导入家国大事，由浅入深，过渡自然，引人深思。

【课堂实训】

下面是一个留学生的演讲稿，请仔细阅读，回答后面的问题。

爱国情，中国心

周知北

在世界民族之林中，我们中华民族是最伟大的民族之一。世界上没有一个国家像我们中国一样，有着上下五千年悠久的历史；没有一个国家像我们中国一样，从古至今就有着一脉相传的血统。为什么我们的祖国在历史的长河中，经历了几千年的大起大落、大风大浪后，依然雄踞在世界的东方？又为什么我们这个古老的民族，至今仍具有盎然的生机和强大的活力呢？这就是因为我们的中华民族有一种巨大的凝聚力和向心力，这就是爱国主义精神，这就是中华民族的不灭之魂。

去年的4月6日，是我终生难忘的日子。北京奥运会火炬境外传递在伦敦安全、顺利、成功地完成了传递。80名火炬手把圣火从伦敦西北部的温布利体育馆传至东部的格林威治，跨越伦敦的10个区，途经唐人街、大英博物馆等地，盛况空前。

当时，我非常有幸地在伦敦参加了奥运圣火传递的活动，我和在英国的华人和留英中国学生用最大的热情欢迎着、分享着北京奥运会圣火带来的荣耀和激情，强烈地感受到了奥林匹克精神与中华民族凝聚力的巨大感召力。

整个传递过程中，我听到的是一声声热情的欢呼，我看到的是一张张激动的面孔，我感受到的是一颗颗忠诚的爱国之心。尤其让我为之动容的是，有些同学们追随着火炬，挥动着国旗，来不及擦去脸上的汗水，一路为圣火护跑。我知道，他们中多数人来自不同的城市，是从300公里、700公里甚至1000公里之外赶来，有些人在凌晨1点就汇聚到起跑点守候，寒夜星空之下，几乎彻夜未眠。大家都是为了一个共同信念：为圣火护航，为中国加油！

事后，我的一个英国同学曾带着羡慕的口气说："你们中国人的祖国感和使命感是那样的亲切和真挚，好像整个中国都是属于你们自己。"这句话说对了。在我们中国的信念中，"国"与"家"是密不可分的。爱国犹如爱家，爱国胜于爱家，"以天下为己任"的这种传统感情，传统信念，已经融化在中华子孙的血液里了，正如《我的中国心》这首歌中所唱到的，"流在心里的血，澎湃着中华的声音"，中华儿女对祖国的赤子之心、爱国之情、报国之志、效国之行，是任何力量也动摇不了的。

我是2002年到英国留学的，在这7年里，我曾获得一次全英物理奥林匹克竞赛银奖，并连续两年获全英数学竞赛金奖。在英国的哥登斯贵族学校，别人要用3年才能完成的高中学业，我仅用两年的时间就以优异的成绩毕业了，赢得了学校老师和同学们的高度评价。

在这7年里，我无时无刻不在思念自己的祖国，但我更以自己是一个中国人而感到自豪和骄傲！我自豪，是因为我可爱的祖国繁荣富强，在国际上的地位和影响日益强大；我骄傲，是因为我们的国家正在构建和谐社会，人民的幸福指数不断提升。

爱国心是最美好的心灵，爱国情是最崇高的感情，爱国是我们每一个炎黄子孙最神圣的使命。我虽然还要继续在英国读研，但我的心早已经回到了祖国，回到了和谐幸福的中国。因为我知道，中国的强盛，就在于我们青年人的强盛。青年强则国强，青年进步则国进步；青年胜于欧洲，则国胜于欧洲；青年雄于地球，则国雄于地球！这就是我的中国情，这就是我的中国心！谢谢！

问题：请具体分析这片篇演讲稿的立意。如果让你做一次"青春与祖国"的演讲，你准备如何立意？

（二）演讲稿的选材技巧与训练

材料就是演讲者为说明演讲主题、阐述自己的观点，所选取的论据及事实，包括事例、知识、言论、数据等。材料的充分可靠和典型程度是衡量一篇演讲稿质量优劣的尺度之一。如果说主题是一篇演讲稿的"灵魂"，那么，材料就是演讲的"血肉"。材料的选择、分析和排列对于增强演讲的说服力和吸引力有着十分重要的意义。在准备阶段，演讲者要通过广泛调查，努力扩大选材的范围，尽可能地多收集一些与演讲主题有关的材料：正面的、反面的、理论的、事实的、古代的、现实的及有人讲过的同类材料等。然后要严格而谨慎地筛选材料。选用到演讲稿中的材料必须具备以下四个特点。

1.材料要有典型性。所谓典型材料，是相对于一般材料而言的，是那些最能代表和反映事物本质的材料。演讲材料的选择在精而不在多。只有那些能够集中体现事物的本质，在同类事物中最具有代表性的典型材料才能"以一当十"，更好地论证演讲的主题，增强演讲的思想性与表现力。

2.材料要有真实性。这里的"真实性"是指选择的材料既符合客观实际情况，又能如实反映客观事物的本质和主流。演讲中使用的材料必须来源于客观生活，不能无中生有、胡编乱造，也不能捕风捉影、道听途说。真实的材料才最有说服力。因此，收集材料时一定要查明出处，确认之后再将其收入并应用。只有那些能反映生活本质和主流的事实才是"证据确凿"的真实材料，才能使演讲的主题立于无可辩驳的牢固基础之上。

3.材料要有新颖性。这里的"新颖性"是指新出现的、鲜为人知的材料。只有那些新颖别致的演讲材料，才能够长时间、有效地吸引听众，产生强大的感染力。当下社会正处在瞬息万变之中，新事物、新话题层出不穷，这就要求我们的演讲材料也应该与时俱进，这样演讲的内容才会具有时代感。因此，平时一定要多关心时事政治、关注社会热点问题，这样才能为演讲引入具有时代特征的新材料、新景象和新理念。

【案例6】

人格是最高的学位[①]

白岩松

很多很多年前，有一位学大提琴的年轻人去向本世纪最伟大的大提琴家卡萨尔斯讨教：我怎样才能成为一名优秀的大提琴家？

卡萨尔斯面对雄心勃勃的年轻人，意味深长地回答：先成为优秀而大写的人，然后成为一名优秀和大写的音乐人，再后就会成为一名优秀的大提琴家。

听到这个故事的时候我还年少，老人回答时所透露出的含义我还理解不多，然而随着采访中接触的人越来越多，这个回答就在我脑海中越印越深。

在采访北大教授季羡林的时候，我听到一个关于他的真实故事。有一个秋天，北大新学期开始了，一个外地来的学子背着大包小包走进了校园，实在太累了，就把包放在路边。这时正好一位老人走来，年轻学子就拜托老人替自己看一下包，而自己则轻装去办入学手续。老人爽快地答应。近一个小时过去，学子归来，老人还在尽职尽责地看守。谢过老人，两人分别！

几日后是北大的开学典礼，这位年轻的学子惊讶地发现，主席台上就座的北大副校长季羡林正是那一天替自己看行李的老人。

我不知道这位学子当时是一种怎样的心情，但在我听过这个故事之后却强烈地感觉到：人格才是最高的学位。

这之后我又在医院采访了世纪老人冰心。我问先生，您现在最关心的是什么？老人的回答简单而感人：是年老病人的状况。

当时的冰心已接近人生的终点，而这位在"五四"爆发那一天开始走上文学创作之路的老人心中对芸芸众生的关爱之情历经近80年的岁月而依然未老。这又该是怎样的一种传统！

冰心的身躯并不强壮，即使年轻时也少有飒爽英姿的模样，然而她这一生却用自己当笔，拿岁月当稿纸，写下了一篇关于爱是一种力量的文章，然后在离去之后给我留下了一个伟大的背影。

今天我们纪念"五四"，80年前那场运动中的呐喊、呼号、血泪都已变成一种文字留在典籍中，每当我们这些后人翻阅的时候，历史都是平静地看着我们，这个时候，我们觉得80年前的事已经距今太久了。

然而，当你有机会和经过五四或受过"五四"影响的老人接触后，你就知道，历史和传统其实一直离我们很近。

世纪老人在陆续地离去，他们留下的爱国心和高深的学问却一直在我们心中不老。但在今天，我还想加上一条，这些世纪老人所独具的人格魅力是不是也该作为一种传统

[①] 夏京春.大学语文教程[M].北京：首都经济贸易大学出版社，2002：267-269.

被我们向后代延续?

前几天我在北大听到一个新故事,清新而感人。一批刚刚走进校园的年轻人,相约去看季羡林先生,走到门口,却开始犹豫,他们怕冒失地打扰了先生。最后决定,每人用竹子在季老家门口的土地上留下问候的话语。然后才满意地离去。

这该是怎样美丽的一幅画面!在季老家不远,是北大的博雅塔在未名湖中留下的投影,而在季老家门口的问候语中,是不是也有先生的人格魅力在学子心中留下的投影呢?只是在生活中,这样的人格投影在我们的心中还是太少。

听多了这样的故事,便常常觉得自己是只气球,仿佛飞得很高,仔细一看却是被浮云拖着;外表看上去也还饱满,肚子里却是空空。这样想着就有些担心了,怎么能走更长的路呢?

于是,"渴望年老"四个字对于我就不再是幻想中的白发苍苍或身份证上改成60岁,而是如何在自己还年轻的时候,便能吸取优秀老人身上所具有的种种优秀品质。

于是,我也更加知道了卡萨尔斯回答中所具有的深意。怎样才能成为一个优秀的主持人呢?心中有个声音在回答:先成为一个优秀的人,然后成为一个优秀的新闻人,再然后是自然地成为一名优秀的节目主持人。

我知道,这条路很长,但我将执着地前行。

【案例分析】

这是中央电视台著名节目主持人白岩松参加"演讲与口才杯"全国新闻界"做文与做人"演讲比赛时的演讲。白岩松的这篇演讲择取了三个事实材料:季羡林先生帮年轻学子看行李;世纪老人冰心病魔缠身仍关心年老病人的状况;年轻学生怕打扰季老而在季老家门口留下问候。三个真实、典型的事例,鲜明地诠释了演讲稿的主题:人格是最高的学位。

【课堂实训】

"女汉子"通常是用来形容那些"性格很纯很爷们"的姑娘。有人把女汉子归为男人和女人之外的第三种人。请以"我身边的女汉子"为主题进行2分钟演讲。要求:选用的材料要真实、典型、新颖。

(三)演讲稿的结构技巧与训练

不同类型、不同内容的演讲稿,其结构方式也各不相同,但结构的基本形态都是由标题、开头(开场白)、主体、结尾几部分构成。

1.标题。标题是一篇文章的"眼睛",演讲稿的标题亦是如此,一个优秀、恰当的标题使演讲一开始便能引人瞩目、先声夺人。因此,细致构思、精心推敲、闪亮"文眼"尤为重要。那么,应根据哪些标准来拟制演讲稿的标题呢?

(1)标题要有积极性,要选择那些寓意光明、美好,富于建设性的题目。比如,恺撒的《不战胜,决不离开战场》,华盛顿的《我的热情驱使我这样做》(就职演讲),韦伯斯特的《我将时刻准备着》(纪念美独立战争期间政治家亚当斯的演讲),泰戈尔的《我们不向别人借贷历史》等。

（2）标题要有适应性。要符合听众实际，考虑听众思想水平、文化层次、职业差异等，有的放矢地拟写标题；要符合自己的身份，选择与自己的工作性质、专业方向等接近的题目，因为自己熟悉的东西容易讲深讲透；要符合演讲的时间，即要按规定的时间选择题目——时间长，可选择大一点的题目；时间短，就要选择小一点的题目。

（3）标题要有新奇性。比如"我的祖国""青春在岗位上闪光"等标题，已然是老生常谈，难以吸引听众。而如"象牙塔与蜗牛庐""伟大的化石""老而不死论""老调子已经唱完"等鲁迅演讲的标题，则立意新颖、用心独特。

（4）标题要有情感色彩。如鲁迅的《流氓与文学》、马克·吐温的《我也是义和团》（1901年11月23日在纽约勃克莱博物馆公共教育协会上的演讲）等，其情感爱憎分明；毛泽东的《中国人民站起来了》，帕特里克·亨利的《不自由，毋宁死》等标题，充满情感力量。

（5）标题要有生动性。在拟制标题时候，恰当运用一些修辞手法如拟人、比喻、对比、借代、谐音等，可以使标题生动引人。比如鲁迅的《象牙塔与蜗牛庐》、郭沫若《科学的春天》等。

（6）标题要有概括性。演讲的标题要简练，要用最简洁的语言，表达最丰富的内涵，尽可能做到简短有力，字少意多、言简意深。如毛泽东的《反对党八股》《为人民服务》等演讲题目，简洁明了，开门见山。

拟制标题时，应避免以下几种现象：一是题目冗长，如《祖国儿女在为中华之腾飞而奋力拼搏》；二是题目深奥怪僻，艰涩费解，如《我对文明之管窥》等；三是题目宽泛、不着边际，如《我自信》《理想篇》《责任》等。

【课堂实训】

请认真体会下面这则材料的含义。假如让你做3分钟的演讲，你将拟定什么标题？

材料：无数人看见苹果从树上掉下来，但只有牛顿问了个为什么。

2.开头。演讲稿的开头由两部分组成：称呼语和引言。

（1）称呼语。称呼语是指用来称呼别人和自己的词语。在演讲中，使用称呼语可以引起听众注意，保持演讲者与听众之间的联系。称呼语有泛称和类称。泛称是指具有较大的广泛性、能普遍使用的称呼语，如朋友们、同胞们、诸位；类称是指具体适用于某一类别的称呼，如老师们、同学们、同志们。使用泛称，简洁明快；使用类称，显得彬彬有礼，也显出对听众的尊重。在演讲中，要灵活运用。要做到：

①称呼要全面，要包括在座的每一位听众。如果情况允许，最好细化称呼，对地位重要的人，要特别点出其名字与职位。比如："尊敬的杨校长、李校长，亲爱的老师、同学们，大家好！"当然，如果实际情况不允许的话，也可以直接称呼："女士们、先生们！""同学们""各位朋友""各位领导"等。

②称呼要有顺序，应该按先长后幼、先上后下、先重后轻、先女后男、先疏后亲、先宾后主的次序来进行称呼。

③称呼不可太随便，或一带而过，或无称呼。"太随便"是指有的演讲者的称呼不符合演讲内容及听众身份，个别领导对学生也称"同志们"，就是太随便了，不够得体；"一带而过"是指该用类称却用泛称一带而过，如对身份复杂的听众用"朋友们"做称呼，不够得体；"无

称呼"指的是有的演讲者索性不用称呼，登台后开口就讲，不去发挥称呼的作用，也显得没礼貌、不周到。

（2）引言。引言又可称为导入。良好的引言如同一篇文章中的"凤头"，明确、简洁、响亮，能吸引听众的注意、说明演说目的、激发听众的兴趣、取得听众的信任，从而为进一步演讲打下良好基础。设计引言时形式上要力求新颖、别致，能一下子就紧紧抓住吸引听众；内容上要出其不意，出奇制胜。演讲的引言方式多样，可以依据演讲的具体内容而定。常见有以下几种：

①直入式，即开门见山地揭示出演讲主题。这种格式运用得很广泛。如毛泽东《改造我们的学习》："我主张将我们全党的学习方法和学习制度改造一下。其理由如下……"

②描述式，即描写状态或情景。如恩格斯《在马克思墓前的话》："3月14日下午两点三刻，当代最伟大的思想家停止思想了。让他一个人留在房里总共不过两分钟，等我们再进去的时候，便发现他在安乐椅上安静地睡着了——但已经是永远地睡着了。"[①]

③故事式，分为讲述他人故事和个人经历两种。"故事式"开头由于情节生动、内容新奇，很容易就能吸引听众的关注，激发听众的兴趣。初学演讲者尤其适合选用这种开头。如某大学的演讲课练习，演讲题为"当我走进大学校门的时候"，一位大学生这样开始他的演讲："大家一定会记得这样一个传说吧：阿拉伯有个神奇的山洞，里面收藏了40个大盗偷来的金银财宝和珍珠玛瑙。只要掌握了一句咒语，洞门就会自动打开。有一天，一个叫阿里巴巴的人无意中知道了这句咒语，他打开了这个财宝之门，成为巨富。"演讲者以人们熟知的拉伯传说作为开场白，把大学校门比作知识的财富之门，获得了较好的演讲效果。

④提问式。演讲开始，演讲者就抛出自己精心设计的一个问题，以问题引领听众的思路，带动听众参与思考，既抓住了听众的注意力，又可吊起听众的胃口，激发悬念，引人思考。如《愿我们都说真话》的开头："同志们，首先请允许我提一个问题，各位在任何时间和地点说的都是真话吗？"以这样的问题引发在场听众的深思，同时引领听众进入演讲者设定的情境之中。

⑤引用式，即引用格言、名人名言等。如《让生命在追求中闪光》的开头即引用名人名言："美国黑人教育家本杰明有句耐人寻味的名言：'生活的悲剧，不在于没有达到目标，而在于没有一个想要达到的目标。'"引文有较强的感染力和说服力，并且出自名人之口，更具有感召力。

⑥道具式，即开讲之前，演讲者可以先展示某件实物，给听众以新鲜、形象的感觉，迅速抓住听众的注意力，从而收到意想不到的效果。比如，在进行题为"做教育改革的先锋"的演讲时，演讲者可以展示学生的作文、学生的信件、讽刺"填鸭式"教学的漫画等实物，以此为开头，增加听众听讲的兴致。

⑦幽默式，即用幽默诙谐的语言开头，能够在短时间内吸引听众的注意力，又能活跃会场气氛，拉近演讲者与听众的距离。如，我国香港著名武侠小说家金庸先生在北京大学对大学生们演讲时，这样开场道："我刚从绍兴过来，在绍兴的兰亭，那里的人让我写字，我说，

---

① 于艳梅，李伟凯.影响世界的金榜演讲词［M］.北京：首都师范大学出版社，2014.：180.

那可不行，这是大书法家王羲之写字的地方。我怎么能写？而他们不干，非要我写，于是我就写了一行'班门弄斧，兰亭挥毫'。今天北大又让我在此讲学，又是一种怎敢当的心情，于是我又写了一行'草堂赋诗，北大讲学'……我是搞新闻出身的，做新闻是杂家，跟专攻一学的教授不同，如果让我做正式教授的话，那是完全没有资格的。幸亏我当的是你们的名誉教授。"这种导入方式自然入题，幽默风趣，活跃气氛，能抓住听众，效果极好。

【课堂实训】

为下列五个演讲题目设计精彩的开场白：

1.青春的宣言

2.路

3.我的职业观

4.我的大学生活

5.口才与人才

3.主体。主体部分是一篇演讲稿的主干和重点，是围绕主题采用恰当的表达方式，使用材料加以阐述的过程。能否写好主体，直接关系到演讲的质量和效果。要使演讲的观点站得住、立得牢，就必须做到主体内容充实丰满、有血有肉；要围绕中心论点，处理好论点与论据间的关系；要合乎逻辑地逐层展开论述，做到结构紧凑、层次清楚、过渡自然；在这一部分中，要组织和安排好演讲高潮，写得有波澜、有起伏，张弛有度，使演讲者和听众在情感上产生强烈的共鸣。具体地说，应注意以下几个问题。

（1）安排层次。层次是演讲思想内容的表现次序，它体现着演讲者思路展开的步骤，也反映了演讲者对客观事物的认识过程。演讲须层次清晰、脉络显豁，这是使观众晓其义、知其理、通其情的基本。层次安排常以时空为序、以逻辑线索为序，或以认识过程为序，形成时空结构层次、逻辑结构层次和心理结构层次。层次安排要注意通篇格局，统筹安排，给人以整体感；要主次分明、详略得当，给人以匀称感；结构层次要清晰明了，给人以明朗感。演讲稿的层次安排常用以下几种格式：

①递进式。递进式是根据事物之间的相互联系，采用由表及里、由浅入深、环环相扣的方法来安排层次结构。这种方式可以从不同的层次上深化和丰富演讲主旨，对演讲内容做纵向的开掘，使听众对演讲的题旨有一个逐步深入的了解和认识。这种层次安排方式既符合客观事物的发展规律，又符合人们认识客观事物的规律，因而具有较强的吸引力和说服力。

②并列式。并列式是把几个独立的问题逐次并列地加以安排，即逐点论述、逐点小结的结构层次，其最大特点是简练、明快、清晰，在撰写所反映事物具有多种属性和多种情况的演讲稿时，尤为适用。

【案例7】

长城颂歌（节选）

历史可以作证——在外来侵略者面前，我们的长城是一道不可逾越的铜墙铁壁，奔上了振国威、壮军威、保和平的战场……

人民可以作证——在自然灾害面前，我们的长城是抢险救灾，扶助危难的中流砥柱……

共和国可以作证——在国际资本主义和国内外敌对势力面前，我们的长城是抗击八面来风、防止"和平演变"的无产阶级专政的坚强柱石……

【案例分析】

这篇演讲稿用三个大的并列排比段，"历史可以作证""人民可以作证""共和国可以作证"，分别论述了"在外来侵略者面前""在自然灾害面前""在国际资本主义和国内外敌对势力面前"，中国人民解放军——这座绿色长城所发挥的作用和贡献。这种并列排比形成了恢宏的气势，感情充沛，具有很强的感染力。

③对比式。对比式是采用正反比较的方法来进行论述的结构层次，即在分论点与分论点之间、段落与段落之间形成正反对照，让听众从两种事物的对比中认识演讲的主题。

④总分式。总分式是先提出问题、观点或主张，然后分层加以阐述，或先分层阐述观点、主张，然后进行概括总结的结构层次。值得注意的是，分层阐述时一般要采用并列结构。

例如，戴高乐在1944年10月14日发表的《广播演说》，就采用了总分式的结构层次，第一段是总说，直接表明自己的观点："由于盟国和法国的陆海空军的奋勇作战，敌人从我国绝大部分领土上被赶走已经好几个星期了。解放的欢欣和骄傲并不妨碍全国人民勇敢地去考虑他们面临的艰苦的现实，清晰地分析一下救国的条件。"①后面是分说，使用"首先""其次""最后"统率各部分，目的是要进一步阐明自己的观点。

（2）注意衔接。衔接是使演讲稿条理清楚、前后连贯、层次清晰所采用的手段。随着演讲稿内容的展开，有必要采用有效的衔接手段，使演讲稿思路连贯，给人浑然一体的良好印象。演讲稿的衔接，主要指演讲稿的过渡与照应。

过渡是指层次与层次、段落与段落之间的衔接转换，这种转换有的需用过渡词或过渡句，有的需用过渡段。例如，讲述的问题由总到分或由分到总时、由议论转为叙述或由叙述转为议论时、由一件事转到另一件事时、由一层意思转到另一层意思时，都需要过渡。

照应是指前后内容的关照和呼应。如内容与题目的照应、内容之间的前后照应、开头与结尾的照应等。

3.设计高潮。高潮不仅可以渲染气氛、产生良好的现场效果，而且能加深听众的印象。高潮，既是演讲者感情最激昂、气势最雄劲的时刻，也是听众情绪最激动、精神最振奋的地方。一次演讲中若能高潮迭起，则说明演讲者与听众之间存在强烈的感情共鸣，也说明演讲者的观点和主张得到了听众的欢迎和赞同。林肯在葛底斯堡的演讲不到3分钟，听众热烈鼓掌5次。1962年陈毅在广州做关于知识分子的演讲时，听众欢笑声达62次。高潮能产生现场效果，所以演讲者要尽可能地制造高潮，调动听众情绪。

（1）设计演讲高潮的技巧。①要形成演讲高潮，首先得靠演讲者思想深刻。演讲者有真知灼见，方能点燃听众的内心激情，将演讲自然地推向高潮。深刻的思想会闪耀出真理的光芒，说出来的是至理名言，听众自然会折服。电影《列宁在一九一八》中，列宁到米赫里逊工厂群众集会上演讲。当他说"共产党人，藐视敌人，无所畏惧"，"工人阶级只有一条路，那就是胜利"时，会场为之欢腾。列宁高尚的人格和献身革命的伟大精神，使他所讲的话成为人

---

① 张昌华，汪修荣.世界名人名篇经典［M］.哈尔滨：北方文艺出版社，1995：106-108.

民前进的指路明灯。

②要形成演讲高潮，还可以借助排比式语言、智慧的语言等。这样的语言可使其演讲意深、言奇、语简，妙语连珠，从而掀起高潮。如巴勒斯坦领导人阿拉法特在他的政治演说中常用的格言是："巴勒斯坦就是我的妻子、我的家庭、我的生命。"一个把全部生命和美好感情都献给祖国的人，当然是人民最伟大的领袖。丘吉尔出任首相后的首次演讲中有这样的话："我要说的是，我没什么可以奉献的，有的只是热血、辛劳、眼泪和汗水。"①如此真挚的情感，怎能不点燃听众感情的火花，把演讲推向高潮？

③要形成演讲高潮，还可以运用幽默，如幽默的神态、动作、语言，使听众情绪起伏，掀起一个又一个的高潮。

（2）设计演讲高潮，要遵循以下原则：

①那些促成高潮的名言、警句或简短的议论，切忌牵强附会，而是要从可靠的事实或充分的事理中自然而然地生发出来。

②在演讲高潮时，切忌拖泥带水、冗长啰唆。演讲者要用简洁明了的语句，将自己与听众的思想感情推向高潮。

③一般说来，如果演讲时间较短，那么，将高潮安排在结尾前会比较适宜。而篇幅较长的演讲就要根据具体情况来安排，以在中间或结尾前安排几次高潮为宜。

【案例8】

回家②
梁植

虽然大家说，让我说你们听，但我想申请一下，能不能我唱两句给大家听啊？可以吗？"在那高高的山岗上，一片浓雾白茫茫……"这是一首古老的蒙古族民歌。

我的爷爷是个牧民，他在草原上放牧的时候，总会唱这首歌，这首歌的旋律还挺好听的吧？但它的背后，藏着一个很悲壮的故事。

土尔扈特，是一个非常古老的蒙古族部落。这个部落在明朝末年的时候，搬到了伏尔加河的下游去游牧。他们当时是为了躲避战争。但没有想到过了100多年，沙皇俄国又再一次入侵他们的草场。沙皇想奴役他们。这个时候，土尔扈特部落的年轻首领渥巴锡汗说："我们不能再这样下去了，我们要回到祖国。我们要往东走，回家去。"部落中几乎没有人同意，因为有两个原因：第一，伏尔加河下游水草肥美，是游牧人生活的天堂。更重要的原因是：如果他们敢走，沙皇一定会派大批的骑兵阻击他们。他们没法活着回去。面对百姓的质疑，渥巴锡这个年轻的可汗，没说话做了一件事，他转身用火把点亮了自己的宫殿。这个宫殿只亮了一下，然后就彻底燃烧起来。部落所有的人都沉默了，大家四散开来，仅仅过了一小会儿，整个土尔扈特部落就变成了一片火海。就这样十七万土尔扈特人，开始了回家的路。在这条路上有饥饿、有严寒、有骑兵的追击、有死亡。他们的目的地只有一个，就是祖国，是故乡。经历了一年的时间，走了上万里的

---

① 于艳梅，李伟凯．影响世界的金榜演讲词［M］．北京：首都师范大学出版社，2014：175．

② http://www.wtoutiao.com/p/175nNUC.html.

路，终于来到了清朝的边境。

我不知道他们踏上清朝土地的时候心里是怎么想的。但我清楚地知道，无论对一个人还是一个族群而言，回家回乡不需要理由，不回家不回乡才需要理由。

我想问大家一个问题，如果我说有人就因为出去打了一瓶花生油，然后再也回不去家了，你们相信吗？有一个人叫吴采桑，他19岁，早上妈妈跟他说：你去城里面打两斤花生油回家。吴采桑过了50年才到家。他只能在妈妈的坟前添了一把土。有一个人他23岁，他工作的地方和他家的距离不过几里路，他有一天上班去了单位，但回程他走了63年才到家。有一个29岁的人叫李仁水，新婚宴尔，他跟夫人说："我去附近几里外的地方，拿点豆花回来，一会儿咱们做饭。"夫人说："好啊，我等你。"这一等就是47年。等到的不是李仁水，等到的是一个李仁水还活着的消息。这已经足够让他妻子欣喜若狂。她到处去找丈夫的踪迹，找那个近50年没有谋面的男人。最后她找到的时候，李仁水在家已经去世了。

大家可能要问我：你从这漫漫的历史中，挑出了这三个如此奇特的离别的故事，你想告诉我们什么？对不起，这些故事一点也不离奇，因为这三个故事，发生在中国同一个只有15平方千米大的小岛上。这三个主人公，他们因为相同的原因，失去了回家的可能性。他们和家的距离只有1600米，很短很短，但却成了世界上最远的距离。有一个姓韩的士兵，他有一天出门给妈妈买药，结果被抓了壮丁抓到金门去，他每天在金门的工作是瞭望。这是世界上最残忍的工作，对他来说，因为他妈妈得了重病，他每天能瞭望到他们家的房顶，但他回不去。他特别着急。1600米隔着他和他妈妈，隔着他兜里还揣着的药。姓韩的士兵最后忍无可忍，他找了一个深夜，抱着一个橡皮圈跳入大海。他游了整整一个晚上，遗憾的是，那晚的风浪太大，他上岸的地方不是厦门，而是金门。他上岸的时候，对着他的是十几杆枪。他说的第一句话是："你先别杀我，让我去看一眼我妈。"在被执行枪决之前，他见到了主审的法官。他跟法官说："如果有一天通航了，我想请你把这个药给我妈送过去。你告诉她，我那天真的去买药了。就是没能回家。"

关于两岸，政治、经济、教育、历史我们谈了太多。我们一谈就谈得特别深入，但我们总是忘了我们因何而出发。我们是人啊，两岸是家。人回家不需要理由，不回家才需要理由。也正是因为这样，在《我是演说家》的舞台上，我们见到了那样棒的黄国伦的音乐，寇乃馨的倾诉，李帅的睿智，胡先生的深厚，陈秋实的幽默。还有我今天站在这儿穿着蒙古袍跟大家唠唠嗑儿，因为我们都是一家人嘛。

1997年7月1日的晚上，那个时候我们中的大多数人还没去过香港。但不影响我们当时也热泪盈眶。1999年12月20日的晚上，对澳门的印象也就是小小的香香的蛋挞，但这不影响我们当时都拍红了巴掌。我知道大家都在想，接下来的那个晚上，会是哪天呢？我不知道，大家也不知道。但我知道的是，我们会在这等，我们会一直在这守着，守着那些近在咫尺、却远在天涯的亲人回家。

【案例分析】

这是2015年北京卫视《我是演说家》全国总冠军梁植的一篇演讲稿。这篇演讲稿的标题很简单，"回家"——两个字概括了演讲稿的核心内容，也涵盖了每个人关于家庭、国家、民族这样的"家"的普遍情感,凝练而直指题旨。开头部分以一首民歌作为导引,歌声悠扬而歌词感人;主体部分讲述了三个悲壮、悲凉的离家而不得归来的故事,又以一个舍命回家的士兵的悲伤故事作为应和,最后将宏大的"回家"落足于每一个人心心相系、念念不已的那个"小家",最终得出"我们都是一家人"的结论和感叹。结尾部分则是深情的呼唤和期待,充满了对于美好未来的信心与憧憬。

【课堂实训】

1.选择下列题目,拟写演讲稿提纲,注意主体部分的层次安排。

(1)放飞梦想;(2)我的精神家园。

2.请分析《读书与革命》这篇演讲稿的主体部分的特色。

读书与革命

——1927年3月1日在中山大学开学典礼上的讲演

鲁迅

现在我因为职务上的关系,不能不说几句话,可是有许多好的话,以前几位先生已经讲完了,我再没有什么话可讲了。

我想,中山大学并不是今天开学的日子才起始的,三十年前已经有了。中山先生一生致力革命,宣传,运动,失败了又起来,失败了又起来,这就是他的讲义。他用这样的讲义教给学生,后来大家发表的成绩,即是现在的中华民国。中山先生给后人的遗嘱上说:"革命尚未成功,同志仍须努力。"这中山大学就是"努力"的一部分。为要贯彻他的精神,在大学里,就得如那标语所说:"读书不忘革命,革命不忘读书。"因为大学是叫青年来读书的。

本来青年原应该都是革命的。因为在科学上已经证明:人类是进步的。以前有猿人,或者在五十万年以前吧——这是地质学上的事,我不大清楚,好在我们有地质学家(指朱家骅先生)在这里,问一问便知道,——后来才有了原人。虽然慢得很,但可见人本来是进化的前进的。前进即革命,故青年人原来尤应该是革命的。但后来变做不革命了,这是反乎本性的堕落,倘用了宗教家的话来说,就是:受了魔鬼的诱惑!因此,要回复他的本性,便又另要教育、训练、学习的工夫了。

中山大学不但要把不革命、反革命的脾气去掉,还要想法子,引导人回复本性,向前进行到革命的地方。

为了战斗,鲁迅特地为青年木刻家举办木刻讲习班,请日本朋友内山嘉吉讲解木刻技术,并亲自提任翻译,热情培养新战士。

有人说,革命是要有经验的,所以要读书。但这可很难说了。念书固可以念得革命,使他有清晰的、二十世纪的新见解。但,也可以念成不革命,念成反革命,因为所念的多属于这一类的东西,尤其是在中国念古书的特别多。

中山大学在广东革命政府之下,广东是革命青年最好的修养的地方,这不用多说了,至于中山大学同人应共同负的使命,我想,是在中山大学的名目之下,本着同一的目标,引导许多青年往前进,格外努力。

然而有一层又很困难,这实在是中国青年最吃力的地方了,就是:一方要读书,一方又要革命。

有许多早应该做的，古人没有动手做，便放下了，于是都压在后人的肩膀上，后人要负担几千年积下来的责任。这重大的事，一时做不成，或者要分几代来做。

因此青年们要读书不忘革命，的确是很吃苦，很吃力的了，但，在现在社会状况之下又不能不这样。

青年应该放责任在自己身上，向前走，把革命的伟力扩大！

要改革的地方很多：现在地方上的一切还是旧的，人们的思想还是旧的。这些都尚没有动手改革。我们看，对于军阀，已有黄埔军官学校同学去攻击他、打倒他了。但对于一切旧制度，宗法社会的旧习惯，封建社会的旧思想，还没有人向他们开火！

中山大学的青年学生，应该以从读书得来的东西为武器，向他们进攻——这是中大青年的责任。我希望大家一同担负起这个责任来。

4.结尾

结尾是演讲稿的重要组成部分，精彩的结尾可以促人深思，耐人寻味。结尾的方式有很多，主要有如下几种。

（1）总结性结尾，扼要总结演讲内容，给听众留下一个完整的总体印象。

（2）感召式结尾，提希望、发号召、表决心、立誓言、祝喜庆、贺成就，以激起听众感情的波涛，给人以心志的激励。如古希腊著名演说家德摩斯梯尼发表的《斥腓力》演说："敌人正在对我们铺罗设网，四面合围，而我们却还呆坐着不求应付。同胞们，我们究竟要到什么时候才能采取行动？当雅典的航船尚未覆灭之时，船上的人无论大小都应该动手救亡。一旦巨浪翻上船舷，那就一切都会同归于尽……即使所有民众同意忍受奴役，就在那个时候我们也要为自己而战斗。辞令的灵魂就是行动，行动，再行动！"

（3）警言式结尾，通过引用谚语、成语、格言、警句、诗词等方式结尾，言简意明，多有韵味，使内容显得充实丰满，具有哲理性和启发性。如《在金钱和知识之间我选择知识》的结尾："同学们，让我们记住孟德斯鸠的名言：在金钱和知识之间我选择知识，在财产和知识之间我选择知识，在吃喝玩乐和知识之间我还是选择知识。财产诚可贵，金银价更高，若为求知故，二者皆可抛！"

（4）抒情式结尾，常常是演讲者在叙述典型事例和生动事理后，以油然而生的澎湃激情激起听众的感情共鸣。以这种方式结尾，言尽而意未尽，留有余韵，给人以启迪。如郭沫若的《科学的春天》的结尾："春分刚刚过去，清明即将到来：'日出江花红胜火，春来江水绿如蓝'，这是革命的春天，这是人民的春天，这是科学的春天！让我们张开双臂，热烈地拥抱这个春天吧！"

（5）幽默式结尾，是指以幽默、诙谐的语言来结尾，是常用的一种结尾方式。除了一些严肃、正式的场合之外，在大多数场合都可以采用幽默式结尾。这不但增加了讲话的趣味性，也能使听众在笑声中深思，从而对你的讲话留下愉悦的印象。值得注意的是，讲话者采用幽默式结尾时，一定要自然、真实，否则反而容易引起听众反感。

【课堂实训】

下面有三个演讲的结尾，请判断，它们属于哪种结尾方式？

1.《必须制裁反动派》（毛泽东）结尾："我们今天这个会，就是为了继续抗战，继续团结，继续进步。为了这个就要取消《限制异党活动办法》。"

2.《在上海中华艺术大学的讲演》(鲁迅)结尾："以上是我近年来对于美术界观察所得的几点意见。今天我带来一幅中国五千年文化的结晶，请大家欣赏欣赏(说时手伸进长袍，把一卷纸徐徐从衣襟上方伸出，打开看时，原来是一幅病态十足的月份牌，引得哄堂大笑)。"

3.《人生的价值》结尾："生命是火，生命是光，生命是探索和创造，生命是奋斗和拼搏。生命可能腐朽，也可能燃烧，腐朽是弱者的表现，燃烧才是强者的希望！让我们燃烧起来吧！燃烧吧！燃烧吧！"

(四)演讲稿的语言运用技巧与训练

演讲是语言的艺术。演讲稿虽然是用书面语言写作的，但归根结底还是为了演讲者口语表达而使用的，因此，它除了具有一般的书面语言和口语表达的特点外，还具有属于自己的独特规律。

1.演讲语言要准确简洁。演讲虽然是一种口语表达形式，但它绝对不是日常生活中的口语对话，而要使用规范化的、准确而简洁的语言。这就要求我们写作演讲稿时要字斟句酌地推敲、准确地使用概念、科学地进行判断、逻辑缜密地展开推理，避免概念模糊、自相矛盾等弊端。简洁，就是用最少的字句，准确、完整地表达出所要陈述的思想内容。

2.演讲语言要通俗平易。写作演讲稿不同于一般的书面文章，而是要使用口语化、个性化、规范化的语言。首先，演讲稿的语言必须口语化；其次，演讲要体现个性风格，必须选用个性化语言。只有运用有个性的、有风格的语言，演讲才能精彩感人；再次，演讲必须使用规范化的语言。必须使用以北京语音为标准音，以北方话为基础方言，以典范的现代白话文作为语法规范的现代汉语口头交际的普通话作为标准的口语语言。

3.演讲语言要形象生动。形象生动的演讲语言可以把抽象的、深奥的理论具象化，使听众容易接受并得到启示；形象生动的语言可以感染和打动听众，从而使演讲产生强大的说服力，激发起听众投身实践的热情。

【案例9】

葛底斯堡演讲词[①]

〔美〕林肯

87年前，我们的先辈们在这个大陆上创立了一个新国家，它孕育于自由之中，奉行一切人生来平等的原则。

我们正从事一场伟大的内战，以考验这个国家，或者任何一个孕育于自由和奉行上述原则的国家是否能够长久存在下去。我们在这场战争中的一个伟大战场上集会。烈士们为使这个国家能够生存下去而献出了自己的生命，我们来到这里，是要把这个战场的一部分奉献给他们作为最后安息之所。我们这样做是完全应该而且非常恰当的。

但是，从更广泛的意义上来说，这块土地我们不能够奉献，不能够圣化，不能够神化。那些曾在这里战斗过的勇士们，活着的和去世的，已经把这块土地圣化了，这远不

---

① 董小玉，骆鹏.中外演讲名篇赏析[M].重庆：西南师范大学出版社，2014：11-13.

是我们微薄的力量所能增减的。我们今天在这里所说的话，全世界不大会注意，也不会长久地记住，但勇士们在这里所做过的事，全世界却永远不会忘记。毋宁说，倒是我们这些还活着的人，应该在这里把自己奉献于勇士们已经如此崇高地向前推进但尚未完成的事业。倒是我们应该在这里把自己奉献于仍然留在我们面前的伟大任务——我们要从这些光荣的死者身上吸取更多的献身精神，来完成他们已经完全彻底为之献身的事业；我们要在这里下定最大的决心，不让这些死者白白牺牲；我们要使国家在上帝福佑下得到自由的新生，要使这个民有、民治、民享的政府永世长存。

【案例分析】

　　1863年7月初，林肯领导的北方军队与南方奴隶主的军队在葛底斯堡展开了3天激战，北方军队取得了历史性的胜利。为了纪念在这次战役中牺牲的勇士，美国国会决定在这里建立烈士公墓。11月19日，林肯作为总统被邀请在公墓落成典礼上发表了这篇演讲。

　　这篇演讲词思想深刻、感情真挚、语言精练优雅。在林肯演讲之前，埃弗雷特已经做了长达2个小时的演讲。林肯结合实际，对其长篇大论做了高度概括。全篇演讲只有10个句子，译文不到600字，却把自己的政治主张——"奉行自由和平等原则"、这次集会的目的——"要把这里奉献给他们作为最后安息之所"、对烈士的缅怀——"勇士们在这里做过的事，全世界永远不会忘记"、对今人的激励——"要使国家在上帝福佑下得到自由的新生，要使这个民有、民治、民享的政府永世长存"四层含义做了精辟的阐述，所讲内容如此博大，所用语言如此精练，真可谓惜言如金。

　　据史料记载，这篇著名的演讲共用时2分15秒，期间5次被热烈的掌声打断。演说结束，全场爆发出经久不息的掌声。第二天，《斯普森菲尔德共和党人报》立即发表了评论说："这篇短小精悍的演说是无价之宝，感情深厚，思想集中，措辞精练，字字句句都朴实优雅。"美国人把这篇演讲词作为中学生的必读课文，牛津大学则把这篇演说用金字铸在校园里。

【案例10】

歌德的第一次法庭辩护演讲①

　　啊！如果喋喋不休和自负竟能预先决定明智的法庭的判决，而大胆和愚蠢竟能推翻业经得到证明的真理，简直很难相信，对方居然敢向你提出这样的文件，它们不过是无限的仇恨和最下流的谩骂热情下的产物……啊！在最无耻的谎言、最不知节制的仇恨和最肮脏的诽谤中的角落中受孕的丑陋而发育不全的低能儿……我不能再继续我的发言，我不能用类似渎神的话玷污自己的嘴。对这样的对手我还能指望什么呢？……需要有一种超人的力量才能使生下来就瞎眼的人复明，而制止住疯子们的疯狂——这是警察的事。

【案例分析】

　　据《歌德传》记载，诗人歌德曾获得过法学博士学位，曾经当过律师，以上所引便是他第一次出庭为当事人辩护时的演说。法庭辩护演讲应该以事实、证据和法律规定为

---

① 金大业.歌德［M］.北京：中国少年儿童出版社，2003：26-28.

基础，语体风格应是平实、严谨而庄重的。而从语言方面看，歌德的辩护词是不得体的，因为他只讲究文采，而不顾及法庭的语境，通篇辩护词体现的都是类似于行吟诗人的那种热情的抒情，当然会遭到法官们的耻笑，他的辩护也不被法庭允许，其辩护以失败告终。

总之，演讲稿的写作过程，就是调动一切有用的材料，利用一定的语言形式把主题思想表达出来的过程。演讲稿水平的高低，直接影响到演讲的成功与失败，所以一定要认真对待，精益求精，切不可敷衍了事，仓促应付。

【课堂实训】

请查阅两篇演讲稿，比较二者语言的共性和差异性。

1.魏建（山东师范大学教授）：《只要你过得比我好——山东师范大学2015届研究生毕业典礼暨学位授予仪式上的致辞》。

2.邹振东（厦门大学教授）：《你从大学带走什么——厦门大学2016届毕业典礼致辞》。

【课后练习题】

1.请谈谈演讲稿的基本特点。

2.请举例演讲稿主题确立的基本技巧。

3.请举例说明形成演讲高潮的几种基本技巧。

4.阅读下列两则材料，提炼观点。

（1）乔布斯并不是PC的发明者，但是苹果电脑却使人眼睛发光；他也没有发明MP3，但iPod却风靡世界；他以前并没有做过手机，但iPhone将诺基亚、摩托罗拉打得落花流水；在乔布斯之前许多人做平板电脑失败了，但iPad激发了消费者的狂热。

（2）一青年向禅师求教："大师，有人说我是天才，也有人骂我是笨蛋，依你看呢？""你是如何看待自己的？"禅师反问，青年一脸茫然。"譬如一斤米，在炊妇眼中是几碗饭；在饼家眼里是烧饼；在酒商眼中又成了酒。米还是那米。同样，你还是你，只是究竟有多大的出息，取决于你怎么看待自己"。

5.观看27岁北大女生王帆的演讲视频——《你养我长大，我陪你变老》，写一篇观后感。字数不少于1000字。

6.请以"我的消费观"为标题，确立演讲稿的主旨。

7.下列引言（开头、开场白）都用了哪些方法？

（1）我主张将我们全党的学习方法和学习制度改造一下。（毛泽东：《改造我们的学习》）

（2）有这样一个问题常在我脑海里萦回：是什么力量使爱因斯坦名扬天下之后仍在攀登科学高峰呢？是什么力量使张海迪在死神缠绕之时仍锐意奋进呢？这大概是当代青年，特别是我们大学生讨论最多的问题之一，也是我今天演讲的题目。（云南大学王来柱：《人生的支柱是什么》）

（3）同学们，有一首诗这样写道："多少人爱你青春欢畅的时候，/爱慕你的美丽，也许假意或真心。/只有我爱你那朝圣者的灵魂，/爱你衰老时脸上痛苦的皱纹。"诗中倾诉的是深沉真挚的爱，正如别林斯基所说的："爱是理解的别名。"知之愈深，才能爱之愈

切，今天，带着这种爱，我要讲一讲我们的祖国，讲一讲生我的这块土地。(《生我是这块土地》)

8.学校准备举办"你为明天准备了什么"演讲比赛，请你设计演讲词的引言。

9.谈谈你对以下几种结束语的看法：

（1）美国独立战争前夕，斐特瑞克·亨利在弗吉尼亚议会上发表演说，最后他激动地说："在这场斗争中，我不知道别人会如何行事，至于我，不自由，毋宁死！"

（2）郭沫若在《科学的春天》中是这样结尾的："春天刚刚过去，清明即将来临。日出江花红似火，春来江水绿如蓝。这是革命的春天，这是人民的春天，这是科学的春天！让我们张开双臂，热烈拥抱这个科学的春天吧！"

10.下面是雨果的《纪念伏尔泰逝世一百周年的演说》中的一段，请阅读后分析其语言特色。

让我们转身望着这个死者，这个生命，这个伟大的精神。让我们在这令人肃然起敬的墓前鞠躬。让我们向这个人讨教。他有益于人类的生命在一百年前已经熄灭，但他的作品是不朽的。让我们向其他强有力的思想家讨教，向这些光荣的伏尔泰的助手们讨教，向卢梭、向狄德罗、向孟德斯鸠讨教。让我们与这些伟大的声音共鸣。要制止人类再流血。够了！够了！暴君们。啊！野蛮还在，好吧，让哲学抗议。刀剑猖狂，让文明愤然而起。让18世纪来帮助19世纪；我们的先驱哲学家们是真理的倡导者，让我们乞求这些杰出的亡灵；让他们面对策划战争的君主王朝，公开宣布人的生命权，良心的自由权，理性的最高权威，劳动的神圣性，和平的仁慈性。既然黑夜出自王座，就让光明从坟墓里出来！

11.2016年6月19日，厦门大学举行了2016届本科毕业典礼，新闻传播学院教授邹振东的毕业致辞刷爆了网络。请认真阅读这篇演讲稿，分析其结构。

12.约翰·罗斯金说，年轻时代是培养习惯、希望及信仰的一段时光。作为正处在青春时代的大学生应该怎样管理好挥之即逝的青春呢？请以"把握青春"为话题自拟题目演讲。

13.品读两篇优秀演讲稿，任选其一，写一段300字的鉴赏短文。

（1）《巴尔扎克葬词》（维克多·雨果）

（2）《Unleashing Your Creativity》（释放你的创造力）（比尔·盖茨）

【推荐品读】

〔美〕德鲁·吉尔平·福斯特（哈佛大学校长）:《承担更多的责任》，2015年5月28日哈佛大学毕业演讲。

第三节　演讲的临场技巧与训练

【教学与训练内容】

1.掌握演讲临场表达的进入演讲状态技巧

2.掌握演讲临场表达的登台技巧

3.掌握演讲临场表达的口语表达和态势技巧

4.掌握演讲临场表达的应变技巧

5.掌握演讲临场表达的退台技巧

【重点】

演讲临场表达的应变技巧

　　演讲要获得最佳的效果、达到理想的境界，不仅取决于演讲内容，还取决于临场演讲的状态和临场技巧的发挥。内容是成功的基础，技巧是成功的手段。在内容与技巧都具备的前提下，更应强调的是技巧。

　　技巧是某个方面巧妙的才能。临场演讲的主要环节包括进入演讲状态、登台、临场发挥、退台。所以，影响演讲效果的技巧，主要有进入演讲状态技巧、登台技巧、口语表达技巧、态势技巧、应变技巧、退台技巧。

一、进入演讲状态

　　进入演讲状态意味着登台前要做一些准备。

（一）准备以美好的形象示人

　　演讲者要注意仪表和风度，讲究仪表美与风度美。仪表美在演讲中的作用很突出：仪表美能在一定程度上体现出时代精神和人的特点；仪表美能获得听众的敬重；仪表美有助于吸引听众；仪表美能提高演讲的效果。对仪表美的要求有二：一是身材、容貌美；二是服装美。演讲者的服饰搭配对于演讲过程有着重要的作用。对于大多数演讲活动来说，演讲者的穿戴只要干净、大方、整洁即可，但对于在正式场发表的公开演讲，还是有一些对于演讲者服饰的严格要求，演讲者的服装要整洁大方、庄重朴素、轻便自如、协调和谐、得体入时、因地制宜。

　　在演讲中，男性演讲者的衣着应注意：西装以蓝色、灰色、米色为主，衣服颜色越深，越显得有权威，质地最好是羊毛，其次是化纤、混纺；衬衫颜色以白色、深浅色混合为最佳；领带不要太长或太短，领带颜色应配合西装色系；衣着要平整，干净；鞋要和衣着相配，最好是深色皮鞋，保持干净，袜子要深色，不可着白袜；头发要整齐、利落，不可遮住脸部，并在衣领外边。

在演讲中，女性演讲者的衣着应注意：服装以套裙、套装为宜，裙子的长度不宜过短；化妆要保守一些，淡妆为佳；珠宝佩戴要合适，首饰勿佩戴太多；鞋和衣服要配，要穿有跟的包鞋，建议不要穿凉鞋或者露趾鞋，鞋跟不宜太高，不宜穿平底鞋或运动鞋；袜子可选肤色，不可有花纹；发型要适合职业需要，整齐、利落、不可遮住脸部。

在着装问题上，演讲者应克服两点着装错误：一是过于华美；二是过于随便。

风度是指演讲者通过言谈、举止、仪表所体现出来的个人风格和气度，是演讲者的精神气质、文化修养、心理禀赋等诸因素的外化。仪表和风度有既有区别，又有联系：风度必然从仪表中表现出来，但仪表绝不等同于风度。仪表侧重于演讲者的外表形象，风度侧重于演讲者的精神风貌；但仪表也包含精神方面的因素，风度也须通过人的容貌与姿态来得以体现。

风度的形成当然并非一朝一夕，而是人们在长期的社会生活中逐渐形成的，是通过装束打扮、仪表体态、言谈举止表现出的综合印象。有风度的人是非常有魅力的，非常吸引人的，使他人不由自主地想和他说话，想听他演讲。

（二）调动情绪，酝酿感情

登台之前，演讲者难免紧张，慌乱。成功的演讲除了周全的准备以外，还需要演讲者在临上场前充分调动起自己的情绪，酝酿感情，进入演讲的特定情景中去，才能避免因为紧张、胆怯而出现的失误。演讲前的情绪调动是临场发挥好的最佳前提条件，是演讲成功的重要因素之一。

演讲前的情绪调动就是指演讲者在上台演讲之前，采取一定的有效措施，把自己的心理状态调节到最适宜的程度，能够以坚定的信念、丰沛的情感、充盈的自信、高昂的斗志和敏捷的思维投入演讲，将演讲发挥到极致。心理学家认为，心理状态达到最佳程度，人的情绪会随之高涨。情绪高涨会促使肾上腺素大量分泌，而肾上腺素作用于人体中枢神经，可提高兴奋性，促进思维力，促使人体反应机敏、提高警觉。

【案例1】

美国第43任总统小布什就是一个很会调动演讲前情绪的人，也正因如此，他的演讲才能生动、有趣，给听众留下了深刻的印象。他能让自己在演讲中显得自信十足，让听众感觉到他的演讲激情四射。小布什常常在演讲时拿当时的副总统切尼开玩笑。有一次，他的母校耶鲁大学对他发出邀请，要让他为当届的毕业生发表一次演讲，他应邀前去。这时候的他经过多番历练，演讲功力已经达到炉火纯青的地步了。所以演讲自然也就能够吸引听众的注意力，并且能很好地表达自己的观点。

他在演讲中这样说道："首先，我要恭喜耶鲁的毕业生们：对于那些在学校表现杰出的同学，我要对你们说，你真棒！对于那些丙等生，我要告诉你们，你们将来也是可以当美国总统的！我时常这么提醒切尼，他早年也在此就读过一段时间。所以，我想提醒你们的是，如果你们能够从耶鲁顺利毕业，就意味着你们也许可以当上总统；但是如果你们中途辍学，没能成功毕业的，那么你们只能当副总统了。"

众人听了小布什的这番话，大笑了起来，也是这番话让现场的气氛顿时高涨，听众感觉到和小布什的距离瞬间拉近，于是也就更加集中注意力地去倾听他的演讲。

【案例分析】

小布什如果在演讲前没有调动好自己的情绪，自然也就不会如此风趣、幽默并吸引听众，当然，还要加上他平时在演讲中积累的经验教训，最终让他的演讲更加出色。其实很多演讲者都可以像小布什一样，在演讲时得心应手，收获听众的笑声和掌声。

【课堂实训】

1.组织学生观看于丹和蒙曼的《百家讲坛》视频，从仪表和风度方面对二人做出评判。

2.南开大学校长在镜子前写了一句箴言："面必净，发必理，衣必整，钮必结，头容正，肩容平，胸容宽，背容直，气象勿傲勿怠，颜色宜和宜静宜庄。"请结合这段箴言，以"形象与气质"为主题进行2分钟演讲。

二、登台技巧

当主持人请演讲者开始演讲时，演讲者即要登台了。从技巧上说，登台要注意举止和礼仪。

举止即举动，泛指姿态和风度；礼仪是社会约定俗成的表达感情的方式或仪式。举止和礼仪在演讲登台过程中有重要作用，因为听众首先注意的就是演讲者的举止和礼仪。演讲者登台时，走姿须上身直立，控制好步伐，快慢适中。走上讲台后要站在讲台中间，或麦克风摆放处，面向听众站好。对听众的掌声，或者鞠躬45度左右，并用目光与听众进行交流，表示谢意；或者回以掌声或给听众点头表示感谢，或者摆手表示谦虚。站稳后也不要急于开口演讲，应面带微笑停顿片刻，等掌声平息、会场安静后再开始演讲。站在讲台上，要身体挺直，上身略前倾，双脚要么站成近"丁"字形，要么左右微开。（参看第二章第五节）

在演讲实践中，有些演讲者不明白登台举止与礼仪的重要性，常出现不良表现，如，矫揉造作、扭捏作态；松松垮垮、拖拖拉拉；匆匆忙忙、慌慌张张；旁若无人、趾高气扬。

【案例2】

尼克松在其著作《领导者》一书中，有一段对1954年6月英国首相丘吉尔访美的描写："飞机机门打开了，过了一会儿，丘吉尔独自出现在舷梯顶部，头上戴着一顶珍珠灰的汉堡帽……他的助手们在他身后手忙脚乱地搀扶他，准备走下舷梯。他迅速地向下面扫视了一眼。当他看到欢迎的人群和许多照相机镜头时，便立即拒绝了任何人的帮助。他挂着手杖，开始缓慢地走下舷梯，径直朝着照相机镜头和话筒走去，开始发表抵达演讲……演讲结束，人们报以热烈的掌声。他亮了亮他那代表胜利的V字形手势，然后大步走向那辆黑色林肯牌敞篷汽车……"

尼克松在书里写道：他很惊奇这位不久前患了中风、刚刚从横跨大西洋飞了一夜的飞机上下来的79岁的老人竟能如此注重自己的礼仪和形象。无疑，礼貌无形中使他人对他有了先入为主的好印象，进而接受了他演讲的内容。

【案例分析】

良好的礼仪和风度能够真正地从心里打动听众。演讲者若想吸引听众的注意，就必须用恰当而又得体的礼仪，去真正打动听众，真正征服听众的心。

【课堂实训】
以小组为单位，设计一个3分钟小品，并进行小组展示。

三、口语表达技巧（参见第二章第三节 语言训练）

戏剧表演理论家斯坦尼斯拉夫斯基说："语言即音乐。在舞台上讲话，这种困难并不亚于歌唱的艺术，要求有很好的修养和高超的技术。"演讲也是语言的艺术，演讲者站在讲台上，同样需要像戏剧表演家那样的口语表达能力。

（一）发声技巧

演讲的有声语言是演讲者运用语音表达思想、交流感情的一种语言形式，是演讲者和听众之间交流思想感情的重要工具，是演讲过程中最重要、最基础的物质传达手段。演讲者必须注重有声语言的运用，把握演讲有声语言的基本原则，灵活掌握演讲有声语言的技巧，并通过大量艰苦的训练不断加强有声语言的修养，这样才能使演讲获得应有的效果。

1.最佳声音的特征。以声音为主要物质载体的演讲，对有声语言有着严格的要求，既要准确表达思想感情，又要悦耳动听、清亮优美。因此，演讲者必须尽力使自己的声音达到最佳状态，表现如下：

（1）准确清晰，即吐字清晰，发音正确，语气得当，节奏自然。

（2）清亮圆润，即声音洪亮，饱满圆润，铿锵有力，悦耳动听。

（3）富于变化，即声音有轻重缓急，随感情变化而变化，有节奏性。

（4）有穿透力，持久达远，即声音有一定的响度和力度，使在场听众都能听真切、听明白。

2.有声语言的训练技巧。要达到最佳有声语言效果，训练时要注意用声技巧。用声技巧，主要指音准、音色、音量和音调的运用技巧。

（1）音准，是指发音的标准、规范。要做到发音标准、规范，可从三方面做起：一是使用普通话；二是发音标准；三是吐字清晰。要用普通话发音，并做到字正腔圆，这样来自五湖四海的听众都有可能听明白，从而更好地实现沟通交流，如果方言音太严重，就可能会造成沟通困难。

（2）音色，是指人嗓音的音质、音品。音色好的人发出的声音清亮圆润，而清亮圆润是对演讲有声语言的较高的艺术化的要求。音色好坏，基于先天的原因，也有赖于后天训练。在音质方面的困难包括鼻音（发元音时鼻子的作用过大）、呼吸声（发声时跑出的空气太多）、刺耳音（喉咙和胸腔的压力过大）和嘶哑音（粗糙的声音）。在演讲训练中，可以采用如下方法保持嗓音，让声音具备耐久性：注意使用共鸣，只有将口腔、鼻腔、胸腔的共鸣箱放大后，才能减轻声带的负担，使声带发出的微弱声音变得洪亮、圆润、达远；要注意声音劳逸结合，比如恰当辅助手势和眼神等，正确运用停顿、变化语气语调等；注意喝水润喉，长时间的发言演讲容易引起口干舌燥、声音发紧，适当喝水可以缓解这一问题。

（3）音量，是指发出声音的强度。调整音量音高，让音量大小适中、让声音能够达远的原则是：要依据会场环境与听众决定；要依据演讲内容而定；要结合停顿、重音、节奏等技巧来决定。

（4）音调，指的是一个声音制造的效果高度。每个人的音调都不一样，但是成年男性的音调一般比儿童和成年女性的要低。音调主要由声音的频率决定，同时也与声音强度有关。普通话中有四个声调，阴平、阳平、上声和去声，也是音调的重要形式，音高的变化决定了声调的性质。在演讲过程中，处理好音调，可以让声音抑扬顿挫，富有美感。

3.有声语言常见的问题。在实际演讲中，有时会出现一些声音上的问题：声音颤抖，不稳定；大声喊叫，声音刺耳；音节含糊，夹杂明显的气息声；声音忽高忽低，音响失度；读书腔或者朗诵腔，生硬呆板等。这些会影响到听众对于演讲内容的理解和接受。因为讲话是线性的、不间断进行的，话一出口，当即就应被人听懂，时间差不允许听众有反复斟酌思考的余地。听众只要稍微停顿，间断思维的序列就会跟不上演讲的速度。

【案例3】

希腊卓越的雄辩家和著名的政治家德摩斯梯尼以政治演说建立了不朽的声名，但德摩斯梯尼天生口吃，嗓音微弱、气短，还有耸肩的坏习惯。为此，德摩斯梯尼进行了长期的、异常刻苦的学习和训练：他向名演员请教发音方法；他把小石子含在嘴里朗读，迎着大风和波涛大声讲话；他一边在陡峭的山路上攀登，一边不停地吟诗；他在头顶上悬挂一柄剑，一旦耸肩就被刺到；他在家里装了一面大镜子，每天起早贪黑地对着镜子练习；他把自己剃成阴阳头，以便能安心躲起来练习演讲。经过十年的磨炼，德摩斯梯尼终于成了著名的政治演说家。

【案例分析】

在常人看来，德摩斯梯尼根本没有一点当演说家的天赋。在当时的雅典，一名出色的演说家必须声音洪亮，发音清晰，姿势优美，富有辩才。但不气馁的德摩斯梯尼不服输，他不去怨天尤人，而是想办法、找对策，通过多种方法、多条渠道反复训练、锲而不舍。因此，演讲者面对问题，找到症结，采取科学的训练方法，积极刻苦、持之以恒地训练，努力改善音色，克服其他缺陷，才有可能攀登上演讲与口才的高峰。

【课堂实训】

以北大女生刘媛媛的演讲《寒门贵子》（《超级演说家》第二季，2014年7月11日）为例，对其声音进行评论，指出其优点，再判断一下她的演讲在发音方面是否存在不足？假如你也存在与其相同的不足，该如何改进？

（二）节奏技巧

演讲的节奏类型大致可分为六种：高亢型、紧张型、轻快型、低沉型、舒缓型、凝重型。在不同的演讲稿中，这六种类型会有不同的结合：以某种类型为主，而渗透融合其他类型，既表现了节奏的具体性，又体现了节奏的丰富性。演讲语言的节奏表现在不同类型的循环往复上，也表现在音高、音强、音长、音色的参差对比上，更表现在随着思想感情变化对声音形式的控制之上。在演讲活动中，节奏技巧主要通过运用重音、停顿、语速、语调表现出来。

1.运用重音时应自然，和前后音调要一致，不要故意大声重读。

2.运用停顿时，除了处理好语法停顿和感情停顿外，还要恰当运用特殊停顿。演讲中，需要运用特殊停顿的场合有：举例之前、设问之后、说出惊妙之语后、赞叹之余、佯装忘却、话题转换或段落结束之际、上台之后、开口之前、平静听众时。在列举事例之前，略做停顿，能引起听众独立思考；在设问之后，略加停顿，可引发听众好奇之心；在做出妙语惊人的回答之后，稍做停顿，可使人咀嚼回味；在讲述奇闻轶事和精彩见解之后，在听众赞叹之余，特意停顿，可加深听众印象，引起联想；有时即使内容娴熟亦可假装忘却，激发听众的参与意识；在话题转移之际或会场气氛热烈之时，稍稍停顿，可加深听众记忆，给听众以领会、抒情之机。上台之后、开口之前稍做停顿，可使听众情绪得到无声的感染；演讲精彩，听众反映强烈，热烈鼓掌，宜以停顿平静听众，同时，恰当的特殊停顿也可使演讲者本身赢得调整情绪的时机。

3.发音时注意语速。语速是指发音速度的快慢。语速是否恰当，取决于听众能否理解你讲话的内容，还要考虑感情、环境气氛等需要。

4.运用语调，就是要处理好声音的升降高低的变化。常用的语调有四种：下降调、上扬调、曲折调、平直调。下降调在表达上的特点是前高后低、语势渐降，常表示祈求、祝愿、感叹、坚决、自信、肯定、夸奖、悲痛、沉重等内容与情感。在演讲中，如果思想内容逐步由重变轻，情感逐步由激昂变得沉重或缓慢，则要用下降调。上扬调在表达上的特点是前低后高，语势上升。多用于疑问句、反问句，或某些感叹句、陈述句，适用于鼓动、号召、反问、设问、惊讶、申斥等内容与感情。在一段演讲词中，如果思想内容逐层深入，音量越来越大，情感越来越丰富，则要用上扬调。曲折调在表达上的特点是前升后降中间高，或先降后升两头高，可以表示嘲讽、愤慨、思索、怀疑、幽默等内容与情感。一段演讲词，假如是意在言外或正话反说，也要用曲折调。平直调在表达上的特点是从头到尾比较平稳，变化不大。多用于表述庄重、严肃、回忆、悼念、平静、冷漠、忍耐、犹豫等内容与感情。在演讲中，假如是用来叙述、说明、解释的内容，可用平直调。当然，在实际应用中四个语调不是孤立的，语调变化不以句子为单位体现，而是表现为语流中的千差万别的变化。要注意的是，语调的运用必须以自己的真实感情为依托，而且还必须交替使用，才能显示演讲的抑扬顿挫、生动感人。

【案例4】

1949年诺贝尔文学奖获得者威廉·福克纳的演讲词[①]

I feel that this award was not made to me as a man, but to my work - a life's work in the agony and sweat of the human spirit, not for glory and least of all for profit, but to create out of the materials of the human spirit something which did not exist before. So this award is only mine in trust. It will not be difficult to find a dedication for the money part of it commensurate with the purpose and significance of its origin. But I would like to do the same with the acclaim too, by using this moment as a pinnacle from which I might be listened to by the young men and

---

[①]　由于篇幅原因，中文译文此处未收录。可参见武雅丽.震撼时代的精彩演讲 境外篇［M］.重庆：重庆出版社，2012：151.

women already dedicated to the same anguish and travail, among whom is already that one who will some day stand here where I am standing.

Our tragedy today is a general and universal physical fear so long sustained by now that we can even bear it. There are no longer problems of the spirit. There is only the question: When will I be blown up? Because of this, the young man or woman writing today has forgotten the problems of the human heart in conflict with itself which alone can make good writing because only that is worth writing about, worth the agony and the sweat.

He must learn them again. He must teach himself that the basest of all things is to be afraid; and, teaching himself that, forget it forever, leaving no room in his workshop for anything but the old verities and truths of the heart, the old universal truths lacking which any story is ephemeral and doomed - love and honor and pity and pride and compassion and sacrifice. Until he does so, he labors under a curse. He writes not of love but of lust, of defeats in which nobody loses anything of value, of victories without hope and, worst of all, without pity or compassion. His griefs grieve on no universal bones, leaving no scars. He writes not of the heart but of the glands.

Until he relearns these things, he will write as though he stood among and watched the end of man. I decline to accept the end of man. It is easy enough to say that man is immortal simply because he will endure: that when the last ding-dong of doom has clanged and faded from the last worthless rock hanging tideless in the last red and dying evening, that even then there will still be one more sound: that of his puny inexhaustible voice, still talking. I refuse to accept this. I believe that man will not merely endure: he will prevail. He is immortal, not because he alone among creatures has an inexhaustible voice, but because he has a soul, a spirit capable of compassion and sacrifice and endurance.

The poet's, the writer's, duty is to write about these things. It is his privilege to help man endure by lifting his heart, by reminding him of the courage and honor and hope and pride and compassion and pity and sacrifice which have been the glory of his past. The poet's voice need not merely be the record of man, it can be one of the props, the pillars to help him endure and prevail.

【案例分析】

福克纳在1949年度诺贝尔文学奖获奖时的这个演讲，许多文学批评家认为它内容深刻，精辟地表达了文学的基本精神和永恒主题：在物欲横流的当今世界，唯有来自内心深处、体现人类灵魂的作品才能经久不衰。

本文措辞十分考究，运用了大量平行对偶的词语，不仅反映了作者深厚的语言功力，而且也增强了演讲的韵律和节奏感，如 "agony and sweat" "the same anguish and travail" "the old verities and truths of the heart" "ephemeral and doomed" 以及 "endure and prevail" 等。通过若干关键词(如"honor" "pride" "compassion"和 "sacrifice")的反复强调，作者也突出了他坚持表现人类真情实感的执着信念。

文中，作者不但表达了理性的思想，而且也发出了感性的呼唤，如 "I decline to

accept the end of man"，"I believe that man will not merely endure：He will prevail"等，提高了演讲的感染力。

【课堂实训】

1.运用停顿技巧，朗读下面两则材料，并指出你所做的停顿属于哪种类型。

材料一：桌子放在堂屋中央，系上桌帏，她还记得照旧去分配酒杯和筷子。"祥林嫂，你放着吧，我来摆"。四婶慌忙地说。她讪讪地缩了手，又去取烛台。"祥林嫂，你放着吧，我来拿。"四婶又慌忙地说。（鲁迅《祝福》）

材料二：惨象，已使我目不忍视了；流言，尤使我耳不忍闻。我还有什么话可说呢？我懂得衰亡民族之所以默无声息的缘由了。沉默呵，沉默呵！不在沉默中爆发，就在沉默中灭亡。（鲁迅《记念刘和珍君》）

2.测语速：选择一篇文章，大声朗读3分钟整。数一下阅读的字数并将这一数字除以3，结果就是每分钟阅读的字数。如果这一数值与130~180的范围相差很远，请重读文章，3分钟整，再次数数读了多少字数然后除以3。如果演讲者语速太快或太慢，就需要做出改变。

3. 1861年2月11日，林肯离开斯普林菲尔德前往华盛顿就职。在车站，面对前来送行的人们，林肯发表了告别演讲。请阅读这篇演讲稿，并按照有声语言的要求进行演讲，注意有声语言的相关技巧的运用，尤其是重音和语调：

满怀信心，迎接未来
林肯

朋友们，任何一个人，不处在我的地位，就不能理解我在这次告别会上的忧伤心情。我的一切都归于这个地方。归功于这里的人民的好意。我在这里已经生活了四分之一个世纪，从青年进入老年。我的孩子们出生在这里，有一个孩子还埋葬在这里。我现在要面临的任务比华盛顿当年担负的还要艰巨。没有始终伴护着华盛顿的上帝的帮助，我就不能获得成功。有了上帝的帮助，我决不会失败。相信上帝会和我同行，也会和你们同在，而且会永远是到处都在。让我们满怀信心地希望，一切都会圆满。愿上帝保佑你们，就像我希望你们，在祈祷中会求上帝保佑我一样。我向你们亲切地告别。

4.播放陈铭的演讲视频《女人永远是最佳辩手》（《超级演说家》2013年8月29日），请同学们评判陈铭的演讲节奏，指出其优点。

四、态势语言的运用技巧（参见第二章第三节 语言训练）

如果说口语表达是以声传情，那么，演讲过程中发挥态势语言的辅助作用，则能给听众以多方位的刺激，以"动"来吸引人。在演讲中，态势语言不仅能够补充和强化有声语言表达的理性内容和感情色彩，而且还可以起到口语表达所无法起到的生动、鲜明、具体地显现视觉形象的作用。

（一）演讲对态势语言的要求

在演讲中，态势语言的运用要做到自然、准确、美观、恰当。

（二）态势语言的运用技巧

1.面部态势技巧。面部态势语言可以将演讲者各种心理活动和情绪变化外化为面部的肌肉活动和神色的变化。演讲者在演讲时面部应该表情丰富，通过积极的调节、控制和支配，使表情准确、自然、恰当地体现自己的丰富感情，使听众便于领会。演讲者要避免出现不良的面部表情，如拘谨木然、滑稽可笑、缺乏自制、有失分寸、神情慌张、惶恐不安、单调乏味。

2.手势技巧。在演讲中，手势能辅助有声语言来表达心理活动，表达思想感情，传导信息。在运用手势动作时，须遵循几个原则：一是手势要做得雅观自然；二是手势动作要与有声语言协调、与感情协调、与全身协调；三是手势动作要与演讲内容相适宜，多少要适量，简单精练；四是选择什么手势需因人而异。初学演讲的人在练习时，应该遵循四个原则：一是适当模仿；二是大胆创新；三是有成套手势设计；四是能体现时代精神。在实际演讲中，常有人出现不良的手势现象：有的人手势太多；有的人从头到尾不用手势；有的人的手势动作前松后紧；有的人在台上手足无措。而一些手势动作则是一般演讲中不能出现的，如：拍桌子，拍胸脯，拳头对听众，手指对听众指指点点，双手插入口袋，双手交叉在胸前，挠痒痒、抠鼻子、揉眼睛、抓耳挠腮，摆弄衣角或纽扣，乱动话筒，拿桌上的东西，反复用手摸头发。

3.站姿技巧。演讲者一般是应该站在讲台上的。演讲者的站法有两种：静止站法、运动站法。

静止站法：这是演讲者的一般站法。演讲者两脚一般不站成立正姿势，否则会显得呆板、僵硬，也不能两脚叉开或用稍息站法，以免给听众以不严肃甚至懈怠之感。演讲者必须面对听众，挺直地站立：要么两脚平行站立，略呈外八字，两只脚的脚后跟的间距不可过大，这样给人以稳定、庄严之感；要么一脚略在前，一脚略在后，双脚成"丁"字形，距离不过一脚，成45度至60度，重心侧重于前脚，身体略微前倾，既给听众以自然的、向前的、振奋的美感，也易于两脚的旋转自如，便于抒发情感和以态势做辅助表达。

运动站法：在正规场合中演讲者站立之后不宜频繁移动，但有时根据演讲内容的需要和抒发情感的需要，站立的双脚可随时有所移动，以避免单调和沉闷。比如为了进一步鼓动听众，可以通过走近听众来拉近彼此距离；靠近听众，不仅可以活跃会场气氛，还可以阻止一些特殊情况的发生。具体说来，采用运动站法时，演讲者的双脚移动应于演讲的过程中进行，不能在停顿期间进行；变动位置时幅度不能过大，要从容舒缓，自然协调；宜走成一个"V"字形或"八"字形，亦可略向左或右移动，移动范围不宜过大，移动速度不可太快，一切以自然、得体、恰当为好。

【案例5】

尼克松在回忆与周总理交谈时说，他经常靠在椅背上，用富有表现力的手势来增强谈话效果。当要扩大谈话范围，或是从中得出一般性结论时，他经常用手在面前一挥；在搁浅的争论有了结论时，他又会把两手放在一起，十指相对。在正式会议中，他对一些俏皮话暗自发笑，在闲聊时，他又变得轻松自如，有时对善意的玩笑发出朗朗的笑声。

【案例分析】

手势语是一种表现力很强的肢体语言，是传情达意的有力手段之一。从尼克松的回忆可以看出，周总理在交际中善于根据谈话的内容把有声语言与肢体语言巧妙地配合起来，从而形成自己沉着的举止和儒雅的风度。

【课堂实训】

1.请面带微笑，面对听众，用真情实感说出下面的一段话。要求：用微笑的表情说话时，语音要柔和，目光要友善，肌肉要自然放松，情绪要愉快。

在漫漫历史长河中，中华传统美德和民族精神铸造了我们的灵魂，成为中华民族发展壮大的精神源泉。它积淀了悠久的道德文化遗产，它蕴涵着丰富的人类道德精华，它体现了人类对理想人格和真善美的追求，它昭示着中华民族世代相传、生生不息的伟大民族精神。

同学们，当你向老师、长辈和客人彬彬有礼地问好的时候；当你向有困难的同学伸出援助之手的时候；当你学会向父母表达自己的一份孝心的时候；当你学会珍惜每一粒粮食的时候；当你学会"宽以待人，严于律己"的时候；当你敢于承认自己的错误的时候；当你志存高远而又脚踏实地的时候……你所做的一切，不都是在承继和弘扬传统美德和民族精神吗？

2.请为这段演讲词设计手势动作："如果说，中国是头沉睡的雄狮，就需要我们每一个人用热情去唤醒，让它咆哮，让它呐喊！ 如果说，中国是条俯卧的巨龙，就更需要我们做主人的用双手去托起，让它腾飞，让它振兴，让它永远屹立于世界强国之林！到那里时，我们都将会自豪地说：'我是中国的主人。'"

3.下面是两段演讲词，请按内容使用恰当的态势语进行当众演讲，并仔细体会两者在态势语运用方面的区别。

（1）如果说，中国是头沉睡的雄狮，就需要我们每一个人用热情去唤醒，让它咆哮，让它呐喊！如果说，中国是条俯卧的巨龙，就更需要我们做主人的用双手去托起，让它腾飞，让它振兴，让它永远屹立于世界强国之林！到那里时，我们都将会自豪地说："我是中国的主人。"

（2）青年人有青年人的脚步，老年人有老年人的脚步，但不管是谁，无论你迈的是什么样的脚步，都要凭着两只脚，一步一步地走完漫长而短暂的人生之路。朋友们，我们正在走着这条路，请经常回头看看自己走过的脚步，更不妨仔细想想，在未来征途中，我们的双脚该怎样迈步，往哪迈步？

4.试以一次实际演讲为例，进行态势技巧的评论，并指出优缺点及改正缺点的方法。

5.同学们登台亮相（或从门外走出，或从台下上场），用1~3分钟，或讲故事，或讲笑话。台下师生从面部表情、身势动作、空间距离、服饰等方面进行观察，提出评述，切磋改进和提高。

五、临场应变技巧

临场应变是指在演讲过程中，演讲者采取紧急有效的措施，迅速、果断地排除和平息各种主客观的、意外的、非正常的阻碍及干扰，从而让演讲活动继续进行下去。临场应变在临场演讲中的意义显著。根据听众的不同、环境的变化和时间的差异，演讲活动也会发生变化。在演讲过程中，会出现一些复杂的意料不到的情况，此时只有善于临场应变，才能克服各种障碍，控制住现场局面，完成预定的演讲计划，提高演讲的效果。孟子曰，"虽有智慧，不如乘势；虽有镃基，不如待时"（《孟子·公孙丑》），因此，演讲者要学会利用应变技巧，以应付演讲中可能出现的各种情况。

临场应变技巧包含控场技巧、对答技巧、弥补失误技巧和调节非正常情绪技巧。

（一）控场技巧

演讲者一旦登上演讲台，对整个会场的把握就变得至关重要了。能否把演讲内容淋漓尽致地发挥出来，很大程度上取决于演讲者对整个演讲过程的把握，包括演讲者对听众注意力的把握、气氛的把握等。所谓控场，是指在整个演讲过程中，演讲者都能对现场情况实施有效控制，时刻把握主动。在正式演讲过程中，总会出现各种变化，演讲者要掌握好这个变化的应对方法，有效地调动听众情绪，集中听众的注意力，驾驭场上气氛及秩序，使之向有利方向发展。无论发生什么情况，一个好的演讲者都应该能掌控现场、调动听众、应对自如，使演讲顺利进行并能收到预期效果。只会演讲而不懂控场技巧，并不能成为一个合格的演讲者。

1.正常场面的控场技巧。演讲者是在有充分准备的基础上发表演讲的，现场一切正常，在这种场合下，演讲者的控场技巧大致体现在以下四方面：

（1）亮相得体。上场时一定要大方自然，上场的动作要表现出自信，亮相要得体，这样，即使演讲者尚未开口，也已吸引了听众注意，对场面进行了有效控制。

（2）脱离讲稿。脱离讲稿是非常有必要的一点，既能让听众对演讲者感到信任，又有利于演讲者与听众更好地进行沟通、交流。研究表明，演讲者的目光与听众的目光相接触时间达到该演讲时间的百分之七十以上时，其演讲获得听众的信赖、喜欢或激发其兴致的可能性便愈大。脱离讲稿，眼睛就能随时发现听众的思想情绪、心理变化及听讲的兴趣，然后才可以随机应变，采取补救措施，把听众的注意力牢牢控制住。反之，不脱离讲稿，眼睛就无法观察听众的反应。对全场的各种情况视而不见、一意孤行地讲下去，是无法有效控制场面的。

（3）变换节奏。变换节奏可避免平铺直叙的枯燥与沉闷，从而避免听众的注意力涣散。用抑扬顿挫的语调和快慢结合的语速进行演讲的话，听众就会觉得演讲有新鲜感；重点之处可放慢语速或做必要的重复，才能引起听众的足够重视。在听众注意力分散时骤然提高音量或停顿一下，听众就会觉得十分新奇，不自觉地就会将注意力集中到演讲者身上。假若演讲没有节奏，或节奏缺少变换，结构平庸、松散，声音呆板、平淡，情感淡漠、单调甚至麻木，就不能始终吸引听众注意，当然演讲者也就无法把控全场。

（4）设置悬念。想要激发听众的兴趣，调动听众情绪，可以在适当的地方增设悬念。设置悬念时要注意不能故弄玄虚，要精心选择既能结合演讲主题，又较为少见、不为听众所知的东西作为设置悬念的基础；设置悬念要选在听众意犹未尽之时戛然而止，这样才能最大程度发挥悬念的作用。每个人都有好奇心，只要演讲者抓住了听众的这个共同特点，巧妙地设置悬念，演讲者就能始终吸引听众注意，牢牢抓住听众兴奋点，达到有效控场的目的。

2.特殊场面的控制技巧。在通常情况下，除即兴演讲外，演讲者对听众、演讲场合事先都有一定的了解，演讲内容都是经过精心准备的。但是到临场时，由于各种原因，演讲的场面（场内气氛、秩序、听众的情绪、注意力是否集中等）常常是有变化的。在非正常的场面里，就需要演讲者处变不慌、遇乱不惊、因势利导，依照场面的变化随机应变，调整演讲内容。这样，才能有效控场，收到事半功倍的效果。

（1）冷场的控制技巧。冷场是指在演讲过程中，听众对演讲毫无兴趣、反应淡漠，出现心不在焉、交头接耳、窃窃私语、呵欠连天打瞌睡、看书读报看手机、陆续有人离场等情况。对待冷场，有以下三种基本技巧：第一，转换话题：放弃原先准备的演讲内容，寻找现场听众感兴趣的内容，并做即兴演讲以积极调动听众情绪；第二，运用幽默手段：以幽默的话语、动作等提高听众情绪，或临时穿插幽默笑话，来活跃现场气氛、吸引听众注意，待场面热烈、听众注意力集中之后，再按原定思路继续讲；第三，缩短内容：将原有内容做调整或压缩，只挑选精彩、关键之处讲，从而减少冷场时间，甚至变"冷场"为"热场"。

（2）搅场的控制技巧。搅场是指在演讲过程中出现有人故意捣乱的情况，如喧哗、嘲笑、喝倒彩、吹口哨、瞎鼓掌、起哄乃至喊口号等。产生搅场的原因有三：一是有听众带着敌意故意找碴儿，存心作对；二是演讲水平不高，满足不了听众的期待，引起反感；三是演讲的内容不合听众口味。演讲者必须针对不同情况实施有效控制。对第一种情况，演讲者要坚定信心，处之泰然、从容不迫，坚信真理终将战胜谬误、正义必定战胜邪恶，从而以韧性精神坚持到底。对第二种情况，演讲者除了要提高自己的演讲水平外，在临场时，要注意和善迎人、谦虚谨慎、真挚坦诚，用诚恳与努力来赢得听众的理解和尊重。对第三种情况，需要对症下药，或调整内容，或临场发挥，或改变表达方式。

（3）侵场的控制技巧。侵场是指在演讲过程中，突然有某种外在因素侵入现场，如停电、麦克风发出异响、场外雷雨大作、露天演讲下起雨来等，给演讲造成不利影响。侵场常常是无法预料的，它的发生可能会引起听众情绪的波动或现场秩序的混乱。但既然发生了，演讲者就不能回避它，而必须实施有效控制，其控制的技巧主要有：第一，沉着镇定，主动适应。侵场是意外事件，出现后应该不慌不乱，冷静处理。如出现停电，稍做停顿后如果仍然没来电，可以讲个笑话，说点闲话，稳定现场秩序；如果外面雷雨大作，可以提高音量，加快语速，让听众聚精会神于演讲内容。第二，巧借妙用，临场现挂。如1952年度奥斯卡最佳女主角雪莉·布丝莱在登上颁奖台台阶时不小心被绊了一下，差点摔倒，她在致辞时巧妙地解释："我经历了漫长的艰苦跋涉，才到达这事业的高峰！"话音一落，掌声一片。第三，幽默风趣，轻松化解。

（4）难场的控制技巧。难场是指在演讲过程中，有听众对演讲者观点有疑问、不赞同、不理解，甚至出现相反的意见，并且当面提出质疑和反驳。对于这种情况，演讲者切忌生气、抵触，或者不予理睬、拒绝回答甚至与之争吵。正确的做法是：尽己所知、认真回答、耐心解释、尊重对方，负责任地阐述自己的观点、解答对方问题，只要不涉及机密或隐私，都不应该"环顾左右而言他"，也不宜用"无可奉告"之类的话搪塞对方。如果确实回答不了，应该老老实实地表示歉意，或留下另行探讨的话，或者主动提出演讲结束后与对方个别交流。以这样一些方式来化解难场，让自己迅速摆脱窘境，顺利完成演讲。

【案例6】

俄国早期的马克思主义理论家普列汉诺夫有一次应邀来到日内瓦演讲，当时社会局面较为复杂，有些社会革命党和无政府主义者掺杂在听众当中，试图在普列汉诺夫演讲当中蓄意破坏，干扰演讲的正常进行。这些破坏者在人群当中吹着口哨、大声议论、吵闹得厉害，简直让演讲没有办法正常继续下去。看到这样的情况，普列汉诺夫并没有立即对这些破坏者进行指责，反而十分沉着冷静地对待。只见他双手交叉放在胸前，看着这些破坏者，眼中满是嘲笑的目光，在稍做沉默之后，对着这些人大声地说道："如果我们也想用这种武器同你们进行斗争的话，我们来时就会……"普列汉诺夫停顿了一会，没有继续说下去，现场的听众纷纷安静了下来。都在心里默默地猜测着他接下来会说些什么，但是令人出乎意料的是，他继续说的并不是什么恶言恶语，也不是炫耀什么。他继续说道："我们来时就会带着冷若冰霜的美女。"话音刚落，全场都笑了出来，就连其中的破坏者们也跟着大笑起来。就这样，演讲在轻松、愉快的气氛当中得以继续进行下去。

【案例赏析】

这样混乱的场面是让许多演讲者都头疼不已的。而普列汉诺夫却能轻而易举地掌控整个场面，使之陡然转变成有利于自己的氛围，这都要得力于他出色的控场能力。可见，在演讲当中，由于各种原因，听众的注意力、情绪及场上的气氛等方面都可能会发生变化，所以需要演讲者能够借控场技巧来转变气氛。

3.突发情况的控场技巧。演讲现场可能会出现一些意想不到的突发状况，演讲者应该如何处理？这就需要演讲者具备灵活机智的应变控场技巧。

（1）当听众很少时。当演讲者到现场发现听众很少时，不能产生"应付过去"的想法，应运用两种应变技巧：一是一视同仁，内容不减、热情不减、情绪不低，按自己准备的内容认真讲下去；二是变一人讲多人听方式为交谈讨论，演讲者可将自己的观点以问题的方式提出，然听众讨论并发表意见，然后演讲者给予总结归纳。

（2）当演讲的主题或内容与他人撞车时。在演讲中，演讲者发现自己准备的讲稿内容和主题别人已经讲过了，自己再讲便是重复，而重复是会让听众感到乏味的。这时，演讲者应采取的应变措施和控场技巧有三：一是重选主题或内容，演讲者需要放弃原讲稿，重新拟定主题，组织演讲内容，如果时间充足可重新写讲稿，如果时间仓促可列出提纲，即席演讲；二是只取一部分，引出新意，略去与他人重复的看法、论述、事例等，只截取自己讲稿中的与众不同的那一点，引申开来，讲出新意。为避免演讲时主题或内容与他人撞车，明智的演讲者会在备稿时准备两个讲题、多则材料，以便临场应变。

（3）当听众故意刁难时。对于这种情况，演讲者切忌愤怒失态，或不予理睬甚至发生争吵。演讲者要无所畏惧，沉着应对，这样才能更好地发挥出自己的聪明才智，战胜对方。

【案例7】

有一次，林肯正在进行演讲，正当他在侃侃而谈的时候，他的助手递给他一张纸条，说是一个青年人给他的。林肯打开一看，纸条上面赫然写着"笨蛋"二字。面对别人对自己的谩骂，林肯虽然心中不快，但是并没有表现出来。

他让自己平静下来，脸上带着微笑，对在座的听众说道："我曾经收到过很多的匿名信，但大部分都只有正文，却没有署上自己的名字。但是今天却恰好相反，刚才有一位先生写了张纸条给我，只署上了自己的名字，却忘了写正文了。"

说完，他将纸条举了起来，展示给现场的听众看。众人一看这纸条，便开始哄然大笑起来，接下来听众为林肯的机智鼓起了热烈的掌声。而那位眼见羞辱林肯不成而反被林肯羞辱的人在掌声中低下了头，整个演讲的气氛在这突发的事件后变得轻松起来，而林肯又继续演讲起来。

【案例分析】

在面对演讲中的突发事件时，林肯没有因为遭到谩骂就恼羞成怒，当然，他也没有忍辱吞声，而是用看似极其平常的一句话，将对方羞辱得不敢吭声。这不仅体现了林肯的卓越口才，还表现出了他自身的涵养和超凡的智慧。

（4）当听众开小差时。在许多演讲会上，听众开小差是常见的事，如看报读书的、聊天说话的、打瞌睡的、望着窗外发呆的，无所不有。这种情形会严重影响听众的听讲效果，同时也会影响演讲者自身的演讲情绪。碰到这种情况，演讲者务必找出原因，对症下药，及时调整自己的演讲内容及演讲方法。对于主观方面的问题，演讲者在演讲准备时就要注意解决，对讲题以及材料都要做精心的设计和选择，力求合乎听众胃口，生动活泼、幽默风趣。对于客观方面的问题，演讲者则要灵活应变，针对不同的情况采取适当的解决方法和措施。如果是会议时间过长，以致听众疲倦或出现不耐烦情绪时，演讲者不妨精简演讲内容，尽量缩短演讲时间；如果是天气引起听众困倦或烦躁时，演讲者不妨让听众休息片刻，做些活动；如果是因为外界干扰，演讲者不妨借景发挥，即景说话，将意外发生之景与演讲内容有机结合起来；如果是众席中发出怪异的声音，演讲者不妨用幽默予以批评与制止。

（5）当听众兴趣转移时。有时候，演讲者发现，听众对自己认为重要的问题不以为然，却对自己讲的一个小问题发生兴趣并加以关注。这时，演讲者应敏锐地抓住这一兴趣，巧妙转移，最后再回主题。

（6）当听众对象发生变化时。有时候，演讲者到现场才发现，主办方所告知的听众对象发生了变化。此时，演讲者须随机应变，不能照讲原稿，而是要在保持主题不变的情况下，及时、适当地调整演讲的材料、语言等，以适应新的听众对象。

（7）当遇到其他意外情况时。人们在演讲中，有时还会遇到其他一些意外的情况发生，这些意外不是演讲者自身失误造成的，也不是听众故意捣乱所为，主要是一些客观原因造成的，比如，扩音器突然哑了，照明灯突然灭了，听众中突然有人晕倒，有人不小心跌倒了。遇到这种情况，演讲者除了请有关人员协助处理（如修理线路，送病人上医院等）外，还需要用聪明才智去消除意外带来的影响。据说，马季和赵炎有一次在山东潍坊市表演相声《吹牛》，两人正"吹"得不可开交时，礼堂棚上有一盏大灯突然炸裂，玻璃碎片向四处散落，听众惊得抱头叫了起来。眼看一场精彩的演出毁于一旦，马季灵机一动，把这情景巧妙自然地转化为相声的内容，他用手指着天棚说："你能吹，瞧我的，我能把吊灯吹碎！"真可谓妙语惊四座，全场爆发出热烈的掌声。[①]演讲不也需要这种急才吗？美国前总统里根可以说是一位颇有急才的政治家。据说，他有一次在白宫的钢琴演奏会上发表讲话，夫人南希不小心连人带椅跌落在台下的地毯上，观众发出惊叫。南希灵活地爬了起来，在200多名宾客的热烈掌声中回到了自己的座位上。正在讲话的

---

① 张秀峰.登台演讲看这本就够了［M］.北京：中国纺织出版社，2014：175.

里根看到夫人并未受伤，便插入一句俏皮话："亲爱的，我告诉过你，只有在没有获得掌声的时候，你才能这样表演。"[①]里根是用幽默话语遮掩夫人的窘态，同时也是为了缓解会场紧张气氛，使演讲能顺利进行下去。

【课堂实训】

以小组为单位，先设计一个演讲者临场演讲应付意外情况的小品。然后，由小组推荐参演同学上台表演。

（二）对答技巧

对答技巧是指在演讲的环境中，演讲者面对听众递条子或站起来发问时，能够准确迅速和果断地加以分析、解释或说明的本领。

在演讲现场，听众提问的内容多样、涉及面广，提问的动机和心态也各不相同，演讲者必须掌握对答技巧，并运用到实际演讲中。对纸条中提出的问题或听众提出的问题，演讲者可以从三个方面考虑：一要好好考虑听众提出的问题我能否回答？二要进一步考虑，听众提出的问题我有没有马上回答的必要？在什么时候回答合适？有没有必要向众人回答？还是单独回答为好？三要考虑，听众提出的问题是否与自己的讲题有关？回答这个问题会不会影响演讲中心？考虑之后，可以根据具体情况来处置。

1.如果所提问题较易回答，经过简短思考之后，演讲者应迅速做出答复，以便使演讲可以继续顺利进行。

2.如果所提问题不宜当场作答，演讲者可以跟提问题的听众约定沟通的时间和方式，然后在演讲结束后再处置。

3.如果所提问题是听众带有主观片面性的问题，演讲者应委婉巧妙地给予引导，以有理有据的回答来使听众受到启发。

4.如果所提问题别有用心甚至用心险恶，演讲者也可以拒绝回答，甚至可以进行针锋相对的反驳，还可以故意回问提问人或请听众来回答。比如，西方一位黑人领袖在讲演时，突然被一位牧师打断，牧师带有恶意地质问："先生有志于黑人解放，非洲黑人多，何不去非洲？"黑人领袖当即反驳说："阁下既有志于灵魂解救，地狱灵魂多，何不下地狱？"

对答时应注意，无论听众提问的语气或目的如何，演讲者都要保持冷静；演讲者要向全体听众，而不是仅向提问人回答。

【案例8】

苏联诗人马雅科夫斯基才华横溢，有杰出的讽刺才能，又具有很强的个性和正义感。他看不惯并不能容忍一切腐败现象，并对此进行了无畏而勇猛的抨击，也受到了很多人的攻击和指责，但他对于一切无礼的攻击，均抱以尖锐的讽刺和嘲弄，其幽默是以牙还牙、锋芒毕露，同时又妙趣横生。一次，马雅科夫斯基在莫斯科综合技术博物馆演讲，整个会场不时响起掌声和笑声。

他刚讲了一个笑话，忽然有人喊道："您讲的笑话我不懂!"

---

① 马健，张兰菊.世界简史［M].北京：中国文史出版社，2014：445.

"您莫非是长颈鹿！"马雅可夫斯基感叹道，"只有长颈鹿才可能星期一浸湿了脚，到星期六才能感觉得到呢！"

"我应当提醒你，马雅可夫斯基同志，"一个矮胖子挤到主席台上嚷道，"拿破仑有一句名言：从伟大到可笑，只有一步之差！"

"不错，从伟大到可笑，只有一步之差。"他边说边用手指着自己和那个胖子。

诗人接着回答条子上的问题："马雅可夫斯基同志，您今天晚上得了多少钱呢？"

"这与您有何相干？您反正是分文不摇的，我还不打算与任何人分哪！"

"您的诗太骇人听闻了，这些诗是短命的，明天就会完蛋，您本人也会被忘却，您不会成为不朽的人。"

"请您过一千年再来，到那时我们再谈吧！"

"马雅可夫斯基，您为什么喜欢自夸？"

"我的一个中学同学舍科斯皮尔经常劝我：你要只讲自己的优点，缺点留给你的朋友去讲！"

"这句话您在哈尔科夫已经讲过了！"一个人从他座位上站起来喊道。

"看来，"诗人平静地说，"这个同志是来作证的。"诗人用目光扫视了一下大厅，又说道："我真不知道，您到处在陪伴着我。"

一张条子上说："您说，有时应当把沾满'尘土'的传统和习惯从自己身上洗掉，那么您既然需要洗脸，这就是说，您也是肮脏的了。"

"那么您不洗脸，您就自以为是干净的吗？"诗人回答。

"马雅可夫斯基，您为什么手指上戴戒指？这对您很不合适。"

"照您说，我不该戴在手上，而应该戴在鼻子上吗？"

"马雅可夫斯基，您的诗不能使人沸腾，不能使人燃烧，不能感染人。"

"我的诗不是大海，不是火炉，不是鼠疫。"

【案例赏析】

马雅可夫斯基的应对实在是棒极了，不仅极具幽默性，且具有高妙的逻辑战术。如反对者由"您说，有时应当把沾满'尘土'的传统和习惯从自己身上洗掉"推出"既然需要洗脸，这就是说，您也是肮脏的了"的结论，这明明是偷梁换柱(即偷换概念)的伎俩，马雅可夫斯基将错就错，用反问给予辛辣的讽刺。当反对者指责他戴戒指并攻击他的诗不能使人沸腾、燃烧和不能感染人时，马雅可夫斯基便以其人之道，还治其人之身，用同样的战术——偷梁换柱予以回击，使反对者一个个败下阵来。

【课堂实训】

教师播放一期《谢天谢地，你来啦》节目(2015年)视频，请学生从演员的应答方面看演员的应变能力，请几位同学上台说说观后感。

（三）弥补失误的技巧

弥补失误的技巧是指在演讲过程中，演讲者对自己出现的差错和失误进行弥补，以便演讲活动顺利进行下去的方法和本领，主要有以下三种情况。

1.讲错话时的弥补技巧。演讲者发现自己讲错话时，不可因为面子而对其不理不睬，一味讲下去，也不用声明"刚才我讲错话了"，正确的弥补应付技巧是：

（1）按正确的讲法再讲一遍。比如丢个词、错个字、不合语法，特别是有些关键性的词语或重要句子说错了，或是具有政策性、原则性的话讲得有问题，绝不能就此不管，而是要回过头来按正确的说法再说一遍，这样才不至于以讹传讹。

（2）将讲错的话当作反面论点使用，并据理批驳。

2.忘词的弥补技巧。忘词是在演讲时，演讲者的思维链条突然中断，忘记了下面要讲的内容。忘词是演讲现场口语表达的"卡壳"。这时，演讲者不必从头重讲，也不可方寸大乱就此下台，更不可信口开河地乱讲一气。正确的做法是：

（1）插话后重复弥补法，即在忘词处随机应变插入一两句过渡性话语，利用这几句话的短暂空隙来回忆忘掉的演讲内容；或者是将刚刚讲过的话再重复一遍，以便于衔接起被中断的思维，回忆起被忘掉的内容，然后将演讲正常继续下去。

（2）随方就圆跳跃弥补法，暂时不管自己忘掉的内容，而是继续后面的演讲内容，这样可以保持演讲的连贯性，如果被忘掉的内容非常重要、不可或缺，后面再想起来的时候就可以采取收尾补充法，用"值得一提的是……""还要注意的是……"等句式，巧妙缀上所忘内容，这样可以保证演讲的连贯和畅达。

3.其他失误的弥补技巧。演讲者在演讲中还会出现其他失误，比如上台时绊倒了东西，或被听众发现衣服纽扣扣错了，等等。出现以上失误，演讲者千万不要惊慌失措，因为慌乱会使你一错再错，局面会更难收拾。重要的是演讲者要镇定自若、急中生智、灵活应对。例如，一位演讲者在热烈的掌声中走上讲台，由于过于激动和紧张，不慎被话筒线绊倒，台下顿时哗然。然而这位机智的演讲者，立即从地上爬起来，迅速调整情绪，从容不迫地走到话筒前说："同志们，我确实为大家的热情所倾倒，谢谢！"话音刚落，全场掌声雷动。这位演讲者以其机敏的应变能力，变被动为主动，风趣动人。

【案例9】

有一次，著名京剧演员谭鑫培在《黄金石》中饰演田单，匆忙间上台忘了戴乌纱帽，观众正感诧异，岂料他灵机一动，字正腔圆地念道："国事乱如麻，忘了戴乌纱"，巧妙地进行了掩饰。还有一次，谭鑫培在《辕门斩子》中饰杨六郎，上台时，饰焦赞的演员忘了挂胡须，再下场去取又觉不妥，谭鑫培一见立即想法给他解围，他佯装生气地说："你父哪里去了，快快与我唤来"，那演员借机退场挂胡须，观众叫绝。

【案例分析】

谭鑫培一是在自己忙中出错忘戴乌纱帽后，没有慌乱，也没有下台去取；二是急中生智，以一句临时加上的念白，在别人失误时巧妙地用语言为其解围。这与谭鑫培的舞台经验和艺术修养有关，也与其口才好有关。演讲者也必须练就谭鑫培式的讲台应变能力。

【课堂实训】

请学生回忆自己的日常交际活动，想想是否发生过失误，失误时是怎样弥补的。请与同学分享一下弥补失误的做法。

（四）控制与调节非正常情绪技巧

在实际演讲中，有的演讲者由于受到外界的刺激，会有一些非正常情绪的出现，如怯场情绪、过激情绪、冲动情绪。只有能控制和调节这些情绪，演讲才能取得成功。

1. 控制与调节怯场情绪。有些初学演讲者会有这样的感受："只要一上台，只要面对听众，就紧张、害怕。原来准备好的语句，有些就忘了，原来设计好的身体动作不敢发挥，甚至声音不敢高上去。"这些感受实际上涉及演讲的临场问题，即怯场。演讲怯场是演讲中最易出现的一种心理问题。演讲者临场常常出现以下症状：口干舌燥、喉咙发紧、手脚发抖、不知所措、话不由衷、声音发颤、面部表情尴尬、躲闪听众目光等。

演讲怯场是一种常见现象，古罗马的雄辩家西塞罗曾在一次讲演后说："讲演一开始，我就感到自己面色苍白，四肢和整个心灵都在颤抖。"第二次世界大战时英国首相温斯顿·丘吉尔则坦率地声称自己在开始演说时心窝里似乎塞着块厚达九英寸的冰疙瘩。

（1）演讲怯场心理探源。演讲怯场与人的心理紧张是密不可分的。心理学告诉我们，人的紧张是环境刺激与机体能力不平衡的结果，是机体不能适应环境的"情绪应激"行为。引起紧张的事物称为"应激源"，应激源主要有四类：躯体性的、文化性的、社会性的和心理性的。在演讲的过程中，紧张的应激源主要与后两种有关，即来自社会性的和心理性的因素。

心理学的研究证明，人们的紧张水平与活动效率呈"U"字形曲线关系。因此，过低或过高的紧张水平都不利于活动的开展，只有在适度的紧张状态下，才会有好的活动效率。因此，在演讲活动中，适度的紧张不仅无害，反而能产生一种"活化效应"，促使人体内肾上腺素大量分泌而又不至于形成分泌紊乱；适度的紧张也是人们活动的激励因素，激励人们认真而审慎地对待活动，大大促进和提高人们的注意力、记忆力、思维力等，而不至于盲目自信、草率从事。紧张如果过度，便会产生怯场。具体地说，造成演讲怯场的因素常常有：

①陌生的体验。当我们置身于不熟悉的环境和气氛中，如站在讲台上，或站在人群的中间，以少有的角度、距离和少有的方式（包括姿势、声调、音量等）对众多听众演讲时，必然会产生紧张的体验。大多数人在熟人面前讲话比较自然，而面对陌生的听众则会显示出紧张和不安，这是因为演讲者对听众几乎一无所知，而听众则能在很短的时间内知晓演讲者并做出评价。让自己"曝光"，是很多人紧张的一大根源。

②评价的忧虑。每个人都期望自己的演讲能够获得成功，但主观的过高期望则会促使演讲者力求每个细节的完美，进而患得患失。在听众反应不佳时，尤其会出现慌乱、烦躁，进而扰乱预定的演讲安排。现代心理学认为，在任何存在评价的场合，受到评价忧虑的影响，人们一般很难发挥自己的既有水平。在演讲活动中，由于评价是单向进行的，即只有听众在评判演讲人，而演讲者是被动的接受评价者，所以演讲者的忧虑更多、心理负担更重。

③自卑的态度。若演讲者心里觉得自己对演讲准备得不充分，或者认为自己知识不够、经验不足，甚至缺乏"演讲家"的素质，觉得有"出丑"的可能，那他的自我保护意识很可能出卖他，这样便会增加他的心虚和胆怯，形成自卑。一旦产生"自卑"情结，怯场心理也就出现了。

④听众的压力。有时，在演讲场合中，如果听众的地位比演讲者高，或者比演讲者重要

（如台下有领导、长辈、学长），演讲者在演讲时便感到特别紧张。或者，演讲者如果确信听众比自己更了解演讲的主题，认识更深刻，或者确信听众对自己已抱有一种不友好的态度，那么，就会形成直接的心理压力，从而产生逃避意向。人们大都愿意在"小范围"内讲话，而如果听众数量较多，演讲者就会格外紧张、倍加谨慎——因为他们觉得一旦自己出错或者表现不佳，那么就会有"那么多人"一下子看到了自己出丑，听到自己的错误，知道了自己的不足，这种过分的小心谨慎大大增加了怯场的可能性和程度。

⑤人格特征。从人际交往的角度看，那些性格顺从、依赖性强、易受暗示、内向羞怯的人最容易染上"社交恐惧症"，具有这类特征的人在演讲场合里大抵也是如此。从气质特征看，抑郁质、黏液质较之胆汁质、多血质人更容易形成紧张怯场的情绪。

（2）演讲怯场控制与调节技巧。控制与调节演讲怯场的技巧很多，一般有心理调适技巧和运动调节技巧两类。

①心理调适技巧。心理调适法主要侧重对于人的主观思想意识的调适，从而形成一种正常的、积极的心理状态。

第一，自信心调适。自信心是演讲的镇静剂。演讲者在登上讲台之后，应把自己视为讲台的"主人"。据说英国一名演讲新手在一次演讲前压力很大，便去请教当时著名的演讲大师法拉第先生，法拉第脱口道："你就假设他们一无所知！"这话听起来有点过分，但为了激励初学演讲者的自信，克服怯场心理，亦不妨先"假设一下"。

演讲中的自信，最关键的是来自于演讲者对于自己演讲的充分准备。演讲之前，反复认真讲练，把演讲稿背熟，头脑中对于演讲稿的结构、层次要始终有一条清晰的脉络。准备充分自然能够从容自信。

著名的演讲专家卡耐基根据自己多年的知识积累，总结出了增强自信心的一些方法，即"行为—心理法"：养成昂首大步走路的习惯，径直地迎着别人走去；训练自己盯住别人的鼻梁，让他感到你正在注视他的眼睛；养成微笑的习惯；尽量与人交谈，也要学会保持沉默，在适当的时候，用一种从容不迫的坚定的语调来表述自己的意见；习惯于用幽默来处理反对意见；习惯于用毫不含糊的语调说"不"；习惯于高声谈话的人应有意识压低音量，而习惯于低声说话的人则相反；经常练习大声唱歌，大声念"绕口令"；在黑夜、空旷无人的原野里练习讲话；设法接触比自己强的人，分析他的优点，也注意分析他的弱点，以增强自信。

第二，语言暗示调适。语言暗示是在充分准备的条件下，利用人的内部语言进行自我暗示、排解和鼓励。演讲前，可用下述语言对自己说："只要说好了前几句，我就不会紧张了。""坚持几分钟，我就会以胜利者姿态走下讲台。""别人都能讲好，为什么我不能？""我准备得很好，我为什么要紧张？！"等等。

②运动调节技巧。这是指通过人的一些肢体动作，临时消除过度的紧张和不适。

第一，呼吸放松法。紧张心理会导致肌肉紧绷、胸闷气短。演讲前做一次腹式深呼吸，使自己过速的心跳趋于正常。

第二，肌力均衡运动法，是指有意识地让身体某一部分肌肉有规律地紧张和放松，如，握紧拳头然后松开，或者固定脚掌做压腿动作然后放松。这类运动可以让某部分的肌肉紧张然后放松，从而放松身心。

第三，表情扮演法。对镜凝视自己的形象，然后垂下眼帘，细眯着眼，慢慢地牵动嘴角向上，放松，其后，慢慢地牵动外眼角向上；各反复数次后稍停；嘴角、外眼角同时均衡地向上牵动，这时候，你完全可能忍俊不禁真的笑起来，镜中出现的是你自己的愉快形象。心理学家詹姆斯·朗格认为，情绪是身体变化的结果，而不是身体变化的原因，即情绪反应系列为：情境—机体表情—情绪。如果你感到紧张，那么千万别握紧双拳、皱着眉头，否则只有加重这种状况。

第四，转移注意法。刻意观察某一物件，或与人交谈不相关的话题，能转移对紧张的注意。也可采用一种"橡皮圈法"，把一个结实的橡皮圈套在手腕上，一拉一放，使手腕有轻微的疼痛感等。

第五，环境考察法。要避免临场紧张，一定要提前到场。紧张会引起膀胱胀感，紧张也能引起口干舌燥，不断咳嗽。演讲者应该事先就有充裕的时间去解决这些问题，否则会严重扰乱情绪。演讲者可以先到场熟悉环境，如走上讲台四处环视，观察讲台摆设，提前试试麦克风等，做好充分的心理准备。也可以到听众中去交谈，这样不仅可以了解听众的需要、特点等，也可以去除由于陌生体验而产生的紧张感。

第六，寻求目光法。主要用于演讲中"孤独感"的缓解。你可以不理会那些冷漠呆板的表情，而去寻找热情友好的目光，你仿佛只是在对这些听众演讲，而他们也对你的演讲感兴趣。

第七，饮料摄入法。在演讲前和演讲过程中，摄入适当的饮料如咖啡、茶等，可以缓解因紧张产生的咽喉不适，能产生暂时的兴奋、舒适感，也可以缓解紧张、焦虑等不良情绪。在短时间内，这些饮料确能使我们恢复活力，同时产生一种心理愉悦感。咖啡在短时间内可以促使人们产生社交兴奋感，使人变得善意、健谈。当然，切记不能过多摄入，否则适得其反。

第八，音乐调剂法。音乐作为一种有规律的声波振动，能使人体细胞发生和谐的共振，从而提高大脑皮层神经细胞的兴奋性；此外，特定的乐曲也可以导致人们产生相应的情绪体验，如兴奋、镇静、平衡。如听一些节奏舒缓、轻快、意境优美的田园音乐、民间音乐等，或者听一些节奏明快、豪放高昂的背景音乐等，都可以优化自己的情绪。

【案例10】

下面是一些演讲名家的怯场感觉和表现：

美国著名作家马克·吐温的嘴里仿佛塞满了棉花，脉搏快得像活蹦乱跳的兔子；

英国首相丘吉尔心窝里似乎堵着一块冰；

美国政治家路易·乔治的舌头抵在牙床上，一个字都说不出来；

李燕杰怀里好像揣着一头小鹿；

罗马演说家西塞罗脸色看起来很苍白，整个身子都在颤抖；

美国演说家詹宁斯·伯瑞安抖得两个膝盖都碰一块了；

印度总理英迪拉·甘地不是在演讲而是在尖叫。

我们可以得到安慰了：初次登台的人都会怯场，连世界第一流的演说家也不能幸免。

但我们必须战胜它，因为"我们只是害怕'怕'"(罗斯福)。①

【案例分析】

这些叙述告诉我们怯场是一种非常常见的心理表现，许多以口才好著称的著名人士在演讲时也并不能幸免。美国的研究人员曾在3000多人中做了一个调查，题目是："你最担心的是什么？"调查结果显示：约有40％的人认为，最令人担心也最令人痛苦的事是在大庭广众之下讲话。因此，我们就要正视"怯场"，努力解决这一问题而不是逃避它。

【课堂实训】

1.按要求"无语练胆"。要求：学生轮流走上讲台，不讲话，微笑着注视台下最后一排同学，使每位同学都感到你在关注着他，听众则微笑着盯住台上同学的面部，时间为2分钟或直到台上学生不感到十分紧张为止。

2.按要求"随意练口"。要求：上台学生可以随便选择某一话题，或讲自己最快乐(气愤、难忘)的事，或者大声念绕口令，习惯于低声说话的同学要有意识地提高音量，而习惯于声音洪亮者则反之。

2.控制与调节过激情绪。过激情绪是指演讲者在演讲过程中不能适时适度地表达自我情感，导致演讲情绪与演讲内容不协调或情绪表现过头的一种消极心理现象。具体表现为：演讲者讲到高兴处，听众未笑而自己乐不可支；讲到悲伤处，自己哽咽不已甚至痛哭失声。

众所周知，没有激情的演讲者是不合格的演讲者，但放任自己的激情则不是一个成熟的演讲者。演讲者应该善于冷静地、恰当地运用感情，理性地控制与调节激情，驾驭住自己的感情，不可让激情像脱缰的野马肆意驰骋，影响演讲艺术的审美价值。控制与调节过激情绪的技巧有二：

(1)深入分析演讲内容，准确把握演讲的主题。演讲者要将自己的演讲内容安排得丰富、充实，既有思想性，又有趣味性，为临场演讲创造出充分发挥技巧的良好条件。激情须以内容为前提，内容又须靠技巧及激情来表达，内容、激情与技巧三者完美统一，方可取得良好演讲效果。而对主题把握得越准确，对激情的把握也就越准确，控制也能恰到好处。

(2)要培养自己冷静、科学的态度。演讲者既要有激情，又要做一个冷静、理性的人，要具有科学的态度，不被过于兴奋或过于悲伤的情感所左右，要有感情但不做感情的俘虏。在演讲时，当感情激荡不已时，就用冷静的科学的态度去调节情绪，将情绪控制在一定的范围内，避免感情"走火"现象的出现。

3.控制与调节冲动情绪。冲动情绪指的是演讲者在演讲过程中面对某些情况，稳不住心神，沉不住气，从举止言行中流露出不满的情绪。易冲动的演讲者往往不是通过自己的演讲吸引、感染听众，而是想凭借自己的身份或权威来强制听众听讲，或者是企图通过冷若冰霜的面孔或高于常人的声调来镇住听众。一旦听众不买账，便批评、训斥听众，或大声宣讲纪律，或接连不断地向听众发问，或者削减演讲内容、缩短演讲时间、淡化演讲情感等。控制与调节冲动情绪的技巧有三：

(1)查找原因，看是否是自己的演讲内容和方法不得当，导致听众反应。

---

① 邓瑞雪.做个好领导—如何管好人大全集[M].北京：外文出版社，2012：347.

（2）做好思想准备。上台前，针对某些可能出现的突发状况，演讲者要在心里高挂"制怒牌"，暗示和警醒自我，不可发怒。有了这样的心理准备，才能冷静对待现场出现的、不利于自己的演讲环境。

（3）以平等的态度对待听众，树立对听众负责的观念。演讲者不可以为自己是信息的传播者或育人者，就高高在上而自以为是，要以友好平等的态度对待听众，亲切自然、循循善诱地将自己理解和掌握的知识与信息传布给听众。如果听众反应冷淡，要控制自己的情绪，不自卑、不退缩，坚持以饱满的精神、稳定的情绪讲完演讲内容。

【案例11】

2009年9月23日，联合国大会的会场里，身穿褐色长袍、头戴黑色帽子、胸前佩戴非洲形状徽章的卡扎菲从台下座位起身，手持文件夹和《联合国宪章》，阔步走向讲台，其间不时向与会者挥手致意。这是卡扎菲执政40年来首次来到位于纽约的联合国总部。

卡扎菲一张口就语出惊人，炮轰联合国安全理事会，称"安理会不应该叫安理会，应该叫'恐怖理事会'"。卡扎菲还抨击安理会主要国家背弃了《联合国宪章》的原则。演讲中，他手持一本《联合国宪章》，并撕开一角，然后又把宪章扔到了地上。卡扎菲直接羞辱联合国代表们说，联合国大会的重要性与英国海德公园的演讲角无异。

在当天举行的联合国大会上，卡扎菲是第三位发表演讲的与会领导人。根据安排，每位领导人的讲话应控制在15分钟左右。但很显然，卡扎菲对自己的联合国"处女秀"表现得相当兴奋，他滔滔不绝地演讲了将近100分钟。由于卡扎菲演讲时间过长，不少与会外交官都有些坐不住，只能离开会场出去透气，而剩下的一些在场人员则表现得昏昏欲睡。针对这一现象，卡扎菲一度"敲打"他们。"拜托你们专注一点，"卡扎菲说，"你们所有人都疲惫，得倒时差……你们都睡着了。"

当演讲进行到第90分钟，他猛烈抨击美国前总统里根是个"疯子"时，负责为他担任同声传译的口译人员几乎完全崩溃了，他打断了卡扎菲的演讲，失态地大声抱怨道，"我已经完全无法忍受了"。随后另外一名口译人员紧急上场，接着译完了卡扎菲剩下的讲话。

由于卡扎菲超时81分钟，排在其后面的英国首相布朗只得将演讲时间推后了一个多小时。[①]

【案例分析】

首次在联合国亮相的利比亚领导人卡扎菲，在演讲中强力攻击安理会和联合国的现有体制，其内容暂可以不予评价，但其发言颇为另类、举动十分夸张，而且演讲时长比规定的15分钟超出了一个多小时，放任自己的激情，因而引起听众甚至口译人员的反感与抵触。

【课堂实训】

1959年赫鲁晓夫在联合国讲台上发表演说，台下听众有的喧闹，有的吹口哨，面对这种情景，他被激怒了，竟然脱下皮鞋，用力敲打着讲台，给世人留下笑柄。有学者分析："赫鲁

---

① 彭征.落日强人——扎菲传［M］.南京：凤凰出版社，2011：229.

晓夫的失态是由于他情绪的失控。"你觉得这种看法有道理吗？为什么？

六、演讲结束退台（退场）技巧

退场是指演讲者结束演讲，向听众致礼后，转身走向座位或退出会场。退台是演讲最后一环，也是整个演讲的重要组成部分。退台是否得体关系着演讲的整体效果。退台的技巧是：演讲者可向后倒退一步，以端庄的仪态、亲切的目光环视会场听众，然后向听众和主持人点头致谢或行鞠躬礼。如果会场掌声热烈，演讲者应再次谦恭地鞠躬致谢，以回馈听众对自己的鼓励，之后以稳健的步子、快慢适度地退至后台。

在演讲实践中，有时会出现一些不当的退台现象，学习演讲的人必须警惕：

1.过于激动、匆匆忙忙。有的演讲者一讲完，便如释重负，匆匆忙忙跑下去，让听众觉得演讲者很不稳重，缺乏临场经验。

2.洋洋得意、毫不在乎。有的演讲者自以为演讲效果不错，便自以为是、昂首阔步地走下去，给听众以傲慢的印象。

3.羞怯不安。有的演讲者退台时流露出羞怯沮丧的神态，也容易给听众留下不良印象。

4.敷衍了事。当听众给演讲者以掌声鼓励时，有的演讲者随意扬扬手或点点头，表现出一种敷衍了事的态度，很不恰当。

【课堂实训】

教师指定一篇演讲词，让学生反复练习演讲结束后的退台动作。

【课后练习】

1.最佳声音应具备的特征有哪些？有声语言的节奏由哪些要素构成？

2.演讲中，特殊停顿常用于哪些场合？

3.演讲者为什么要讲究仪表风度美？

4.演讲登台需要注意什么问题？

5.演讲的态势语言技巧表现在哪些方面？

6.演讲现场出现意外时，需要控场。临场控场的技巧体现在哪些方面？

7.遇上听众别有用心地提问时，演讲者该怎么办？

8.演讲过程中，出现非正常情绪时，该如何调节？

9.演讲者要临场发挥好，必须具有良好的心理品质，做到"热情、果断、自信、镇定"。请你回顾一下自己在这方面的经验与教训。

10.美国前总统罗斯福在分析演讲者怯场的原因时指出："每一个新手，常常都有一种心慌病。心慌并不是胆小，乃是一种过度的精神刺激。"你认为罗斯福的分析是否正确？为什么？

11.自己确定一段演讲内容，反复练习演讲的登台亮相。可以自己对着镜子练，也可请老师同学指导。

12.试以一篇演讲词为材料，进行发声练习，要求符合最佳声音的特征。

13.从下列关键词中选择至五个，将它们写到励志类的演讲稿中，下一次上课时，请学生登台演讲。登台演讲时，注意运用上临场演讲的各种技巧。

备选关键词：青春、成长、理想、激情、追求、反叛、冒险、超越

【推荐品读】

1.西塞罗的演讲：《我们已遍地燃起自由的希望》。

2.2012年奥巴马当选美国总统的演讲视频。

3.〔美〕克莱泽.演讲的艺术［M］.海山，藕静清译.天津：百花文艺出版社，2009.

4.傅建成.世界名家演讲集萃［M］.西安：陕西旅游出版社，2006.

第四节　即兴演讲技巧与训练

【教学与训练内容】

1.了解即兴演讲的含义、特点

2.掌握即兴演讲的训练技巧

【重点】

即兴演讲的训练技巧

即兴演讲是人们在生活、工作、学习中使用非常普遍的口语交际手段。现代社会，随着工作与生活节奏的快速化、政治生活的民主化和社交活动的平民化，即兴演讲越来越常见，也越来越多地受到人们的欢迎。

一、即兴演讲含义

即兴演讲指的是演讲者在事先无准备的情况下，根据现场的场面、情境、事物、人物等临时起兴而发表的演讲，也叫即席演讲。如婚礼祝词、欢迎致辞、丧事悼念、聚会讲话等，都属于即兴演讲。也就是说，凡是随时随地地需要通过语言描述、表达自己的看法和态度的口语表达都是即兴演讲。它是演讲者兴之所至，有感而发，在无准备或准备不足的情况下所发表的演讲，所以与有准备演讲相比，即兴演讲是不凭借文字材料进行表情达意的口语交际活动。它要求演讲者要紧扣主题和现场场景，抓住由头，迅速组合，言简意赅、语调自然地表情达意，感染力要强。

即兴演讲有两大类：生活场景式即兴演讲、命题测试式即兴演讲。

二、即兴演讲的特点

即兴演讲具备一般演讲的特点，但与有准备的演讲相比，又有其独特性。

1.运用广泛性。在日常工作、生活中，即兴演讲使用范围较广，"外交公关、文化渗透、鼓舞士气、下达指令、市场营销、职场竞选、工作述职、两性互动、亲子教育、沟通说服、传道授业、描述团队愿景、塑造价值、商务谈判等都需要依靠即兴演讲达到最佳目的"[①]。可见，作为一种高级的演讲能力，即兴演讲的应用极为广泛。

2.话题临场性。即兴演讲大多只有几分钟的时间做准备，是即兴发挥，故而得名。即兴演讲比赛则是当场抽签得题，临时做演讲准备，马上进行比赛。所以，即兴演讲的话题受具体场合、现实议题的制约，具有临场性特点，需要演讲者临场引发。演讲者要尽量选取听众

---

① 颜永平，杨赛.演讲与口才教程［M］.上海：华东师范大学出版社，2012：253.

感兴趣的话题，选取新颖独特的话题。

3.情感激发性。成功的即兴演讲需要情感的激发，即使受命而谈，也需要一个情感酝酿过程。情感形成，才能唤起演讲者的情绪记忆，诱导其产生丰富的联想，从而准确捕捉话题，调动知识储备，快速思维，快速加工信息，顺畅自如地进行即兴演讲。

4.形式灵活性。即兴演讲有时没有明确的中心，只是自然而然地任意表述着各种话题；有时有中心，但由于受时间、场所和听众对象的变化，需要改变话题和表达方式，因此即兴演讲并无固定的形式，而是自然灵活、多样化：或引发一个故事分享，或发表一段感言，或针对某一问题进行辩论，或做一段即兴点评等，形式不限，只要有感而发，能表达自己的某一种感受或是观点即可。

5.篇幅简短性。即兴演讲是临场之作，时间短暂，一般要求一事一议，所以，篇幅一般比较短小。这就要求结构要精炼，主干突出，尤其在语言上，不能啰唆拖沓，必须简洁生动。

【案例1】

在欢迎俱乐部开幕式上的即兴演讲

乔治·巴顿

到今天为止，我在欢迎方面的唯一经验是，欢迎德国人和意大利人到‘阴间’去。在这方面，我是干得相当有成绩的，因为我有幸指挥的部队已经打死或俘虏了大约17万敌人。

我感到像这样的俱乐部确实很有意义，因为我相信萧伯纳的话，我想他曾说过，英、美两国人民是被一种共同的语言分开的，既然英国人和美国人注定要主宰世界，那么我们越是相互了解，我们的事就会办得越好。

像这样的俱乐部是彼此结识和促进相互了解的理想场所。而且，一旦我们的士兵遇到并结识了英国的女士们，他们就会写信回国，告诉我们美国的妇女们说，你们是多么的可爱。于是美国的妇女们一接到信，就会产生嫉妒心，就会迫使这场战争迅速结束。我就可以有机会去打日本人了。[①]

【案例分析】

这是乔治·巴顿将军的一次即兴演讲，充分体现了即兴演讲的特点。如，话题具有临场性，语言幽默风趣，篇幅简短但意旨深远等。

三、即兴演讲的训练技巧

即兴演讲属于临场之作。好的即兴演讲应符合以下标准：主题鲜明集中，积极健康；构思新颖独特，结构清晰；语言生动形象，贴切幽默；发音清晰洪亮，语势连贯；态势准确美观，得体自然；现场灵活应变，时间恰当。

既然即兴演讲是无准备的即兴发言，就要求演讲者在思维的敏捷性、语言的逻辑性和口头表达的雄辩性方面有一定的功底。很多人谈"即兴"色变。因此，平时要加强训练。只要

做个演讲的有心人，掌握即兴演讲技巧，并持之以恒地刻苦训练，就一定会取得好效果。

（一）临场话题的捕捉技巧

即兴演讲的话题是临场才能确定的。

1.生活场景式即兴演讲的话题捕捉技巧。生活场景式即兴演讲的话题捕捉范围比较灵活，临场时的一些为听众所喜爱所关心的话题都可选取，演讲者可灵活选择。可由与现场有关的时间、场景、人物、事件、交谈者的言行、听众兴趣、社会热点问题等起兴，借题发挥，以"时"为题，以"景"为题，以"物"问题，以"人"为题，以"事"为题，以"言"为题，以"热点"为题等。抗战期间，陈毅率部在浙江开化县华埠镇休整，有一抗日群众组织请陈毅讲话，主持会议者说："今天请一位将军给大家讲话。"陈毅说："我姓陈，耳东陈的陈；名毅，毅力的毅。称我将军，我不敢当，现在我还不是将军。但称我将军也可以，我是受全国老百姓的委托去将日本鬼子的军。这一将，一直到把他们将死为止。"话音刚落，现场爆发出雷鸣般的掌声。[①]陈毅以"人"（自己）为题，切合演讲主旨，有力地鼓舞了抗日群众的斗志。再如，大学生在日常交际与沟通过程中，发表即兴讲话时，可选择大家都关心的话题，诸如学校的发展问题，学校奖学金问题，学习、交友、择业等问题。这些话题是大学生熟悉的，也是交流对象感兴趣的，自然能讲好，从而达到沟通与交流的目的。

2.命题测试式即兴演讲的话题捕捉技巧。捕捉命题测试式即兴演讲的话题的要求较高。演讲者在选题前，要考虑五个问题：为什么事讲话？对谁讲话？什么时候讲话？在什么地方讲话？用什么立场讲话？而临场选题的标准有三：一是选择自己能讲的话题；二是选择听众感兴趣的话题；三是选择有益的话题。考虑了这些问题、掌握了这些标准后，临场话题的捕捉技巧大致有五个方面：

（1）从"会旨"捕捉话题。举凡会议总有明确的主旨，即兴演讲时，演讲者可从会旨上捕捉到话题。

（2）从"已讲者"捕捉话题。演讲者可以针对前面已经演讲者的话题中的观点或某些内容，直接表示自己的意见和看法，或赞同或反对；或利用前面已经演讲者的某些话为跳板，引出某个新话题，作为自己的讲题。

（3）从"听众"捕捉话题。演讲者可以从现场听众的职业特点、人名、人物事例等处捕捉话题。

（4）从"场景"捕捉话题。演讲者可在观察现场景物的基础上，从会场的摆花、墙壁的颜色、门窗的造型、灯具的形状等处捕捉话题。

（5）从"大环境"捕捉话题。演讲者可利用演讲时存在的一些场景之外的因素，诸如演讲时的季节、气候、现场气氛等捕捉话题。

捕捉话题时要注意，有些话题，如一些奇闻，一些惊心动魄的事，一些不可思议的经验，一些低级庸俗的情形，可能听众感兴趣，但也不宜选作讲题。一方面，有些轰动社会的新闻，听众已经从媒体上看到了，根本不用等你来讲；另一方面，这些话题，虽然能令人兴奋刺激，

---

① 秦豪，林岛.巧妙的"开场白"［J］.领导文萃，1995（4）：43.

但没有健康、积极的意义，不能传播正能量，也不宜选讲。

【案例2】

1848年，法国作家维克多·雨果受邀参加了巴黎市孚日公园栽种"自由之树"仪式，并在仪式上致辞《巴黎的自由之树》。在开头，他说："我怀着高兴的心情答应了同胞们的要求，来到这里与他们一起，为获得解放的希望，或者说为建立秩序的希望，为和平的希望而欢呼。这些希望将会萌芽，与自由之树的根交织在一起。这棵树作为自由的象征是多么恰如其分和美好！正像树木扎根于大地之心，自由之树根扎在人民心中：像树木一样，自由把它的枝叶伸向天空；像树木一样，自由常青不枯，让人们世世代代享受荫蔽……"①

【案例分析】

雨果的即兴演讲紧紧扣住"自由、和平"的主题，以富有激情的语言，将自由之树代表的意义和自己的理想信念结合一起，传达珍惜自由、期待和平的心声。这次演讲既是"以物为题"之例，也是从"场景"捕捉话题的典范。

【案例3】

一次口才训练课上，老师让大家即兴发言。有一位同学的发言是这样的："大家好！咱班有位同学姓吴，咱们学口才要向吴同学学习啊。'吴'这个姓好啊，上面是个'口'，我们必须开口，只有嘴巴张开了才能练好口才啊；下面是个'天'，是要天天开口啊，必须坚持不懈地练习，这样口才自然来，所以要天天开口，不能三天打鱼两天晒网，那样是练不好口才的。而且，吴者，无有，我们要能够从无到有、无中生有地去尽情发挥才能，这样才能练好口才。"

【案例分析】

这篇即席讲话，是借现场听众中吴同学的"吴"字展开话题。从选题来说，是以"人"为题，也是从"听众"中捕捉话题。

【案例4】

1945年"五四"那天，在云南大学的操场上举行纪念大会，大会刚刚开始就下起小雨来。许多人争着找地方避雨，会场骚动起来，会议主持请闻一多出来讲话，平静局面。闻一多站起来，向正在朝四面移动的人群说："热血的青年们过来！继承'五四'精神的热血青年站起来！怕雨吗？我来讲个故事：今天是天洗兵！武王伐纣那天，陈师牧野的时候，军队正要出发，天下大雨，于是领头人说，'此天洗兵'。把蒙在甲胄上的灰尘洗干净，好上战场攻打敌人。今天，我们集合起来纪念五四运动，天下雨了，这也是天洗兵，不怯懦的人上来，走近来！勇敢的人走拢来！"②

【案例分析】

闻一多这段即兴演讲成功地从"大环境"中捕捉话题，由"雨"引出武王伐纣的历史故事，强调"天洗兵"的壮志豪情，进而号召青年学子们继承"五四"的光荣传统，接受时代暴雨的洗礼，做一个坚强的民主革命战士。这段话既切合景致、切合情绪，又切合大

① 张伟峰.不可不读的110篇哲理美文［M］.北京：中国华侨出版社，2012.：222.
② 秦豪.补拙集［M］.西安：西北大学出版社，2002：321.

会的宗旨，极具鼓舞性与号召力。

（二）构思技巧

1.确定并表现主题：讲题确定了，要在话题中快速找一个要讲的论点，确立讲话的中心思想，或演讲者要表达的论点和主张，即主题。论点是即兴演讲的核心，论点鲜明才能影响人、感染人。主题的确定要遵循针对性、鲜明性、正确性、新颖性、深刻性和集中性原则。在表现主题时，要特别关注主题是否能为听众接受，是否能言之有理。

2.确定框架：即确定即兴演讲的结构。即兴演讲中搭建框架的重要性如同盖房子要先绘好图纸、搭好框架再砌砖、盖瓦一样。能够迅速及时地搭好演讲的框架，有助于理清演讲的阐述思路，循着逻辑线索将自己的观点表达清楚。确定框架的模式比较多，有经验的演讲者习惯以一种模式框架为依傍进行快速构思。这里介绍三种常用的模式。

（1）"金字塔"式：也叫开门见山式，即先亮出主题，然后对主题做较为详细的论证与分析说明。

（2）卡耐基"魔术公式"：也叫曲径通幽式。美国著名口才学家卡耐基发现了一种新的演讲确定框架的方法，是所谓的"魔术公式"：第一，未涉及核心内容前，演讲者先举一个具体实例，通过这个实例，把自己想让听众知道的事透露出来。第二，用明确的语言，叙述主旨、要点，将演讲者要让听众去做的事，明白地讲出来。第三，说明理由，进行分析，采取集中攻破的方式来处理。演讲实践证明，卡耐基的这一"讲求速度的现代最佳演讲法"，的确是一种能适应各类演讲（包括即兴演讲）的模式。

（3）"三么"式：即，演讲者快速思维，想清楚三个最基本的问题，即"是什么""为什么""怎么办"。演讲内容是对"三么"的回答。如果是"论点式"即兴演讲竞赛题，可从"三么"的角度来构思；如果是"论题式"即兴演讲竞赛题，"三么"框架只是演讲前和演讲中的思维模式，而非口语表达模式，表达时要选准"切入口"，不显露出"三么"的痕迹。

【案例5】

湖南师范大学原副校长戴海教授曾在一次大学生晚会上做即兴演讲《矮子的风采》[①]。下面是这次演讲的一部分：

……这话题之二嘛，是"矮子问题"。由我当众提出这个问题，岂不惹火烧身？这也要点勇气呢！老实说，在我年轻的时候我并不觉得"矮"有什么问题，直到20世纪80年代，在舆论压力之下，才感觉成了问题。其实，白鹤腿长，鸭子腿短，都是生来如此，何必自寻烦恼！现在要问，矮子能有风采吗？答曰："高个儿不见得都有风采，矮个儿不见得都不风采。"那么，矮个儿怎样才能也具有风采呢？我有几点心得可供参考：

第一，是要有自信。论个子，我比他低一头，而论觉悟、学识、才能，可能比他更胜一等！这也叫"以长补短"吧？

第二，不要犯忌讳，大凡麻子怕说麻子，秃子甚至怕说电灯泡，其实越犯忌讳越尴尬，不如自己说白了反而没事。我常有机会跟北方汉子们在一起开会或聊天，我跟他们开玩笑：

---

① 曹文轩.新人文读本 小学卷（1）[M].北京：北京大学出版社，2004：107-110.

我不如你高，你可别怪我，怨只怨我们那山上的猴子就个子小些！

第三，把胸脯挺起来，但也用不着踮脚尖，衣着讲究适当，比方不穿横条、方格的衣服，但也用不着老穿高跟鞋，我主张矮要矮得有骨气，还是脚踏实地好！

第四，最重要的还是本人的德学才识，有修养，有风度，对社会有贡献，自然受人爱戴。

趁着晚会的高兴劲儿，解开这个"矮子问题"，不知台下的某些同学心里是否踏实些？

【案例分析】

戴海教授的这次即席演讲的结构模式是"金字塔"式。他先亮出"矮子问题"这一问题，认为矮子不必自寻烦恼，因为矮子有风采。观点有了，下面就是对观点做论证与分析说明。戴海从"矮子要有自信""不要犯忌讳""矮要矮得有骨气，还是脚踏实地好""矮子要有德学才识，对社会有贡献"四方面，层层深入地分析了怎样做才能让矮子风采无限。这次演讲效果很好，听众不断地大笑，长时间鼓掌。

【案例6】

高露洁牙膏的广告是这么做的：牙医将一个贝壳状的石膏物体从酸性液体中取出来，用小镜子一敲，贝壳左边碎了，而右边却完好无损。然后，一群小朋友举着牙膏大声喊道："我们都用高露洁。"接下来，又说："我们的目标是：没有蛀牙。"

【案例分析】

高露洁牙膏的广告设计，在结构模式上体现了卡耐基"魔术公式"的特点：第一步，以贝壳的两边做对比，一边敲坏了，一边没有坏。这是用事例生动阐释要传达的意思——右边没坏的贝壳是预先涂了高露洁牙膏了，说明高露洁牙膏有防止酸性物质破坏牙齿的功能。第二步，以详细清晰的语言，说出重点，要听众做什么——"我们都用高露洁"，请大家也都来用；第三步，陈述理由，并强调用高露洁牙膏的好处——没有蛀牙。

【案例7】

一次课堂即兴演讲训练中，老师出话题"问"，一个学生以"问，是打开真理之门"为论点，然后从"好问""敢问""会问"三个方面，层层深入地阐释"问"的道理。

【案例分析】

这次即兴演讲的结构属于"三么"式。演讲短小精悍，回答了"是什么""为什么""怎么办"三个问题。

【课堂实训】

1.下面是一篇日常生活中的即兴讲话稿，请分析其观点、结构特点。

"这几年剩女越来越多。我认为，产生这种现象的原因有三：一是女孩对男方要求太高，尤其是物质方面的；二是女孩人际交往机会少；三是女孩一般不主动追求男孩。我主张：一是女孩不必要对方太完美，因为人无完人；二是女孩要多参加一些社交活动，并把择偶需求告诉亲朋，让大家有合适的为自己介绍；三是看到心动的就主动追求，该出手时则出手！按照这三点去操作，我相信，用不了多久，每个人都会找到自己心仪的郎君。"

2.教师先把学生分成A、B、C三组，然后出一个话题，让A组同学用"金字塔"式结构法、B组用卡耐基"魔术公式"式结构法、C组用"三么"式结构法，各写一篇500字的演讲稿。

话题：微信朋友圈里晒什么？

（三）表达技巧

即兴演讲与其他种类演讲的表达技巧大致相同，但由于即兴演讲的独特性，在表达过程中，特别要注意四方面：

1.运用有声语言时，要做到有激情，声音抑扬顿挫，节奏感强。

2.以口语短句为主，巧用比喻、排比、设问、反问等多种修辞手法，注意过渡词、句、段的衔接作用；不出现语言陋习，没有口头禅，不用方言。如，郭沫若《在萧红墓前的5分钟演讲》的开头说，"讲演对于我倒不是件难事，然而要不多不少恰好'5分钟'，却使我感到困难。而主席又只要我作'五分钟'的滩头讲演，让你们好早点跳下海去，作你们的青春之舞泳"。这里，郭沫若的语言是口语化的。而美国罗斯福总统在1940年12月的第702次记者招待会发表即兴演讲时，说过这样一段话："我来给大家打个比方：假设我的邻人的家宅着了火，而在四五百英尺以外我有一截浇园的水龙管子。如果他能够把我的浇园的水龙管子接到他的自来水龙头上，我就可能帮助他把火灭掉……如果经过灭火的过程，这段水管完好如初，毫未损伤，邻人就把它还给我，对我十分感激。但是，假设它给搞坏了……他说，'好，我来照赔。'现在，如果我拿回的是一根可用的浇园水管，我就不吃亏。"[①]这里，罗斯福用邻人起火借水管灭火的浅显道理做比方，主张先借一定数量的军火给英军，待战后归还。这不仅让英国政府欢迎，也让美国政府得到本国人民的理解，有助于世界反法西斯战争的进程。

3.斟酌开头方式，力争引人入胜；注重结尾巧妙，做到耐人寻味。如，鲁迅先生曾在厦门中山中学做过一次演讲，他设计的开场白是："今天我能够到你们这学校来，实在很荣幸。你们的学校名叫中山中学，顾名思义，是为纪念孙中山。中山先生致力于国民革命40年，结果创造了中华民国。但是现在军阀跋扈，民生凋敝，只有'民国'的名目，没民国的实际。"[②]鲁迅敏锐地从演讲的会址"中山中学"命名的由来入题，开场白独出机杼地在"中山"上寓于深刻的含义。即兴演讲"该停就停！我们常会在发表一个好的即席讲演时，觉得自己没有说够，或者一时成功唤起了虚荣心，知道终于破坏了曾经达到的那种传播效果才停止漫谈。[③]"所以，结尾必须有力，戛然而止，方有余味。

4.态势语运用得体、准确、大方、自然。如，1945年4月，美国威廉·H·辛普森中将奉命去整顿一营军容不整的士兵，在队前做了即兴讲话："本团官兵现在要办的第一件事是人人都去理个发。我希望看到你们整整齐齐、干干净净——我现在给你们做示范，说明我指的整齐干净的标准。"说罢立即脱下战斗帽，露出自己的秃头。辛普森的演讲要言不烦，体态语配合运用得天衣无缝，准确自然。

【案例8】

1906年12月2日，在日本神田区锦辉馆举行的《民报》创刊周年万人庆祝大会上，黄

---

① 叶童.世界著名演说家演说实录［M］.天津：天津人民出版社，1996：249.

② 转引自吴礼权.口若悬河 演讲的技巧［M］.长春：吉林教育出版社，2004.01，第21.

③ 〔美〕雷蒙德·罗斯.演说的魅力——技巧与原理［M］.黄其祥，等，译.北京：中国文联出版社，1989：143.

兴担任主席并致开幕词。会议共有20余人发表演讲。在孙中山、章炳麟等人演讲后，黄兴又发表了即兴演讲："今天孙先生所说的，是革命的宗旨及其条例；章先生所说的，是革命实行时代的政策；各位来宾所说的，是激发我们革命的感情。大抵诸君所见，没有不表同情的。但是兄弟所望于诸君的，却还要再进一步。'表同情'三个字，不过是旁观的说话。凡是革命的事业，世界人人都表同情的。惟有自己的国民却不是要他表同情，是要他负这革命的责任。诸君现在都是学生，就拿学生的责任来说。一千八百十七年的时候，奥国宰相梅特涅利用俄皇的势力结神圣同盟会，压制革命党。得普王的赞成，到了十月，开宗教革命三百年祭同利俾塞战胜纪念碑，耶路大学学生齐去市外运动，各州响应，革命党从此大盛。这样说来，欧洲大革命的事业是学生担任去做的。日本的革命，人人都推西南一役。那西乡隆盛所倡率的义师，就是鹿儿岛私立学校的学生。这样说来，日本革命的事业也是学生担任去做的。诸君莫要说今日做学生的时候，是专预备建设的功夫，须得要尽那革命的责任。今天这会，就是我们大家拿着赤心相见，誓要尽这做学生的本份的。"[1]

【案例分析】

黄兴的这篇即兴演讲全篇还不到500字，却获得了5次热烈的掌声和喝彩声，可见其演讲是极为成功的。这次演讲入题巧妙自然、立论鲜明新颖、语言简洁明快、材料典型有力、结尾简明扼要、收尾利落干脆。从内容上推测，当时黄兴演讲时，肯定是激情飞扬的，其声音应该是抑扬顿挫，节奏感强。

【课堂实训】

观看《芈月传》第70集中芈月太后整顿军心的即兴演讲。看后回答问题：

1.芈月采用了什么方式的开场白？结尾又用了什么方式？

2.芈月演讲的结构是怎样的？

3.芈月的语言有什么特色？

4.演员孙俪在表演时，是怎样运用声调、语速、停顿、语调的？其态势语运用如何？

（四）心态技巧

不管是被人发问时的应答、说明情况时的即席发言还是被邀请进行的即席讲话，因为都是在无准备的前提下进行，所以，难免紧张胆怯。但既然答应讲话，即席演讲者就要有稳定的情绪，有十足的信心，有必胜的信念，这样才能保证思路通畅，言之有物，情绪饱满，镇定从容。临场可以用一些方法平静自我，消除慌乱，如，微笑开路，以"谢"镇慌；喝水压慌，迅速联想；少说为妙，精讲为上；发挥特长，扬长"制慌"等。

【课堂实训】

针对有同学上课玩手机这一现象，请一名同学上讲台即兴演讲2分钟。其他同学从其演讲过程中的各种表现判断其心态。

---

① 黄兴.在《民报》创刊周年庆祝大会上的演讲［A］//湖南省社会科学院.中国近代人物文集丛书·黄兴集［C］.北京：中华书局，2011：4-5。

四、即兴演讲训练题型

无论学会和掌握了多少即兴演讲的技巧、脑海芯片中储存着多少资料，最终把这一切变成讲话能力的关键还在于训练。即兴演讲能力训练要从多方面进行，但因即席演讲就是一次思维过程，即兴演讲的难点是思维的敏捷性，即兴演讲最需要的是优良的思维品质，所以，这里主要介绍有助于思维品质训练的几种切实可行的训练题型。

1.词语联想：在即兴演讲前，人处于紧张的选材构思状态中，脑中会出现很多散乱的思维点，只要捕捉住这些思维点，从点的关系中确定一个中心，并用它连缀这些点，形成一个表达网络，就可以讲话了。因此，用散点连缀法将几个表面上看似没有关联、甚至毫不相干的景物、词语，通过一定的语言表达方式，巧妙连缀起来，组合成一段话，表达一个完整的意思，有助于锻炼思维的灵敏性。如，给出三个词，雾霾、咖啡、飞机或读书、轰炸机、汪峰，根据它们展开联想，快速组合成一段话，表达一个中心思想，且内容连贯，符合逻辑，有意义，所给词语要按顺序出现，时间为一分钟。平时，多做这样的训练，用几个词语提示思维、控制思路，即兴演讲能力会迅速提高。

2.说句成篇：给出一句话，以此话为观点，然后一句话连一句话地对此观点进行论证与分析，训练思维的机敏性、条理性、严密性。如，给出一句话"人生处处是考场"，以此为论点，进行即兴演讲。

3.图片联想题：给出一幅图片，根据图片的蕴含展开联想，进行规定时限的即兴演讲。

4.借X发挥题：现场观察，获取有用信息，并信手拈来，对其展开联想与发挥，做限定主旨或限定时间的即兴讲话。要善于观察现场，学会从现场"借"人、物、事、景等发挥，训练思维的灵活性、准确性和广泛性。

5.话题演讲题：给出话题，确定观点，联想生发，进行即席演讲。如，给出学生"读大学，究竟读什么"的话题，让他们快速思维，做2分钟的即兴演讲，训练思维的准确性和深刻性等。

6.材料提炼观点题：给出一则材料，从中提炼观点，然后对观点进行阐释、论证与分析说明，训练思维的形象性、深刻性和广阔性。如，张爱玲在《十八春》中说："对于三十岁以后的人来说，十年八年不过是指缝间的事；而对于年轻人而言，三年五年就可以是一生一世。"请从这段话中提炼一个观点，做2分钟即兴演讲。

即兴演讲是现代生活中应用越来越广泛的一种演讲，即兴演讲能力也成为现代人必须具备的一种基本能力。我们要充分认识即席演讲的重要性，熟练掌握技巧并多多练习。

【课堂实训】

1.给出五组词语，要求同学们按它们出现的顺序组合快速思维，说一段话。

（1）机场，选择，深圳。

（2）黄河，幻灯片，蓝天。

（3）沙滩，红楼梦，衣服，啤酒。

（4）清晨，清水，清廉。

（5）读书，信封，瀑布，奥巴马。

2.下面有两句话，请分别以它们为第一句话，说句成篇，做一次2分钟的演讲。

（1）免费是世界上最昂贵的东西。

（2）人不能没有敬畏之心。

3.教师用幻灯片展示一幅图片，让同学们展开联想，进行2分钟的即兴演讲。要求演讲内容连贯，合逻辑，有意义。

4.观察一下教室，看看此时此刻，最让你想借以联想的是什么？请借X发挥，进行2分钟的即兴演讲。

5.请以"我看炫富"为话题，发表3分钟即兴演讲。

6.下面这段材料可提炼出什么观点？请以你提炼的观点为主旨，发表3分钟的演讲。

"请允许我讲最后一个故事。这是许多年前我爷爷讲给我听过的，有8个外出打工的泥瓦匠，为避一场暴雨，躲进了一座破庙。外边的雷声一阵紧似一阵，一个个的火球，在庙门外滚来滚去。空中似乎还有吱吱的叫声。众人都胆战心惊，面如土色。有一个人说：'我们8个人中，必定一个人干过伤天害理的坏事，谁干过坏事，就自己走出庙接受惩罚吧，免得让好人受到牵连。'自然没有人愿意出去。又有人提议道：'既然大家都不想出去，那我们就将自己的草帽往外抛吧，谁的草帽被刮出庙门，就说明谁干了坏事，那就请他出去接受惩罚。'于是大家就将自己的草帽往庙门外抛，7个人的草帽被刮回了庙内，只有一个人的草帽被卷了出去。大家就催这个人出去受罚，他自然不愿出去，众人便将他抬起来扔出了庙门。故事结局我估计大家都猜到了——那个人被扔出庙门，那座破庙轰然倒塌。"——莫言《讲故事的人》

【课后练习】

1.即兴演讲的特点是什么？

2.怎样进行即兴演讲的训练？

3.请以"时间管理"为话题，写一篇5分钟演讲稿。

4.每天晚饭后自习前，舍友们举行说"句"成"群"练习。句子由大家临时拟定。

5.根据生活场景随时进行借X发挥练习。下次，在课堂上，汇报训练情况。

6.下面有四段材料，请从中提炼观点，准备一次3分钟的演讲，下次上课，在课堂上演讲。

（1）大多数人想要改变这个世界，但罕见有人想改造自己。

（2）很多大学生的网友可能遍布大江南北、世界各地，可他们却很少主动向周围的同学、老师问一声："你好，我们可以聊聊吗？"

（3）百度董事长李彦宏说，"我自己整个成长过程，其实是慢慢学会了欣赏自己"。

（4）这是个热衷于"看脸"的时代，一系列热播的影视剧，把"颜值"当王道。高"颜值"影视作品的主要受众群是世界观尚未完全定型的"网生代"观众，他们迷恋外在形式和技巧。影视作品如何处理感官审美和心灵审美的关系？影视剧创作人员任重而道远。

【推荐品读】

1.赵鸿利，万一平.即兴演讲艺术［M］.长春：吉林大学出版社，1993.

2.〔美〕戴尔·卡耐基.卡耐基：魅力口才与演讲的艺术［M］.北京：中国华侨出版社，2011.

第四章
其他口才艺术

【导言】良好的口才艺术有着广阔的施展空间。在社交活动中、求职场上、论辩之际，良好的口才艺术可以为我们创造更多的成功机遇，获得更多认可与赞许的掌声。本章主要学习社交的口才艺术、论辩的口才艺术和求职的口才艺术，重点是学习各项口才艺术的实践技巧，通过大量实例操练真正提高社交、求职和论辩口才。

第一节 社交的口才艺术

> 【教学与训练目标】
> 1.掌握社交口才的特点和基本要求
> 2.掌握社交口才的基本技巧
> 【重点】
> 社交口才的基本技巧

社交（即社会交往），是现代社会中个人和社会组织维系生存与发展的重要手段，是人们交流思想、沟通情感的重要形式。随着现代社会的不断开放与发展，人际沟通越来越便利和快捷，交往距离也在不断缩短，社会交往也愈显重要。古希腊哲学家亚里士多德说："一个生活在社会之外的人，同人不发生关系的人，不是动物就是神。"[①]

所谓社交口才，是指人与人之间在社会交往活动中所表现的语言艺术或者是才能。良好的社交口才可以提升个人品位，畅通人际交往。有人能够在社交场合左右逢源、如鱼得水、游刃有余，也有人或者不知所措、如坐针毡，或者只能默默不语，成为别人的听众——前者能够成为社交场中的佼佼者，后者却很难与人沟通交流。正如美国著名学者、成功学大师戴尔·卡耐基所说："一个人的成功，有15％是由于他的专业技术，85％则要靠人际关系和他的做人处世能力。"[②]而一个人良好的人际关系和处世能力的充分、重要表现就是他的口才，这是一个人在社交场上立足并制胜的有力法宝。

一、社交中的基本原则

（一）择善原则

在社交场中建立和发展人际关系时，要有所选择地进行。首先要考虑自己与对方的交际是否有益于社会或他人。若是有益的，就积极促进交往；若是有害的，就要放弃和中止交际。

（二）平衡原则

这是指对各种社交关系进行平衡和协调，使其彼此之间互不冲突、互不干扰。人的时间、精力是有限的，建立人际关系是自身生存、发展的必要，但社会关系不能过多亦不能不足。社交关系过多，尤其是一些无效的社交活动，只会耗费精力与时间而不能提升自己，甚至影响自己的正常工作，而社交关系不足则可能导致信息闭塞、孤立无援，使自己减少了发挥能

---

① 〔古希腊〕亚里士多德.政治学［M］.北京：商务印书馆，1983：9.
② 转引自龙柒.方圆大智慧——成功可以变得很简单［M］.北京：金城出版社，2011：107.

力的机会与范围。

（三）平等原则

平等原则是社交活动的基础。人们在职务上、经济上以及其他许多方面，可能是有差别的，但作为构成社交的双方——主体和客体，其关系和地位却是相同的。这里所说的平等，首先是人格上的平等。要尊重对方的独立人格和感情，也要求对方尊重他人的独立人格和感情，人格平等是社交双方贯彻平等原则的前提。平等还意味着双方权利的平等和机会的均等，这是平等原则的核心。如果社交双方在权利和机会面前不是处于平等的位置，就无法进行正常的利益关系的协调。

（四）诚信原则

诚信是为人之本，也是人际交往中的最为基本的原则。信息反馈原理告诉我们：良好的信息输出，方能获得良好的信息反馈，并实现人与人之间顺畅的沟通交流。人际关系中须讲求信用、遵守诺言。在交往中不轻诺是诚实守信的重要保证。要严守对方的秘密，不向他人随意炫耀和披露他人隐私。对一个处处为他人着想、绝不为个人利益放弃诚信的人，人人都会真诚接纳他并愿与之交往。

（五）互利原则

社交活动的基本宗旨和根本任务之一就是协调双方的利益关系，使双方在利益分配上互相得到满足，这就是说，社交要体现获利的双向性。不能只由一方付出，一方获利，这将成为一场对他人不公平的利用，违背社交宗旨。这种互利可以是物质方面的，也可以是精神方面的，其中包括感情和友谊。当然这种互利也不是绝对的等质或等量。物质上的获益与精神上的满足，在一定条件下可以互相抵补。同时，互利可以同步实现，也可以稍有先后，不应把互利简单理解为绝对的等价分配或交换。

（六）相容原则

相容不是随波逐流、不讲原则，而是指关系双方在人际行为中互相设身处地、互相同情和谅解，把原则性与灵活性有机地结合起来。双方要互相了解对方的理想、抱负、人格等情况；了解彼此之间的权利、需要、义务和行为方式，彼此谦让，做到有理也让人；要将心比心，相互体谅、互相包涵；要大事清楚、小事糊涂，要严于律己、宽以待人。求大同，存小异，不要在次要问题或枝节问题上斤斤计较，纠缠不休。如此，不管在平常交往还是在主体双方发生矛盾、产生冲突时，都能妥善处理。

【案例1】

在博鳌亚洲论坛上，"地产界大炮"任志强"相比工资涨幅，房价基本没涨"的论调一经发表，便受到了各界人士的激烈批判。

一次新闻发布会上，有一位记者问身为"房地产分会"论坛主持人的潘石屹："你赞同任志强的观点吗？"

潘石屹微笑着回答："那只是他的个人观点，我不是很赞同。"

"你们是很好的朋友，好朋友应该直言相劝，你为什么不劝劝他不要发表这样的奇谈怪论呢？"记者追问道。

"这是我个人的事，关你什么事啊？嘴长在我的身上，说不说是我的自由，真是狗拿耗子多管闲事！"潘石屹突然满脸不高兴，严肃而激烈地说道。原本热闹的会场一下子寂静下来，在座的人们都非常吃惊地看着他。过了一会之后，只见潘石屹又微笑着轻声说道："现在你该明白为什么我不劝他了吧？我劝他的时候，内心的感受就如同你刚才的感受一样，换作是你，你还会去劝吗？"记者只好一笑了之，不再继续追问下去。[①]

【案例赏析】

面对记者的责问，潘石屹为了维护朋友的面子，并没有直接解释任志强很难听得进别人的劝告，而是模仿任志强的说话语气，把自己可能会遭遇的尴尬展现给记者。在声色俱厉的"怒斥"中，让记者切身地感受到他的处境和心情，从而引起对方的情感共鸣，让记者自然而然地从内心深处对潘石屹不劝说的态度表示理解和同情，从而就此打住自己的追问。潘石屹出人意料的话语，让记者感同身受，效果远胜于直接解释。

二、社交口才的基本技巧

要想成为在社交中受人欢迎的人，一定要掌握社交语言的艺术技巧。这一技巧主要表现在适时、适量、适度三个方面。

1.适时。所谓"适时"就是：说在该说时，止在该止处。比如，见面时要及时问候，分手时要及时告别；受助后要及时致谢，失礼时要及时道歉；对求助须尽力支援，对求教须及时解答等。

2.适量。所谓"适量"既是指说话的多少，也可指音量的大小高低。大庭广众之中，说话音量宜大一点；私人拜访之时，交谈音量宜适中。但说话"适量"并非是指少说为佳，也不称许音量平直的"念经式"说话，而要以能否达到说话目的为标准，根据交际情境审时度势进行调整。

3.适度。所谓"适度"，是指根据交际对象的不同来把握言谈的深浅度，根据交际场合的不同来把握言谈的得体度，根据彼此的身份地位来把握言谈的分寸。

【案例2】

一位记者问扎伊尔总统蒙博托："你很富有——据说你的财产达30亿美元？"这一提问貌似只是对蒙博托家庭财产的提问，实际是针对蒙博托是否廉洁而发问（当然，蒙博托是否廉洁，其家族是否拥有巨额家产，另当别论）。蒙博托若矢口否认，难以让人信服，若照实回答，又显然不妥。蒙博托笑道："一位比利时议员说我有60亿美元，你听到了吗？"

---

① 爱成.潘石屹：口才与楼盘试比高［J］.做人与处世，2010（12）.

【案例分析】

从社交口才技巧来讲，蒙博托的回答是避实就虚、以虚击实，分寸得当而不失礼数。

（一）打招呼、介绍的技巧

1.打招呼。打招呼是人们日常应酬中最常用的基本礼节之一。无论熟人还是陌生人，见面打招呼相互介绍，既是一种修养的体现，一种亲切、友好的表示，又是一种扩大交往、加深友谊的有效方法。打招呼是联络感情的手段、沟通交流的方式、增进友谊的纽带，因此不能轻视和忽略。先打招呼就能获得人际关系的主动权。与人见面时漫不经心会给人以傲慢的印象，无意间可能形成彼此的隔膜。因此，善于交际就要从打招呼开始。

（1）称呼式。称呼用语是随着说话者之间关系的不同而变化的，有尊称、谦称和泛称之别。

尊称，指对人尊敬的称呼。汉语中常用的尊称有："您"，如"您好""请您"；"贵"，如"贵姓""贵公司"；"大"，如"大名""大作"；"老"，如"您老""李老"。

谦称，是抑己式称呼，目的在于表示对他人的尊重。谦称自己的有："鄙人""在下""愚"等；谦称自己亲属的有："家父""愚弟""小女""贱内"等；还有从儿辈的称谓，即从说话人的子女或孙辈的角度出发称呼对方。

泛称，指对人的一般称呼。以正式场合与非正式场合来划分。在社交场合，要避免两种不正当的称呼语：一是避免变专称为泛称。如"师傅"一词原是对手艺人的称呼，但在学校、报社、医院还是用"老师""记者""医生"这些专称为好；二是避免变褒称为贬称。社交场合要杜绝粗鄙的贬称，而多用礼貌的褒称。

（2）寒暄式。寒暄，是指社交中双方见面时问寒问暖、互相问候的客套应酬话。寒暄随场景、对象、气氛不同而采取不同的形式，常见的有问候型、攀认型、谦敬型。

问候型。常见的问候式寒暄有："你（您）好！""你（您）早""早上好""晚安"等。常见的中国问候式寒暄还有："你（您）吃了吗？""你（您）去哪儿？""最近忙些什么？"……这类问候语并不表示提问，只是见面时交谈开始的媒介语，无须回答，主要用于熟人之间。

攀认型。为了达到与对方顺利接近的目的，从而抓住双方的共同点，展开寒暄话题。如："听说你也是某某大学毕业的，我也是，咱还是校友呢！""你是湖南人啊？我父亲祖籍是湖南，说起来，也是老乡了！"还可以在"共同爱好"等话题展开攀认型寒暄。

谦敬型。对长辈、领导、客人常用谦敬型寒暄。如，表示仰慕之情："久仰久仰"，"见到您真是荣幸之至"，"您就是某某啊，真是百闻不如一见啊！"，等等；表示拜托："请多关照"和"承蒙关照"等。使用谦敬型寒暄，一定要注意对象、范围和功效，要根据不同情境灵活使用。

2.介绍。社交场合中，尤其是与人第一次接触、交往时，相互了解的第一步是相互介绍情况，然后才能展开进一步的交谈。社交场合的介绍主要有两种：一是自我介绍，一是介绍别人。

（1）自我介绍。自我介绍实际是一种自我推销，是塑造自我形象、赢得群体认同的一种重要手段，因此，如何给人以良好的"第一印象"是其第一要义。

自我介绍时要注意用好"我"字。在说"我"字时，要注意运用语气、语调、神态、目光等技巧——在关键地方以平和淡定、谦而不卑的语气说出"我"字，不骄矜、不轻慢，塑造一个自信而又自谦的个体形象。

自我介绍要介绍好自己的名字。初次见面时想让对方记住自己，最简单的做法就是介绍好自己的名字，对自己的名字解释得越巧妙，就越能给人留下深刻印象。例如有新生同学参加学生会干部竞选时这样介绍自己："各位同学，我是某某学院的王龙海，我的名字倒过来读就是海龙王……"形式新颖，简单易记。

自我介绍要独辟蹊径、不落俗套。选择合适而新颖的角度，以活泼而独特的语言将自己"推销"给别人。比如我国台湾著名艺人凌峰曾在中央电视台举办的春节联欢晚会上这样介绍自己："我就是光头凌峰，我是以丑出名的，中华五千年的沧桑和苦难都写在我的脸上。"这样的自我介绍既以幽默的自嘲引发观众会心的笑声，同时以我国台湾地区艺人的身份触发广大观众对中华传统文化的认同感，给观众留下了深刻的印象。

（2）介绍别人。介绍别人是指介绍者站在第三者的立场，使被介绍双方互相认识并建立关系的一种交际活动，也称"居间介绍"。作为介绍别人的第三者，要做到针对不同场合、不同身份及交际的不同目的，掌握介绍的繁简程度和分寸。在介绍他人时，要注意以下三点。

首先，选择什么内容介绍他人。要选择双方感兴趣的内容，才能更好地促使双方认识；根据被介绍人的情况有所侧重，介绍特长，增进了解；给被介绍的人一个简洁、中肯的评价，也是较好的介绍方法。

其次，采用什么语言形式介绍他人。可以用简单明了的话直接陈述；也可以征询引见，显示自己对对方的尊重，也易于被对方接受。介绍方法可依据不同情境来调整，面对长者或领导，介绍时要用尊称，朋友之间可以轻松幽默的方式来做出介绍。

最后，遵循什么样的顺序介绍他人。介绍顺序非常重要，涉及个人身份与组织形象以及社交目的能否如愿达成的问题。一般来说，要先介绍客人再介绍主人，先介绍年长的、地位高的，再介绍年轻的、地位低一些的；先介绍女性，再介绍男性。在向别人介绍在场的诸多人等时，可以逐一介绍，也可以只做笼统介绍。

【课堂实训】

自我介绍练习

形式：选择任意的两位同学（最好是不太熟悉）分成一组，全班共分若干组。

方法与步骤：

1.让每位同学给自己找一个搭档，对方最好是他们不太了解的或他们想进一步了解的人，让他们和自己的搭档面对面坐下来。

2.让他们自己决定谁先开始自我介绍。要求他们互相正视对方，让身体尽量放松，保持一种放松的姿势（如不要把双手交叉放在胸前等），然后对自己的同伴谈论以下话题："我最喜欢我的哪些地方"。

3.每个人有2分钟的时间来谈论上述话题。听的一方不可以说话，只能通过肢体语言来表达自己对对方的极大兴趣。

4.2分钟之后，让他们交换角色，另一方就"我最喜欢我的哪些地方"这个话题同样谈论2

分钟，而且也不应受到对方打扰。

（二）拜访、接待的技巧

在日常生活中，人们为了深化彼此间的感情，或是为了增进友谊，或为实现某些特定目的，往往相互走访探望。拜访他人与接待来客，作为最基本、最常见的社交活动，也成为我们人际交往中必不可少的环节。

1.拜访。拜访，从词义来理解，"拜"表示敬意，"访"表示有目的地探望并与之谈话。拜访可分为礼节性拜访、交友性拜访、工作性拜访、公关性拜访、外交性拜访等。无论哪种性质的拜访，都要注意以下几点。

（1）应选择适当的时间拜访。在拜访之前，应和被访对象约定好时间、地点等具体事宜，以免"扑个空"或扰乱对方的正常计划。拜访时要准时赴约。万一因故迟到或取消拜访，应及时通知对方。如果是去对方单位进行工作性拜访，应当选择上班时间，不要在快下班的时间去拜访。如果是去家中拜访，一般说来，清晨，吃饭、午休、深夜等时间都不宜登门拜访。拜访时间的长短应根据拜访目的和主人意愿而定，一般宜短不宜长，拜访时要多为对方着想，做到既达到自己的拜访目的，又不影响对方的正常生活。

（2）拜访言谈有"三要"。第一要有必要的寒暄。拜访他人，尤其是有求于人的拜访，除非是要好的友人，一般而言，切不可直奔主题、开口便问、张嘴求人，而应该以适当的寒暄作为铺垫，待气氛融洽、时机成熟，再说明来意。第二要言简而意赅。拜访是对他人私人空间或工作空间的造访，不可占用主人太多的时间。提出来意时，一定要用简短而明晰的语言来表述。谈得太多，既容易冲淡主题，又浪费他人时间，有时还可能有言语闪失。第三要有得当的举止。拜访别人，要举止文明、彬彬有礼。如参加宴席，要注意饮食礼仪；谈话时不可高声喧哗、手舞足蹈，听他人讲话时不可搓手耸肩、烦躁不安。礼貌、得体、适度、周全，才是拜访成功的前提。

2.接待。所谓"来而不往非礼也"，社交中有拜访也就有接待。"接"是迎接、接受，"待"是对待、待遇，这表明对拜访者要表示欢迎并给予对等的礼遇。

（1）接待环节。

迎客。"有朋自远方来，不亦乐乎？"迎接客人首先要有热情欢迎的态度。主人除了要做好相应的物质准备之外，还要有精神方面的准备，以饱满的热情来接待来访者。即使是对待自己并不欢迎、并不喜欢的拜访者或者不速之客，也要表现出作为主人起码的礼貌和姿态。总之，热情和友善是基本的待客之道。

交谈。一般来说，与前来拜访者的谈话应该在融洽的气氛中进行。对工作性拜访者，接待者应平易近人、多用商量口吻；对公关性拜访者，应以友善的口吻表达愿意合作之意，即便拒绝也要表示自己的歉意，还可以出点子、指出路，比如"今后我们还会有更多的合作机会"；对礼节性拜访，要表达谢意并给予对方肯定和赞美；对亲朋性拜访者，则可以随意一点，可以关切的口吻询问对方及其家人的情况。交谈中切忌随意打断对方、补充或纠正对方，不能只顾自己侃侃而谈，不给对方说话余地。

送客。客人欲离去时可以表达挽留之意，但对一般拜访者不可强留。送客时应起身相送，必要时还应邀约相关人员或家人热情相送。分手时应说一些诸如"慢走""走好""再见""欢迎再来""经常来玩""一路顺风"一类的话。

（2）接待技巧。

以诚待客。对待来客须有诚心。许多客人来访并不只为吃吃喝喝，主人诚挚的态度最能打动来访者。

谨慎待客。对待来客应谨慎。当着客人面，不要数落其他家庭成员，不要大声训斥孩子。对待客人，切勿分内亲外亲、礼物轻重，即便客人带来的礼品并不贵重，家中也不缺，也是客人的一片心意，不可随手丢放。

周到待客。对待客人无微不至。主人要设身处地为客人着想，从客人的一句话、一个动作去及时了解客人所需所求和难处，及时排忧解难。要陪同客人交谈，不可出现只管自己忙，把客人晾在一边的现象。

【案例3】

1962年，西哈努克亲王来华访问，离京时，周恩来到西郊机场为西哈努克和夫人及其随行人员送行。亲王的飞机刚刚升空，中国参加欢送的几位部长就离开队伍走向自己的汽车。周恩来笔直地站在原地未动，他严肃地对站在身边的杨成武说："成武，把他们请回来，飞机还要在机场上空盘旋一周才走！"对请回来的部长们，周恩来进行了严厉的批评。他说："你们怎么搞的，没有一点礼貌。各国外交使节还在那里，飞机还没有飞远，客人还没有走，你们倒先走了。大国这样对待小国客人不是搞大国主义吗？"

按照礼仪规范，国家元首的座机起飞后，必须绕场一周，以示对所到国的答谢，东道国送行人员不能在这之前离开。当天下午，周恩来就把国务院机关事务管理局和外交部礼宾司的负责同志找去，要求他们立即在《礼宾工作条例》上加一条，即今后到机场为贵宾送行，必须等飞机起飞，绕场一周，双翼摆动三次表示谢意后，送行者才能离开。[①]

【案例赏析】

周恩来在接待工作中注重礼仪、平等待人的风范，值得后人学习和景仰。周总理在外事接待活动中的风范不仅体现了其本人优良的礼仪素质，同时也展现了中国礼仪之邦的风貌。

【课堂实训】

请阅读以下案例，指出这位秘书在接待过程中所存在的问题。

一天上午，某公司前台接待秘书小张匆匆走进办公室，像往常一样进行上班前的准备工作。她先打开窗户，接着打开饮水机开关，然后翻看昨天的工作日志。这时，一位事先有约的客人要求会见销售部李经理，小张一看时间，他提前了30分钟到达。小张立刻通知了销售部李经理，李经理说正在接待一位重要的客人，请对方稍等。小张就如实转告客人说："李经理正在接待一位重要的客人，请您等一会儿。"话音未落，电话铃响了，小张用手指了指一旁的沙发，没顾上对客人说什么，就赶快接电话去了，客人尴尬地坐下……待小张接完电话，发现客人已经离开了办公室。

---

① 冯治，徐宏俊.周恩来的交际艺术［M］.南京：南京出版社，1993：198-199.

（三）赞美、批评的技巧

在人的一生中，取得成绩时需要有真诚的赞美，犯了错误时需要有善意的批评。因此，赞美与批评是人际交往中必不可少的手段。赞美和批评需要一定的技巧，常有人因为赞美或批评不得法而造成人际交往的困难。那么，如何恰如其分地赞美别人，如何批评使人容易接受呢？

1.赞美的技巧。心理学家威廉·杰姆斯曾说过："人类本性中最深层的渴望就是被别人尊重的渴望。"[①]所以我们一定要学会赞赏他人。即使是用最平常的语言夸奖别人，对于你来说也许是随口一说，但对于别人来说，却可能意义非凡、影响巨大：它可以让悲观的人愉悦，让消沉的人振奋，甚至让人改变一生。心理学研究表明，人在取得成功之际，会特别希望得到来自他人的认同与赞赏。一个人最高层次的心理需要，就是自己的人生价值得到了社会的承认，一个人渴求上进，正是其在社会之中寻求他人理解、支持与鼓励的表现。在社交中，如能恰如其分地给予别人真诚的赞扬和夸奖，你的赞语一定会像甘露一样滋润对方的心田，对方会感到喜悦、兴奋，从而与你亲近、友好。因此，不要吝啬你的赞美之词。

在现代人际交往中，赞扬他人已成为一门独立的学问，能否掌握和运用这门学问，使之符合社会的要求，是衡量现代人素质的一个标准，也是衡量交际水平高低的重要标志之一。

（1）赞美别人的技巧。赞美之词要出自内心的真诚。假如你的夸赞言不由衷或者虚情假意，就会让对方感到莫名其妙、不知所云，还会觉得你是油腔滑调、敷衍应付，甚至把你的夸赞误解为讽刺挖苦而产生强烈反感。因此，我们赞美他人时一定要符合事实、发自内心，比如"你是世界上最美的女孩儿"，就显得空洞且夸张，不如改为："你是我心中最美的女孩儿"较为恰当。类似的例子还有很多，如"你是世界上最好的编辑和老师"，不如说"你是我所见到的最好的编辑和老师"。

【案例4】

有一次，几位朋友到小林家聚会，有人带来了一位新朋友孙女士，作为主人的小林自然过来招呼，与她坐在一起。初次见面，寒暄过后一时无语，但很快小林就发现孙女士虽然说不上漂亮，可她的皮肤特别白嫩，光彩照人。于是，小林羡慕地说："您的皮肤真美，又白又嫩还有光泽，配上这荷花色的旗袍、银灰色的小天鹅胸针，时尚而不俗气……"这番话说得恰当得体，孙女士表示了谢意，于是两人就从保养皮肤谈起，聊得十分投机。

【案例分析】

小林从细微处去赞赏对方的审美情趣，别具一格又切合实际，让人从中感受到赞美者的用心和诚恳，友谊的大门也就因此打开。

赞美之词要能满足对方的自我意识。要使赞美得到对方的好感，必须弄清对方希望怎样被夸奖，以便在赞美时满足对方的自我意识，如果在尚未确定对方的好恶时就轻易夸赞，结果可能会弄巧成拙。例如，一位身材微微发胖的女士正在努力运动减肥，而一位男士却夸奖她："这几天你好像胖了，红光满面，气色真好。"这样不合时宜的赞美自

---

① 〔美〕卡耐基.羊皮卷大全集［M］.胡宝林，译.北京：中国华侨出版社，2011：42.

然只能引起对方的反感。

赞美之词宜具体细致。赞美要具体，不要含糊其词。赞美越具体，说明你对他越了解，从而能拉近人际关系。比如说"他是一个好学生"，不如说"他各门成绩优秀，年年得奖学金，在校期间就发表多篇论文"。具体细致的赞扬就是寻找和发掘对方成功、优秀的细节，还有对方不太显著、处于萌芽状态的优点，这样的赞美起到的作用更大。

【案例5】

小张和小陈一起去拜见某教授。小张一见教授就说："久闻您老的大名，您老真是才高八斗，学富五车。"教授笑眯眯地反问："你说说看，我有哪八斗才，哪五车学？"小张闹了个大红脸。小陈对教授说："我拜读了您老的很多著作。您老的新著《中国当前文化之批判》非常深刻，非常及时。当前这种'拳头文化''枕头文化'充斥市场的现象，是要好好地反思一下了。"教授一听，来了兴趣，大有相见恨晚之感，马上和小陈展开了热烈的学术讨论。

【案例分析】

赞美一定要赞到实处，说得非常具体，这样才会使人觉得你说的是实话，是真的认为他不错。

赞美之词可当面直言，也可以间接表述。可以直接赞美——这是赞美他人最常见的方式，特别是上级对下级、老师对学生、长辈对晚辈，特点是及时、直接。直接赞美又有个别赞美和当众赞美之分。前者使对方感到亲切，便于进行思想交流；后者较庄重、严肃。一般地说，当众赞美比个别赞美作用更大。也可以借用第三者的口吻来赞美——在一般人的观念中，总认为"第三者"的话比较客观、公正。所以，如果使用"第三者"的口吻来赞美对方，更易获取对方的好感和信任。还可以不当面赞美——就是当事人不在场时，对其他人说些赞美当事人的话，而一般情况下，这些间接赞美的话语也都能传到本人耳中，其效果更佳。因此，当我们想赞美一个人，但又不便或者没有恰当时机当面向他表达之时，可以在他的亲戚、朋友、同学或同事面前，适时地赞美一番。这种间接赞美的方式，其作用比当面赞美更大。

这里要特别注意赞美与阿谀奉承的区别。

首先，二者目的不同。赞美具有为他人的目的；阿谀奉承是为了谋取说者的个人私利。

其次，二者对象不同。赞美可能是对身边所有的人；阿谀奉承主要是针对自己的利益有影响的人。

再次，二者来源不同。赞美发自人的内心，是表里一致的；阿谀奉承主要来自人的表面，与其内心看法往往背道而驰。

最后，二者程度不同。前者是实事求是的；阿谀奉承常有不实夸大之辞。

（2）自赞的技巧。自赞要符合实际，实事求是。如果过分夸大，极易引起他人反感，而给他人留下自吹自擂、狂妄自大的嫌疑。自赞自夸不要过满，应坦承自己尚有有待改进之处，这样可以体现自己实事求是的态度，给他人留下自己谦恭和顺的印象。

自夸自赞既可直接出自自己之口，也可巧妙转借他人话语，最好还辅以奖状、奖品、名人评价和新闻传播媒介的表彰等旁证，以增强可信度和说服力，避免直接自夸自赞过多，引起听者的逆反心理。

自夸自赞应目的明确、有的放矢。如果你的优点长处非对方所需，那么自夸自赞就没有意义。

【课堂实训】

目的：学会运用赞美进行激励。

步骤：

1.闭目，放松(使用背景音乐)，想出现实中你最讨厌的一个人，把这个人明确化，想象出他的优点或比你优秀的方面(特征、个性、外貌)。

2.写出对这个人的优点的赞美语句，至少三句话。

2.批评的技巧。戴尔·卡耐基在《美好的人生 快乐的人生》中指出："当面指责别人，这只会造成对方顽强的反抗；而巧妙地暗示对方注意自己的错误，才是有效的方法。"①批评是交际中最难把握的一种表达方式，如何做到"良药不苦口"，怎样批评、忠告才能让人接受，这需要掌握一定的技巧。

（1）动机出自善意。批评需要抱着善意的态度，出于真诚提醒和帮助对方的目的，尊重、理解被批评者，忠告才容易被接受。任何讽刺挖苦、诋毁攻击、造谣中伤都不属于批评的范畴。批评者不仅要考虑如何把正确的意见告诉对方，还要考虑对方能否接受你的意见，能否产生自己想要的批评效果。如："你身上的衣服太皱了，跟你的风度气质可不相称，熨平了一定更漂亮！"这是善意的批评；"瞧你这身穿戴，脏兮兮皱巴巴的，跟要饭的似的，不怕丢人现眼？！"这是恶意的讽刺。再如，"你应该冷静一下，让人家说完，我们再解释也可以嘛！"这是善意的建议；"你这人真差劲，沾火就着，没点涵养，听点批评死不了！"这是非善意的挖苦。一比较，就可以看出什么是善意的批评。

（2）可以赞扬作为批评的铺垫。批评前先赞美对方，这是矫正对方错误的第一方法。如果能在批评前，先抓住对方的长处给予真诚的赞美而后再批评，就能化解被批评者的对立情绪，更有可能达到批评的预期效果。

【案例6】

美国总统John Calvin Coolidge（柯立芝）以"沉默寡言"闻名，被人们称为"沉默的卡尔"，但有一天，当女秘书走进他的办公室时，他突然对这位漂亮却常在工作中粗心出错的秘书说："今天你穿的这身衣服真漂亮，正适合你这样年轻漂亮的小姐。"这几句话出自柯立芝口中，简直让秘书受宠若惊。柯立芝接着说："不过，另一方面，我希望你以后对标点符号稍加注意，让你打的文件跟你一样漂亮。"果然从那天起，女秘书在公文上很少出错了。

一位朋友知道了这件事，就问柯立芝："这个方法很妙，你是怎么想出来的？"柯立芝回答说："这很简单，你看见过理发师给人刮胡子吗？他要先给人涂肥皂水，就是为了刮起来使人不痛。"

---

① 〔美〕戴尔·卡耐基.美好的人生 快乐的人生［M］.肖云闲，冯明，编译.北京：中国文联出版社，1987：105.

【案例分析】

直截了当的责备会伤了别人的自尊，而先表扬别人再加以合适的批评，效果才会更好。这样让他人改正了缺点也不使人难过，犹如刮胡子涂肥皂水，既解决了问题，也照顾了情绪。

（3）实事求是。批评要以事实为依据，要心平气和，不能夸大其词。任何事实上的出入都会减少批评的效果。如一个人迟到了，批评者说："你怎么总是迟到？"或者说："你一贯是这样！"对方就会不服气而很难接受批评。

（4）恰当的时间和场合。一是可待双方交谈比较融洽时再提出恰当批评。二是可待双方冷静后再批评。批评者冷静下来，言词就会缓和，避免偏激；被批评者冷静下来，才可以比较客观、公正地反省自己。三是尽可能避免在大庭广众面前指名道姓地批评别人，公开场合宜采用模糊式批评。另外，别人悲伤、高兴或专注于什么事时，也不宜去批评他，情绪的影响会降低批评的效果；吃饭时、睡觉前和过节的时候，最好也别批评人，那样对身体和情绪有害。

（5）批评方式因人而异。批评他人时，对待不同的批评对象，要采取不同的方式和语气。年轻人思想上不够成熟，对他们要语重心长、直接批评，以关爱、提携为出发点；对于思想已然成熟的中年人，对其缺点、过失，宜选择适当时机、场合，旁敲侧击、点到为止。下级对上级、晚辈对长辈，不妨以自责来促使对方深思反省，以自我批评的方式达到委婉、含蓄地批评对方的目的。

（6）批评时巧用幽默。有时，采用半开玩笑半认真的方式提出批评，能够缓解批评的紧张情绪，在轻松愉快的气氛中达到批评目的。正如卡耐基所说："掌握批评的技巧相当重要，笑里藏刀的批评法不失为一种好的批评法，在心情舒坦中改正自己的错误，而且批评也会收到良好的教育效果。"[①]

【课堂实训】

阅读下面一则材料，分析宋弘的批评技巧。

材料：东汉初年，光武帝刘秀的大司空宋弘，向他推荐了当时的哲学家、经学家桓谭，希望桓谭能用他的学问帮助光武帝治国。可是，光武帝却让桓谭为他弹琴，因为他爱听桓谭弹琴的动听曲调。宋弘知道了很不高兴。有一天，光武帝大宴群臣，仍让桓谭弹琴助兴。宋弘离开席位，摘下官帽，对光武帝谢罪说："我推荐桓谭的目的，是希望他能用忠正之道来辅助君主，而他呢，叫您爱上了风俗的音乐，这是我的罪过。"光武帝一听，脸上表情由奇怪变为惭愧，赶紧向宋弘表示了歉意。从此，光武帝再也不让桓谭为他弹琴了。

【课后训练】

1.请谈谈社交的基本原则。

2.打招呼与接待分别有哪些技巧？请举实例进行说明。

3.请举实例说明社交活动中的赞美艺术与技巧。

4.批评应注意和讲究哪些方法和技巧？

5.预设情景训练。在下列社交场合，你该怎样做自我介绍：

（1）在老乡联谊会上；

---

① 〔美〕戴尔·卡耐基.语言的突破［M］.良石，编译.赤峰：内蒙古科学技术出版社，2003：422.

（2）在学院举办的主持人大赛上；

（3）在人才招聘会上；

（4）在企业新员工欢迎会上。

6. 推演讨论。在下列情景中，你该怎么办？

（1）当你如约到同事家登门拜访时，刚到门口就听见里面在争吵……

（2）你去拜访朋友，在友人家中，好客的女主人给你端上一杯茶，正当你端起要喝时，却发现杯中有根头发……

（3）有位朋友到你家串门，天很晚了，你也很困，他（她）却没有离去的意思……

7. 预设情景训练。根据下列规定情景（也可根据实际自行设计），由同学扮演不同的角色，使用相关的技巧进行训练。

（1）几名关系非常要好的中学同学，现在不同的学校读书，到中学班主任家拜访，交流各自的学习情况。

（2）两人是老邻居，因搬家分别已有几年，此次拜访是为重叙友情。

（3）学校委派你到专业对口单位联系见习事宜，你不认识那里的经理，只知其名，不识其人，请你带一名助手协助你完成这项任务。

8. 推演分析。俗话说："听话听声，锣鼓听音。"下面几个例子中，答话人的"话中话"是什么？如果你是问话人，该怎么办？

（1）甲约乙共进晚餐："今晚7点，我们老地方见。"乙说："啊，对不起，今晚我已有约会，改日吧！"甲："那么明天？"乙："到时我再打电话给你，好吗？"

（2）一位姑娘穿了件新衣，问："你觉得好看吗？"答："我对服装的鉴赏能力很差。"

（3）甲送乙一本书，乙说："这是一本很好的书，可惜我最近没时间读，先留在你这儿吧！"

（4）甲说："我这支歌唱得好吗？"乙答："有意思！"

9. 阅读以下案例，讨论不同的批评处理方式及其效果。

餐厅的啤酒杯里发现了苍蝇，据说，6个国家的顾客各有不同的处置方法，你喜欢哪一种？为什么？

英国人以绅士的态度吩咐侍者："请换一杯啤酒来。"

法国人会将这杯啤酒倾倒一空。

西班牙人不喝它，只留下钞票默然走掉。

日本人令侍者把经理叫来，训斥对方："你们就是这样做生意的吗？"

美国人会向侍者微笑着说："以后请把啤酒和苍蝇分别放置，可让喜欢苍蝇的客人自行把苍蝇放在啤酒里，你觉得怎样？"

10. 赞美训练。方法：将每组12人分成两队，相向站立。每人向对面站立者做"发现对方优点，给予适度赞美"的任务。指导教师讲解赞美的内容、角度、方法；对受训人员做即席赞美。

【推荐品读】

田野. 拿破仑·希尔成功学全书［M］. 北京：经济日报出版社，1997.

第二节 论辩的口才艺术

【教学与训练内容】

1.了解论辩的基本知识

2.掌握常用的论辩技巧，提高论辩口才水平

3.了解辩论赛赛制的基本模式

【重点】

论辩口才的基本技巧

"论辩"，又称"辩论"，"论"即议论、论述；"辩"即辩解、辩驳。中国古代称"辩论"为"辩"。先秦墨子言："辩，争彼也，辩胜，当也"。在古希腊，辩论被称为"辩证法"，其含义为"相互讨论"，就是发现对方言谈中自相矛盾的破绽，通过揭露和解决矛盾而战胜对方、论证真理的过程。

我们认为，论辩就是对立双方围绕同一问题，运用口头语言，用一定理由来说明自己的观点、说服或战胜对方而相互论争的过程。这里包含如下几点：首先，只有对同一个对象形成相互对立的观点才能构成辩论，这是形成辩论的基本前提。其次，辩论是一个过程，由一系列的议论才能构成辩论。第三，辩论中针锋相对的论证，实际是为了彰显真理而批驳谬误，这与诡辩不同。第四，完整的辩论由论题、立论者和驳论者三要素组成。

论辩是一种实战口才，古代文论家刘勰曾以"一人之辩，重于九鼎之宝；三寸之舌，强于百万之师"（刘勰《文心雕龙·论说》）来概括论辩口才的功能。作为人类思想的一种重要的口头表达方式，论辩在历史上起到过重要作用。不同观念之间交流的核心理念就在于双方的思想交锋，而思想交锋的外化表现形式就是论辩。论辩既能开发智力、锻炼思维、提高口才，还能解决观点矛盾、人际冲突，从而阐明真理、发展科学，提高认识、指导实践。古今中外有许多脍炙人口的论辩佳话，而作为新一代的大学生，更应该掌握论辩的类型、特点以及常用的技巧，以论辩作为明辨是非、探求真理、解决矛盾的重要交际手段来熟练应用。

一、论辩的基本问题

"辩，争彼也。辩胜，当也。"（《墨子·经上》）"俱无胜是不辩业。辩也者，或谓之是，或谓之非。"（《墨子·经下》）因此我们可以认为，论辩（辩论）是由于人们对同一个对象持相互对立的立场，从而展开争论的过程。

（一）辩论、辩论赛的历史回顾

古希腊、古罗马、古代的中国和印度都曾盛行辩论，关于辩论的思想、理论自然也就很丰富。

在古希腊的伯里克利时期，政治上的民主、经济上的繁荣相应地要求思想上的活跃。雅典政治比较开明，公民可以参加国民大会，讨论表决国家大事；公民可以在法庭上陪审、起诉或为自己申辩，这就要求公民必须具有能言善辩的本领。在这种社会背景下，产生了整天蓬头跣足、到处找人辩论、并自诩为"雅典的牛虻"的伟大哲学家苏格拉底。普罗泰格拉为总结辩论技巧和经验专门写了一本《争论的技艺》；柏拉图的《对话篇》和《裴多篇》都谈了如何辩论；亚里士多德撰写的《辩论篇》《辩谬篇》也是对辩论术的总结和概括。

古罗马承袭了希腊雅典重视辩论的传统。古罗马人崇尚力量和英雄，斗争不仅是指剑术和武力，还指语言的动人力量——尤其是元老院的政治家们，如果不是能言善辩之士，就不可能在政治上立足。西塞罗在他的《雄辩术》一书中阐明了论说的目的和方法，认为罗马教学的最高目标就是培养政治家，只有杰出的雄辩家才能成为杰出的政治家。昆良体的《论论说家的教育》共有12卷之多。他认为，修辞与演讲是最主要的学科，其他学科都只是修辞、演讲的辅助学科，主张论说教育应以学习雄辩术为主。在这样浓烈的辩风中，涌现出了一大批著名的雄辩家，如伊壁鸠鲁、恺撒、安东尼等。

我国的春秋战国时期也是辩风甚炽。其时，周王室衰微而群雄并起，诸侯纷争、以强并弱。大国要攻城略地，图展霸业；小国则多方周旋，力求自保。各国因此迫切需要智谋之士、善辩之徒，也正是这样的社会环境造就了一批口若悬河、游说四方的辩者与察士，逐渐形成一个"辩者"阶层。苏秦、张仪就靠三寸不烂之舌，联横合纵，从而获得高官厚禄。墨家在《墨辩》中对辩论的目的、方法和作用做了详细的探讨。荀子主张"君子必辩"，应对不同的人用不同的方法进行辩论。公孙龙的《守白论》立意独特、巧辩强词，因此流传至今。这一时代也产生了孟子、尹文、宋钘、驺衍、淳于髡等辩说大师。秦始皇"九合诸侯，一匡天下"以后，诸侯国之间的外交天地消失了，辩士们失去施展才华的空间，英雄无用武之地，因此人们不再重视辩论。但是对辩论的研究并没有完全停止，西汉刘向撰写的《说苑》一书共20卷，其中"善说"一卷专门论述了辩说和口才，提出了关于辩论艺术和技巧的较为系统的理论，是对从春秋到秦汉中国辩论学说发展的一个总结。

古印度同古希腊、罗马和中国一样，十分崇尚辩论。佛经中经常记述佛与"外道"的辩论。随着诸多教派与哲学派别的兴起，文化思想十分活跃，百家争鸣辩风日盛。据《大慈恩寺藏法师传》记载，我国唐代著名佛学大师玄奘在印度求学期间，在曲女城无遮大会上与"外道"数万人进行辩论，并以《制恶见论》悬于会场之外，"示一切人，其间若有一字无理，能难破者，请斩首相谢"[①]。结果18天无一人敢出来诘难，玄奘从此声名大振。

西方进入中世纪以后，辩论活动日趋消沉。我国秦汉时期以后，辩风也日渐衰微。欧洲经过文艺复兴运动，我国五四运动以后，辩论活动才又活跃起来，但规模与影响已远不如前。

（二）论辩的作用

墨子曰："夫辩者，将以明是非之分，审治乱之纪，明同异之处，察名实之理。处利害，

---

① 钱文忠.玄奘西游记［M］.青岛：青岛出版社，2014.

决嫌疑。"①这段话对辩论的作用进行了一个粗略的概括。今天，人类社会正日益成熟地走向改革、开放和民主，竞争机制也更加广泛、深入地渗入了人们生活的各个领域。在这种形势下，论辩及与之相关的多种能力，无论对个人的成长与发展，还是对社会的进步与提高，都有不可取代的重要作用。

1.论辩引发了人们对社会热点问题的关注，推动了社会的进步。论辩引导人们关心社会，增强人们的社会责任感。下面是2010年国际大学群英辩论会新加坡总决赛辩题："一次性用具利大于弊还是弊大于利"，"以暴制暴能不能遏制恐怖主义"，"网络用语丰富还是污染我们的语言"，"山寨文化有利于还是不利于创新"，"用人不疑，疑人不用"还是"用人要疑，疑人也用"，"安乐死应不应该合法化"，"经济发展和环保可不可以并行"，"社交网站使人们更亲近还是更疏离"等。从上述辩题中不难发现，关心社会性问题这一趋势已经成为辩论赛的一个新特色，这些辩题的产生，使人们的视野从自我扩展到社会，热切关心现实生活中出现的各种新现象、新问题。

2.论辩有助于提高群体的凝聚力。正是由于人们的认识不统一，辩论才有了必要性和可能性；而正是通过辩论，经过对各种认识的争论与比较，才最终在新的基础上达成共识。只有统一的认识，才会导致一致的行动。

战国时期那些精于韬略、长于口伐的辩士，正是通过辩论说服了诸多政治力量，凝聚了于己有利的社会群体。三国时期，诸葛亮舌战群儒，使孙、刘联合大破曹军。毛泽东同志与教条主义者经过多次论辩，终于统一了全党的认识，走上了农村包围城市的道路。

在学校里，论辩能增强群体的凝聚力，培养学生的集体主义精神。从辩词的准备、辩论时的配合到最后的胜负，都体现了集体合作的水平，象征着本队学生知识面的宽度以及对所学知识掌握的熟练程度。可以说，辩论台上几个人的表现可以折射出一个学校、一个系或一个班级的精神面貌和教学质量，反映出该群体的凝聚力。

3.论辩推动了个人素质的提高。论辩是对论辩者能力和水平的全方位考察。在论辩的过程中，论辩者要想在唇枪舌剑、激烈对抗的辩论中征服战胜对手，所要具备的知识与能力是多方面的，不仅仅需要有口若悬河的语言表达能力，还需要敏捷的思考能力，与此同时，渊博的知识、丰富的阅历、敏锐的观察能力、丰富的想象能力、快速的思维能力、机智的应变能力和较强的记忆能力也都是必不可少的。要具备这些能力并不是一朝一夕就能练就的，必须经过长期刻苦的磨炼。

丰富而又深刻的思想是论辩取得成功的"基石"。因此，在论辩活动中，思维能力的锻炼和提高是第一位的。通过论辩，思维的准确性、缜密性、敏捷性、清晰性得以锻炼，论辩者的思维水平得以提高。

（三）论辩的类型

论辩作为适用领域较广的社会活动，其表现形式多种多样，根据不同标准，可以划分为不同种类。如以参辩方数量来分，可分为双方论辩和多方论辩，其中多方辩论又可分为一对

① 墨家智谋全书［M］.曹冈，译解.呼和浩特：内蒙古人民出版社，2006：155.

一、一对多、多对多等；根据论辩领域和内容的不同，可分为政治论辩、外交论辩、谈判论辩、决策论辩、竞选论辩、法庭论辩、学术争鸣、论文答辩、赛场论辩，等等。这里主要介绍学术争鸣、论文答辩、日常辩论和赛场论辩等几种和大学生密切相关的论辩方式。

1.学术论辩（争鸣）。学术论辩是指学者专家分别在他们共同的学术领域内，就各种尚未被彻底证明的理论问题各抒己见而进行的研讨性论辩。学术论辩的主体必须是在论题所属的学术领域内具有相当高的知识水平和研究能力的人。在这样的主体之间，围绕某一具体的学术问题而进行的争论，才是真正的学术论辩。参与学术论辩的各方除了必须具有较高的专业知识水平以外，还必须具有严谨负责的科学态度。学术论辩口才的特点是：严谨、精确、冷静。

2.论文答辩。论文答辩是一种专业性、学术性、检测性很强的论辩形式，是答辩委员会与论文作者直接以问答的形式，对论文进行反复质疑论证，以审查论文的理论价值并衡量作者学术水平的口语考试活动。论文答辩的论辩双方地位是不平等的，答辩委员会是测试者，论文作者是被测试者。论文答辩采用数问一答式，也就是指答辩委员会的老师们就论文所牵扯的本学科范围内的一些关键问题轮流交叉地向论文作者提出具有争论性、诘难性的疑问，论文作者必须逐一做出辩论或解答。答辩者除了必须具备深厚的专业知识功底并充分做好答辩的准备之外，还必须做到：稳健谦虚、诚恳自信、机智敏捷、清晰流畅。

3.日常辩论。日常辩论，是指人们在日常生活中因立场、观点、利益、认识水平、思想方法等方面的差异，在某个或某些问题上产生意见、分歧、矛盾和冲突从而发生的论辩。这种论辩往往是无准备的、即兴的辩论。在这种论辩中，要想用道理去说服双方，首先必须阐明自己的立场，弄清对方的立场，然后寻找足够有力的论据来说服对方。

4.赛场论辩。赛场论辩，又称辩论比赛，是按照一定规则、围绕一个事先拟定的辩题而组织进行的一种比赛性质的论辩活动。这种辩论中正方、反方的立场由抽签决定，因此具有一定的表演性。但是通过双方辩论，作为参与者，可以加深对辩题的理解和认识，提高思维水平、应变能力、表达能力、语言组织能力、团体沟通合作能力等；作为观众，既可以学到论辩的技法，也可以受到思想的启迪和情操的陶冶。论辩比赛在世界上是一种广泛开展、经久不衰的有组织的文化活动。近年来，随着相关部门的宣传、推广，论辩比赛已成为青年学生群体中一项极有影响、极具魅力的群体活动，也成为一扇展示当代大学生全面素质的重要窗口。

（四）论辩的原则

论辩的原则是指参与论辩的各方在整个辩论过程中必须遵循的法则和规矩，它可以起到规范和约束论辩的作用。

1.实事求是原则。"实事求是"语出《汉书·河间献王传》："修学好古，实事求是"，是指根据事实而求索真相。作为探索真理的手段，实事求是是论辩应该遵循的最基本原则。实事求是首先要求尊重真理。"事实胜于雄辩"，尊重事实就是不能歪曲或否定事实。用来证明自己观点的材料，不能凭空捏造、信口胡说，也不能随意夸大。对于对方的理论和根据，只要是符合事实的，即便是对自己不利的，也不能随口否认。尊重事实就是承认事实，要不然，论辩就失去了存在的基础和意义。实事求是的另一要求是服从真理。论辩的最终目的在于追求真理、维护真理、坚持真理、服从真理。对于已经论辩而被证明的真理性观点或理论应予以承认。

2.主体平等原则。主体平等原则，是指论辩参与者不论其社会地位、年龄大小、辈分高低，在论辩中的地位都应该是平等的。主体平等，包括参与论辩者的人格平等，也包括辩护和反驳的权利平等。主体平等原则，不仅要求论辩者处于上方、顺境时，要平等待人；而且要求论辩者处于下方、困境时，也要平等待人。违反平等原则的表现是"以人为据""诉诸权威"。"以人为据"就是不顾言论中本身的逻辑，而是以诸如对方的学历或官位不高乃至出身不好、历史不光彩等为根据，推论对方的观点不正确。真正的辩论，应该是不惟上、不惟权、不惟长、不惟众，只服从真理，真正做到真理面前人人平等。

3.同一原则。同一原则是对论辩者思维的逻辑要求，它要求论辩者在辩论时思想要具有明确性、一贯性，从而使各自的思想在整个论辩中始终保持一致。只有遵从本原则，才能围绕一个主题展开论辩，才能将需要论辩的问题彻底弄清楚。同一性原则首先要求概念一致。一直按照同一个意义使用某一概念，中途不能随意改变其意义。在论辩中，要保持概念的一致，第一，必须明确概念的含义。如果对论辩中基本概念理解都不一致，那么肯定要出现混淆概念、前后矛盾的现象。例如，群众是真正的英雄，我是群众，所以我是英雄。上一语句中，前后两个"英雄"语词相同，但是概念却不一样。前者是集合概念，后者是非集合概念，含义不一样。这样便犯了"偷换概念"的错误。第二，论题要一致。论题是论辩的中心。如果违背这一原则，将会陷入离题、走题的泥潭。比如无政府主义者曾经故意把马克思主义的一个重要论点——"人们的经济地位决定人们的意识"，歪曲为"吃饭决定论"，这就是通过偷换概念来偷换论题。第三，前后思想要一致。论辩的过程是交流思想的过程，而思想不仅是由概念组成的单个判断，更重要的是由判断构成的推理，由推理构成的思想链。一致性原则要求论辩者在表述自己的观点时必须前后一贯，不能自相矛盾，否则就是自相矛盾。

4.充足理由原则。充足理由原则，就是要求论辩者在论辩的过程中为自己的观点提供充足的理由，即所谓"要言之有理，持之有故"。充足理由原则要求：第一，理由必须真实，即理由应是经过实践检验的事实和真理；第二，理由应该充足，即运用和论点有逻辑关系的理由按照逻辑要求推论出所要证明的观点和立场。在论辩中违反充分理由原则的常见错误有：一是虚假理由，即使用虚构论据去支撑自己的论点。二是预期理由，在证明或反驳中把真实性尚待验证的判断当作论据的逻辑错误，犯了这种错误，就不能达到证明或反驳的目的。如《十五贯》中的知县，在断案时把未得到证实的假定作为判案的依据，说："看她面如桃李，岂能无人勾引？年正青春，怎会冷若冰霜？她与奸夫情投意合，自然要生比翼双飞之意。父亲阻拦，因之杀父而盗其财。此乃人之常情。这案情就是不问，也已明白十之八九了。"[①]这是典型的预期理由的诡辩。

---

① 朱素臣.十五贯［M］.浙江省"十五贯"整理小组整理.北京：人民文学出版社，1956：21.

二、论辩的技巧

（一）进攻技巧

无论是哪一类论辩，从本质上来讲，要想胜利就必须进攻。但进攻必须讲技巧。在进攻时，首先要找准进攻点，其次要找到如何进攻的办法。下面介绍几种进攻的技巧。

1.指谬法。指谬法即直截了当地指出对方的错误、不当、自相矛盾和偷换概念之处，直接打击对方。

【案例1】

在论题为"温饱是不是谈道德的必要条件"的论辩中：

正方：我们这位同学已经告诉你了，法律所规范的道德是最底层的道德，暂且不提这个问题，请问，对方刚才说了英国民众在第二次世界大战中发扬道德精神，但是要知道，英国当时在资本主义国家中所处的经济地位是世界上领先的。而且，据最近的资料表明，在"二战"中，英国人民的温饱程度是有史以来没有过的；营养价值在当时食物平均分配制度下也是最好的。因此，你不能通过这个例子来否认它是在温饱程度上讲道德的。

反方：《丘吉尔传》告诉我们，那时候好多穷人是怎么去填饱自己肚子的呢？是去排队买鸟食——还买不到啊！（笑声，掌声）

【案例分析】

"事实胜于雄辩"，在这里，反方揭露了对方论据与事实相违背，从而导致论据不真实。

【案例2】

在论题为"治贫（愚）比治愚（贫）更重要"的论辩中：

正方：对方辩友以迫切性来衡量重要性，那我倒要告诉您，我现在肚子饿得很，十万火急地需要食物来充饥，但我还是要辩下去，因为我意识到论辩比充饥更重要。

反方：对方辩友，我认为"有饭不吃"和"无饭可吃"是两码事……

【案例分析】

正方以"有饭不吃"来论证贫困不足以畏惧和治愚的相对重要性，反方立即指出对方"有饭不吃"与辩题中所言的"无饭可吃"相悖，从而有效地扼制了对方偷换概念的倾向。

2.双刃法。即逻辑技巧中的二难推理：为了驳倒对方观点，可以先提出与其相关的两种可能性，迫使对方在两种可能性中做出选择，而不管对方选哪一种，都将陷入进退维谷、左右为难的境地。

3.归谬法。归谬法即在辩论中，面对一个错误的命题，暂时不予反驳，而是以它为起点，遵循"有此必有彼"的避让联系，引申出一个更为荒谬的命题，从而打击对方。

4.出奇制胜法。出奇制胜法即在论辩中，以打破常规的思维方式，攻其不备，让对方突然陷入困境。比如，德国著名诗人海涅是犹太人。一次，有个人想捉弄他一下，便对他说道：

"我去过一个小岛，那岛上什么都有，只缺犹太人和驴了。"面对这样带有侮辱性的语言，海涅只平静地说了一句话："如果我和你去了，那就什么都有了。"那人听了之后立马灰溜溜地走了。[①]这个人本想嘲讽海涅，反而被海涅用出奇制胜法给嘲讽了。

【课堂实训】

就辩题"应不应该倡导公共场所免费提供WIFI"自定正反方，运用进攻技巧中的某一种，写一段500字的论辩词。写好后，同位交流，然后由教师指定三人分别朗读自己的进攻词。

（二）防守技巧

在辩论中，防守是为了抵挡对方的进攻、巩固自己的阵地而采取的自我保护措施。进攻和防守是对立统一的关系，可以以攻为守，也可以以守为攻。下面介绍几种防守的技巧。

1.反证法，就是用证明与原命题相矛盾的虚假，来确定原命题是正确的方法。

2.淘汰法，就是首先就某一命题举出其存在的各种可能性，然后对各种可能性进行讨论，排除其中的错误情况，从而使己方命题成立。运用淘汰法要注意不能漏掉各种可能的情况，如果可能的情况有所遗漏，整个论证将会无效。

3.以退为进法，就是在辩论中，当己方的观点受到猛烈攻击时，如果正面抵挡的效果不是很理想，就故意退守，诱敌深入，围而歼之。

4.以攻为守法，俗话说，进攻是最好的防守。

【案例3】

在论题为"人性本善（恶）"的论辩中：

正方：我倒想请问对方同学，如果人性本恶，是谁第一个教导人性要本善的？这第一个为什么会自我觉醒？

反方：我方三辩早就解释过了，我想第四次请问对方辩友，善花是如何结出恶果来的？

正方：我再说一遍，善花为什么结出恶果，有善端，但是因为后天的环境跟教育的影响，使他做出恶行，对方辩友应该听清楚了吧？我想再请问对方辩友，今天泰丽莎修女的行为，世界上盛行的好的行为，为什么会有这些善行呢？

反方：如果恶都是由外部环境造成的，那外部环境中的恶又是从何而来的呢？

正方：对方辩友，请你们不要回避问题，中国台湾的正严法师救济安徽的大水，按你们的推论不就是泯灭人性吗？

反方：但是对方要注意到，8月28日《联合早报》也告诉我们这两天新加坡游客要当心，因为据说中国台湾出现了千面迷魂这种大盗。

正方：我们就很担心人性本恶如果成立的话，那样不过是顺性而为，有什么需要惩罚的呢？

反方：对方终于模糊了，我倒想请问，你们开来开去，善花如何开出恶果，第五次了呵！

---

① 白岛.哈佛全脑训练课［M］.南昌：江西美术出版社，2014：182.

【案例分析】

这段辩词，双方你来我往，既紧扣要旨，又步步进逼，可谓精彩纷呈。特别是反方，五次发问，穷追不舍，通过毫不退却的进攻，扭转弱势局面，从而维护己方的观点。

【课堂实训】

就辩题"经典文学与流行文学的影响关系"自定正反方，运用防守技巧中某一种，写一段500字的论辩词。写好后，同位交流，然后由教师指定三人分别朗读自己的防守词。

（三）机变技巧

在论辩中，要做到处处想得周全，一点都没有漏洞，是很难办到的，意外情况会时有发生。当发生意外情况时，可以采用以下两种机变技巧。

1.缓兵之法。缓兵之法就是对方提出的命题是己方事先没有考虑到并且仓促之间又不能立即作答的，可以用缓兵之计。常用的方法有：做些动作，如抽烟、整理衣帽、寻找东西，争取时间；向对方提出相关问题，如，"这个问题还用我回答吗？""不知您要求我从哪个方面来回答？"假装没有听清楚，请对方再叙述一次。

2.补错法。补错的方法有三种：第一，移植。即把错误移植到别人头上，可以这样说，"这正是我要批驳的观点。"第二，补说。即进一步引申、补充自己不恰当的话，使之变为正确，可以这样说："我的话还没有说完呢，我刚才的话还包括……"第三，将错就错。即当意识到自己已经说错某句话，或者经对方指出错误之时，可以改变错话的含义，赋予其新的含义。如把三纲五常中的君为臣纲说成了臣为君纲，可以赋予它新的解释："是啊，我们国家是社会主义制度，人民是国家的主人，国家领导人也是人民的公仆，是为人民服务的，应该服从人民的意志。"

3.化弊为利法。化弊为利法指在论辩中，当某一命题会使自己陷入被动时，应该想办法化弊为利，使自己走出困境。例如，对方设下"是……还是……"的非此即彼的圈套时，可以将它转化为"先此后彼"或"又此又彼"。

【案例4】

《艺文类聚》一书里记载了《韩非子》上的一则故事：

晋文公有一次吃烤肉，肉端上桌时，竟发现肉的外边缠绕着一根头发，晋文公大发雷霆，立即差人叫来烤肉的厨子。

厨子知道烤肉上有头发当然是对晋文公的大不敬，其罪当诛。但这件事又实在不是自己干的，情急之下突生灵机，他连忙跪下"认罪"：

"臣有罪！臣该死！臣的罪有三条：其一，我切肉的刀锋利得如宝剑干将一样，肉切断了，可是我没能切断肉里的头发；其二，我用铁锥串起烤肉，在火炉上反复翻动，肉被烤得焦红，却让头发安然无恙；其三，我牢牢实实地戴着厨帽，连汗水都浸不出来，却让头发掉出一根。臣有此三罪，实在罪该万死！"

晋文公听了这一番话，猛然醒悟，知道错怪了厨子，于是派人调查，果然查出是有人陷害厨子。晋文公诛杀了陷害者,并奖赏了机智善辩的厨子。①

【案例分析】

聪明的厨子连连"请罪",意在稳住晋文公的情绪,缓和当时的气氛,然后借"请罪"之机借反语条分缕析,化弊为利、以退为进,用无可辩驳的事实推理出自己完全不可能放置头发的结论,使晋文公在至理面前终有所悟,既保护了自己,又揭露了凶手,十分巧妙。

【课堂实训】

1.请用类比法进行反驳。

小李27岁了。一天小李的男朋友到家里来,小李的妈妈见了,直截了当地说:"你要和我的女儿结婚,那好,先拿26000元见面礼来!"

"干吗要26000元呢?"小李男朋友不解地问。

"女儿是我生的,养27年啦,每年就算1000元吧,26000元还算便宜了你呢!"

小李朋友反驳说:……

2.请用二难推理法进行反驳。

国王:有谁能说一件非常荒唐的事,让我不得不说出这是谎话,我就分给他一半江山。

农民:(提了一支斗走进王官)陛下欠我一斗金子,我是来讨还金子的。

国王:(大吃一惊)我如此富有,怎么会欠你一斗金子。

聪明的农民这样说:……

【提示】

假设:农民说的是真话,会怎样?农民说的是假话,又会怎样?

三、常见的辩论赛的模式

(一)突出团体作用的模式

这一论辩比赛方式是在主持人组织之下,形成观点对立的两队,每队各有2人、3人或4人参赛,各队设主辩1人,其余为助辩。比赛规定每一回合,每方发言为3~4分钟,在规定的本方发言时间内,主辩发言后,助辩可以补充、修正。论辩中,听众也可以在双方论辩基本结束后,获得发言的机会。这种论辩方式,由于在每一回合本方规定的发言时间内多人发言,本方队员可以协同作战,互相配合,充分发挥集体优势,使论辩呈现团体对团体的1:1阵式。

该模式程序(由辩论会主席宣布):

1.辩论赛开始;

2.宣布辩题;

3.介绍参赛代表队及所持立场;

4.介绍参赛队员;

---

① 陈涵平.你的口才价值千万[M].广州:广东旅游出版社,2014:226.

5.介绍规则评委及点评嘉宾；

6.辩论比赛开始；

7.规则评委及点评嘉宾退席评议：

8.观众自由提问时间；

9.规则评委入席，点评嘉宾评析发言；

10.宣布比赛结果；

11.辩论赛结束。

（二）突出个人作用的模式

这种论辩方式是根据参赛双方人员数量及各自承担的任务而定的。如果双方各出2人，叫作"2∶2"阵式；如果各出3人，叫作"3∶3"阵式；如果各出4人，为"4∶4"阵式。

（三）国际大专辩论会

国际大专辩论会的前身是1986年新加坡广播局首创的一种电视游戏模式——亚洲大专辩论会，每两年举办一次。北京大学和复旦大学分别应邀参加了第一、第二届亚洲大专辩论会，均获冠军。1993年起，新加坡电视机构和中央电视台合作举办辩论会，并改名为国际大专辩论会，每隔两年在新加坡和中国大陆轮流举行。1998年以前中国大陆的代表队由教育部指定，1999年开始则改为从"全国大专辩论会"中选拔，冠军队代表中国大陆参加次年的国际大专辩论会。

从1993年到2003年，代表中国大陆参加辩论会的大学依次是：复旦大学、南京大学、首都师范大学、西安交通大学、武汉大学和中山大学。

【案例5】

第一届国际大专辩论会

比赛日期：1993年8月22日至29日

比赛地点：新加坡

参赛学校：复旦大学、中国台湾大学、加州大学柏克莱分校、剑桥大学、马来亚大学、中国香港大学、新加坡国立大学、英属哥伦比亚大学

辩题：

初赛：温饱是不是谈道德的必要条件（剑桥大学/复旦大学）

半决赛：艾滋病是医学问题，不是社会问题/艾滋病是社会问题，不是医学问题（悉尼大学/复旦大学）

决赛：人性本善/人性本恶（中国台湾大学/复旦大学）……

比赛结果

冠军：复旦大学

亚军：中国台湾大学

最佳辩手：蒋昌健（复旦大学）

【案例分析】

首届国际大专辩论会的文字资料见《狮城舌战》。《狮城舌战》由王沪宁、俞吾金主编，2003年复旦大学出版社出版。该书主要为首届国际大专辩论会纪实与评析。《狮城舌战》给一代代大学生以振奋和鼓舞，已经成为一个不可磨灭的经典，复旦大学辩论队的那些选手也几乎成了那一时代青年们的偶像。蒋昌建在最后一句话总结陈词时，借用了顾城的一句诗："黑夜给了我黑色的眼睛，我却用它寻找光明"，更是引起了众多大学生的共鸣。

四、如何参加辩论赛

（一）了解比赛规则和评分标准

比赛规则一般要告诉你所采用的赛制、有几个队员上场、注重团队合作还是个人能力展示、具体的评分标准、辩论的程序、辩论赛的细则等。参加大型的辩论赛时，论辩会组织都要求各参赛单位组建辩论队，每支参赛队均由辩手、教练、领队三方面人员组成，必要时还予以增设顾问。一般来说人数通常是：辩手5人，其中4人上场，1人候补；教练员2～3人，分主教练和教练；领队1人，顾问若干人。

论辩赛的成绩评定一般分两部分。一部分是个人得分，一部分是团体得分。个人得分主要看：表述的层次性、条理性；论据是否充分、有没有说服力；自由论辩中的表现是不是主动、机智、应对适度；对观众的把握是否准确、思维是否合乎逻辑、是否有新意；语言是否准确、流畅，言简意赅，普通话是否标准；说话是否幽默风趣、生动形象；仪态风度是否自然大方、表情手势是否恰当得体；是否尊重对方，尊重评委与观众；是否有团队协作精神；等等。

团体得分主要看：审题是否准确，辩论立场是否清晰，能否从多角度，多层次分析、理解与认识辩题；论据是否从逻辑、理论与事实材料多方面提供，论据是否充分，合理，有说服力；论证是否能对所用材料做出有层次、多角度、有说服力的推理；辩驳能否在对方攻击下，对本方观点做有利的辩护，能否及时抓住对方的重要问题予以有成效的攻击；整体配合的意识如何，分工是否合理，观点是否一致，配合是否默契。

（二）了解比赛程序

比赛程序一般包括辩论赛中的发言顺序、用时规定、陈词要求等。

（三）分析辩题

辩论的题目具有两难的特征，即任何一方的立场都不能完全成立，都有不尽完善之处。"一般情况下，往往是一方要维护的是某种理想主义价值，而另一方要维护的是某种比较可行的实用性价值，也有的时候，双方各维护的是不同的理想价值，确切地说，价值无争论，只有选择。辩论之所以发生，是因为两种正面价值形成了冲突，因此辩论的真正使命不是在两者之间一决胜负，而是寻求对两者最大限度兼顾的最佳方案。"①

分析辩题是辩论准备的第一步。抽到辩题后，首先要分析：这个辩题属于什么类型，由哪些语词构成，对概念的界定，辩题的价值意义等。这些都必须加以细致深入的分析。其次是分析辩题的公认点、异认点、聚焦点。公认点就是双方观点一致的地方，这样做就避免了在公认点上做无谓的争辩；分歧点，即双方观点对立的地方，在论辩中共同准备、把握住辩题的异认点，才能使论辩抓住核心、抓住关键，把握住论辩的方向和中心；聚焦点，这是异认点的核心即分歧的堡垒。有些辩题分歧的焦点比较明显，有些辩题由于异认点较多，经过分析才可以分明。此外，还要分析辩题对于本方的不利因素和对方的薄弱环节，做到"知己知彼，百战不殆"。

【案例6】

北京大学队与澳门东亚大学队在"贸易保护主义是否可以抑制"的论辩中，北京大学队死死抓住"可以抑制"这4个字。

在自由论辩阶段，北京大学同学多次指出："我想提醒对方同学注意，今晚上的辩题是'贸易保护主义可以抑制'，你们谈了许多贸易保护的例子，这一点我们当然可以举出比你们更多的例子，这是有目共睹的事实，我想你们不会因为过于痛恨保护主义而就觉得保护主义不可抑制了吧？"东亚大学同学反问："请问对方同学，什么是可以抑制呢？"北大同学马上回答："可以抑制就是指可以抑制它的发展势头，我们从来没有讲过可以抑制就是可以根除它，或者在一个早上烟消云散。所谓'可以抑制'就是不让它发展得更加厉害，就是刚才对方第一位同学所说的，达到波谷！"北大队同学不管是反驳还是应对，都扣住了"可以抑制"这一核心问题，火力非常集中。

【案例分析】

在分析辩题时要注意，尽量选择逻辑性强、不易受攻击的立场。具备一点经济学知识的人都知道，当今世界范围内贸易保护主义愈演愈烈，而新加坡更是饱尝贸易保护主义之苦。东亚大学队开始就大谈"贸易保护主义是否严重"，在这一层次上与对方纠缠，显然要占下风，而且很可能引起评委和观众的反感。所以北京大学队经过仔细斟酌，论辩伊始就明确说明，当今世界范围内贸易保护主义确实相当严重，在这一点上我们非但不否认，而且还可以举出比你们多得多的例子。但是，我们应该讨论的是贸易保护主义是否可以抑制，而不是贸易保护主义是否存在或是否严重。这样就避开了对方拥有大量材料的事实，把论辩中心提高到对我方有利的"可以抑制"层次上来，避其锋芒，争取主动。②

【课堂实训】

分析下列两组辩题，说说哪一组适合于辩论，为什么？

1.（1）当代青年应该享受

（2）先成家后立业

---

① 周国平.辩者何为之辩论的目的与意义［DB/OL］.http://www.xuexikuai.com/html/201303/19201.html.
② 崔跃松.演讲的艺术［M］.合肥：安徽文艺出版社，2012：80.

（3）给职工安排任务是应该的

（4）中国人当然热爱中国

2.（1）"形象美"比"心灵美"重要

（2）大学毕业生择业的首要标准在于发挥个人专长

（3）人类社会应重义轻利

（4）温饱是谈道德的必要条件

（四）建立论证和辩驳的逻辑框架

在分清辩题的内涵与外延并且知己知彼的基础上，要对本方的进攻和防守路线设置一个框架，并制定出具体的论证和反驳的战术。同时也要对对方可能采取的策略进行分析估计，并制定回应的办法。总之要树立必胜的信心，并在战略上要藐视它，在战术上要重视它。

【案例7】

在1997年新加坡国际华语大专论辩赛上，首都师范大学与马来西亚大学决赛时的辩题正方为"真理越辩越明"，反方为"真理不会越辩越明"。

正方首都师范大学代表队赛前所做的逻辑设计是：核心概念为"辩"和"真理明"，概念间的逻辑关系为"'辩'是'真理明'的充分条件"。逻辑定位为"如果有'辩'，真理就一定越辩越明。"

在论辩时正方四名辩手在逻辑框架上做了如下分工：

正方一辩，开宗明义："论辩应该以一定的逻辑基础为原则，摆事实，讲道理。在真理走向成熟的过程中，论辩是必不可少的一个环节……实践是明确真理的必要条件，而'辩'则是使真理明的充分条件；为真理而辩，真理越辩越明。"

正方二辩，从理论层面论述："……'辩'则是使真理澄清的充分条件。"其理由是"'辩'是使人们认识真理的动力之一；'辩'是使真理发展的动力之一；'辩'是检验真理的重要环节之一；'辩'是防止真理老化，使真理常新的有力保障"。

正方三辩，引经据典……

正方四辩，总结陈词："今天，我们双方都要论证一个全称判断……"

反方马来西亚大学二辩正告："第一，对方主辩告诉我们把所有的思维活动等同于辩论，那么请问对方辩友，我们今天在打麻将的时候也有思维活动，那对方同学在打麻将的时候是四角辩呀还是三角辩呀！第二，对方一辩友告诉我们，辩论是寻求真理的充分条件，充分条件这个逻辑概念就是有之必然，也就是说我方只要提出一个反例就能把对方打倒了。那我问对方辩友，对白马黑马的辩论辩出真理了吗？如果辩不出真理的话，那对方的充分条件又如何成立呢？……

自由论辩中，正方三辩："对方今天错误地理解了我们今天的辩题，我们说充分条件是说既有真理又有辩存在的情况下，真理越辩越明，对方根本排除辩的存在。请问这又如何论证你方的观点的呢？我再一次问对方辩友，《诸子舆论大全》中说道，朱熹和他的学生往复诘难，其越辩越详，其艺越精，请问这难道不是越辩越明吗？"

反方三辩："如何必须有其他的条件配合，那么辩论如何还是追求真理的充分条件呢？再请问对方辩友，遗传之父曼德尔他是通过豆苗的实验还是豆苗进行辩论来找到遗传的定律呢？(掌声)……"

在总结陈词时段，反方四辩："恕我喧宾夺主为对方辩友总结陈词吧！首先，对方辩友告诉我们'辩'是寻求真理的充分条件。让我们来看看充分条件在逻辑上的地位是什么？如果它是一个充分条件的话，我方只要指出一个例子，一个例子就足够了。一个例子在辩论的过程之中找不到真理，那对方的立论就不攻自破。那我就请问对方辩友，很多国会议案通过时，在国会之中的辩论，认为法案的通过都是真理吗？如果不是的话，对方辩友的充分条件就不能够成立了……"

【案例分析】

由于正方逻辑设计不合理，即主体构架歪斜，相互连接错位，最终没有经得起反方的狂轰滥炸。反方抓住了正方将"辩"作为"寻求真理"的"充分条件"这一立论缺陷，釜底抽薪拆解其逻辑结构，尽管正方四位选手慷慨陈词，最后却以败北告终。

【课堂实训】

分析下列论题的逻辑内涵和外延，设计其论辩的逻辑框架。说说正反双方会从哪几个方面论证自己的观点。

1. 应试教育可以休矣。

2. 职业教育应走在时代的前面。

(五)材料准备

论辩材料的准备是论辩成功的重要因素。材料的准备有广义和狭义之分。广义的材料准备是在平时，它要求参辩者平时广泛阅读，加大知识积累的信息量，提高道德水平，加强逻辑训练，培养良好的心理素质等。狭义的材料准备是指临战前针对某一辩题所做的材料准备。

1. 材料的收集。收集材料应该发挥团队或智囊团的集体力量，可以通过上网查询、图书查阅等多种方式和渠道进行，尽可能多地收集辩题所涉及范围内的各种语言、文字、影视资料等。

材料收集的前期重点应放在相关材料数量的积累上，坚持多多益善的原则，要充分占有各种材料，只有这样才能在论辩时做到有备无患。在论辩的紧要关头，做到宁可"备而不用"，也不要出现"用而无备"这种令人尴尬的局面。材料收集的后期应该把重点放在相关材料质量的积累上，做到一切材料都要紧紧围绕论题来准备。

2. 材料的分析与加工。在占有大量材料的基础上，就要着手对收集到的材料进行分析与加工，让收集到的材料能够成为直接服务论题的有价值的论据。

要做好此项工作，可以从以下两方面入手：一是根据材料的性质和用途进行归类整理。应重点做好立论材料和反驳材料的归纳和整理。立论材料是指建立自己论点的材料，立论材料的分析与加工可以从理论和事实两个方面入手。反驳材料是指驳倒对方观点的材料。反驳材料的分析与加工是论辩材料分析、加工不可缺少的重要环节，无论哪一方都应该在对己方进行逻辑设计后，再进一步针对对方的论点、对方可能列举的论据、对方立论的方式方法、对方可能从哪几个方面反驳己方等方面进行深入细致的研究，甚至可以通过集体讨论、模拟实战等方式和方法，制定出己方应答和反驳的具体方案。二是紧紧抓住论题和论点不放。在确定和找准己方论点的切入点后，在确定好己方逻辑框架的基础上，理顺论点与论据、观点与事实之间的关系，做到所有的材料都要为己方的论题服务。分析、加工后的材料都要充分体现己方的立场与观点、思想与倾向。

【课堂实训】

阅读下列材料，说说它们能表明一个什么道理。

1. 魏源力主"去伪、去饰、去畏难"，渴望一个"风气日升、智慧日出"的新社会出现在中国大地上。

2. 林则徐提倡开眼看世界，向西方国家探求治国的道理，达到"保国、御敌"的目的。

3. 龚自珍冲破埋头考据、不识时务的局面，开创了"今文经学"与"经世致用"相统一的局面，对社会的变革起了积极的作用。

3. 论辩词的撰写。撰写论辩词可以说是论辩准备中又一个不可缺少的重要环节和工作。论辩词的撰写，主要是帮助论辩手理清思路，熟悉己方辩词的具体内容，为论辩打好基础。在论辩词撰写过程中，可以发现不足和漏洞，并及时加以修改、完善和补充。

论辩词的撰写主要包括以下一些内容：一是要遵循议论文的特点，沿着提出问题、分析问题和解决问题的思路去谋篇布局；二是要根据论辩自身所具有的特点，写好立论性的论辩词和驳论性的论辩词，其中要把重点放在立论性论辩词的撰写上。立论性论辩词一般要按照提出论点、分析论证、引出结论的结构方式撰写。

撰写论辩词时要注意团队意识，每个辩手的论辩词都应该建立在己方完整的逻辑框架的基础上，不能各自为政，应该做到既相对独立又相互衔接，形成一个完整、严密的体系，同时根据论辩赛规则中规定的时间，精简论辩词。如，规则规定一辩手的陈述时间是4分钟，根据人们口语表达的语速计算，在让所有在场观众都能够听清楚的前提下，一般口语控制在每分钟200至220个字节(自由论辩时为了节省时间一般将语速提高到每分钟220至250个字节)。具体多少字，要根据辩手的口语表达和论辩要求具体对待。对撰写好的论辩词事先多做些口语上的演练，在时间的把握上就会做到心中有数。论辩中如果用时不够或者超时，都有可能给评委留下准备不够充分的印象。

（六）其他准备工作

1. 明确辩手分工。在论辩前，确定论辩选手人选，做好论辩选手的分工，让每位辩手都熟知自己的职责。同时可根据各选手的性格，随机应变、口语表达等能力的不同合理排兵布阵，使己方参赛队员形成最佳组合和阵容。目前，在我国大专院校常采用的是4对4的论辩形式，即论辩的双方均由4人组成。这种论辩特别要注意整体配合，一要注意陈词结构的起承转合；二要注意内容结构的"板块分割"：一辩手侧重逻辑分析，二辩手侧重理论分析，三辩手侧重事实分析，四辩手侧重价值分析；三要注意默契合作，即共同立论、相互论证、相互补充、掌握时间划分和材料运用。总之，既要做到有侧重的分工，又要协调整体配合。在论辩赛中，整体力量大于个人力量之和，个人在集体中才能发挥出更佳的能量来。当然，由于辩题不同，论辩的分工也不尽相同，这一点在赛前应灵活掌握。

2.做好论辩设计方案。论辩设计方案的制定，可以是一套，也可以是两套或三套。每一套设计方案应该包括对辩题的理解和剖析、论辩层次、逻辑框架、对方可能的立场与攻击点、本方防守线、中外理论和事实论据、各辩手分工、论辩中需注意的问题、对可能出现的问题的设想及化解对策等。熟练掌握整体配合方法，做到攻防兼备，在战略和战术上最大限度地发挥团队相互配合的力量。参赛选手要经常自己组队进行练习，这样才能出成绩。

3.论辩不但是论辩双方智慧上的较量，而且是一种人格魅力、风度仪表的较量。因此，参赛前，论辩选手要认真修饰自己的仪容仪表，认真检查自己的衣着服饰是否整齐得体；要调整好每位参赛队员的心态，以最佳的精神状态迎接论辩赛。

【课堂实训】

从逻辑和理论两个方面反驳下列论题：

1.在市场经济中腐败不可避免。

2.性格内向的人参与人际交往不能成功。

3.从小看大，三岁知老。

【课后训练】

1.什么是论辩？

2.请举例介绍几种辩论的进攻技巧。

3.论辩中的防守技巧有哪些？请举例说明。

4.请分析下列案例运用了哪些辩论策略和技巧，谈谈你从中受到的启发。

（1）古时有儒士张倬与僧人辩论。僧人宣称："儒教虽正，却不如佛学玄妙，我们僧人能读儒教的书，你们却不能通晓佛家的经典。"张倬回答道："不对吧，比如饮食，人可以吃的狗也可能吃，狗可以吃的，人却绝不能去吃了。"僧人顿时缄口无言。

（2）王蒙在纽约时，曾有记者问："据说，中国每公开出版一本新书，都要通过政府的审批，是真的吗？"王蒙回答："就是政府想那样做，也是不可能的。全国每月要出版1000多部小说，如果每本书都要经过审查，那么中国政府就成'读者俱乐部'了。"

（3）南齐时，有个著名的书法家叫王僧虔，是晋代大书法家王羲之的四世族孙，其行书、楷书继承祖法，造诣很深。当时，南齐太祖萧道成也擅书法，而且自命不凡，不乐意自己的书法低于臣子。王僧虔因此很受拘束，不敢显露才能。一天，齐太祖提出一定要与王僧虔比试书法的高下，于是君臣二人都认真地写了一幅楷书。写毕，齐太祖傲然问王僧虔："联与公卿书法，谁是第一，谁是第二？"王僧虔既不愿贬低自己，又不敢得罪皇帝，他眉头一皱，计上心来，说："臣的书法，人臣中第一；陛下的书法，皇帝中第一。"太祖听了，只好一笑了之。

（4）妻子责怪酒鬼丈夫说话不算话："你昨天说你要重新做人，再也不喝酒了，怎么今天又喝了？"丈夫则故意偷换概念辩解说："咳，没想到我重做的这个人还是这么爱杯中之物！"

（5）古希腊有一位著名的诡辩家欧布利德，他在一位大公手下当谋士。有一天，欧布利德对同事说："如果没有失掉这件东西，就算是拥有这件东西，对吗？"那位同事回答说："对呀！"欧布利德继续说："如果你没有失去头上的角，你的头上就有角，那你就是有角的人了。"那位同事颇不服气，便和欧布利德争辩起来，最后吵到大公那里。大公听了他们的争论后，对欧布利德说："在我的城堡里，你没有失去坐牢的权利，对吗？照你所说，那你就有坐牢的权利，我马上成全你，给你应有的权利吧！"于是，大公就把欧布利德关在地牢里，3天之后才放他出来。

5.情景应对训练。

根据情景材料展开回应或反驳。

（1）某同学洗手之后，没关水龙头，受到管理员的批评，他不仅不转身关水龙头，反而说："'流水不腐'嘛，难道连这个道理都不懂？"

（2）甲攀折践踏校园的花草，乙制止，甲说："又不是你家的，关你什么事？"

（3）甲对乙说："我常睡懒觉，还没毛病。你每天锻炼，身体还不如我。可见，锻炼不利于健康。"

（4）甲说："你的大作我看不懂。"乙说："大家都看得懂，那怎么能够显示我的水平高呢？"

（5）甲对乙说："在你面前有正义和金钱，只能选择其一，你选择什么？"乙说："我选择金钱。"甲说："要是我呀，要正义不要金钱。"乙说："是啊，谁缺什么就选择什么。"

（6）某同学进机房不换鞋，穿着脏鞋就径直走了进去，在地板上踩出了一串脚印。管理人员批评他，他说："做人就是要一步一个脚印嘛！"

（7）小王在候车室看见有个座位，于是问旁边的一个男青年："先生，这儿没人吧？""没有。不过你不可以坐。"那男青年边说边把一条腿放到座位上。"为什么？""因为你不会说话。""那么，请问该怎么说？""看来你是井里的青蛙，没见过多大的天。你得这样说：'大哥，这儿有人吗？我坐这儿可以吗？'你若这样说，我就让你坐，怎么样？"

（8）一个药剂师问一个书商："这本书有趣吗？""不知道，没读过。""你怎么能卖你自己没读过的书呢？"

6.选择感兴趣的辩题，按要求组织班内外专题论辩比赛。参考辩题如下：

（1）挫折有（不）利于成才。

（2）现代社会学会竞争（合作）是第一位的。

（3）（不）应对女性就业实行保护。

（4）烟草业对社会利（弊）大于弊（利）。

（5）发展"克隆"技术利（弊）大于弊（利）。

组织程序：

（1）师生共同讨论确定备用辩题。

（2）确定论辩模式和规则。

（3）推选论辩小组组长，由论辩小组组长抽取论辩小组成员和辩题，并确定各辩题正方和反方。

（4）各小组组长组织成员按照论辩的规则和要求做好分析辩题、收集与加工材料、撰写论辩词、选手分工等工作。

（5）从其他小组抽出或推选出一名小组长主持本场论辩赛，其他小组长担当本场论辩赛的评委。

（6）进行以小组为单位的论辩赛。最后由教师担任点评嘉宾。

（7）论辩会总用时由班级人数决定。

【推荐品读】

1.1993年国际大专辩论赛，剑桥大学对复旦大学："温饱是谈道德的必要条件"［DB/OL］.http://v.youku.com/v_show/id_XMTQwODUzOTY=.html

2.樊启青.与世界辩论冠军零距离：国际知名辩手辩论辞选编［M］.杭州：浙江大学出版社，2013.

3.余式厚.困惑你的逻辑谬误.北京：北京大学出版社，2012.

4.〔英〕特里华·萨塞尔.正方与反方：辩论者手册［M］.李斯，译.北京：光明日报出版社；北京：中央编译出版社,2000.

第三节　求职的口才艺术

【教学与训练目标】

1.了解求职前的准备

2.掌握求职应聘中自我介绍和回答问题的技巧

【重点】

求职中的语言技巧

在市场经济大潮中，大学毕业生要想找到一份称心如意的工作，必须参与人才市场的竞争，必须通过求职面试这道关口。

求职就是选择、谋取职业，要在就业市场上寻找自己理想的工作单位和工作岗位。求职口才就是求职者在应聘/面试过程中，运用语言艺术，与用人单位进行良好的沟通和交流，以充分展示语言魅力，给考官留下鲜明印象，从而为求职者敲开入职之门。

随着社会经济的发展，高校毕业生与用人单位基本上都已实行了双向选择，大学毕业生需要通过与用人单位"供需见面"的求职方式来寻找理想的工作。另外，现代社会给人们的生存提供了更为广阔、更为自由的发展空间，"铁饭碗"早已被打破，"跳槽"和"炒鱿鱼"也已成为常见现象，再求职、不断寻找更适合自己发展的职业和工作环境，也就变得司空见惯。在当下资讯发达的信息时代，无论是初次求职还是再次就业，都需要求职者施展自己的求职口才，展示才华、推销自己，从而能在强手如林的竞争队伍中脱颖而出，得到用人单位的青睐，获得自己理想的职位。因此，求职既需要具备较强的个人实力，又需有充分的应对策略和出色的口才技巧。

【案例1】

小王毕业两年了还未找到合适的工作，为此他经常在BBS上看"面试经"并活学活用。无论到哪里应聘，只要招聘方要求"说一下你的优点和缺点"时，他便回答："我最大的优点是善良，最大的缺点是过于善良。"当招聘方要求"说说你的座右铭是什么"时，他就回答："办法总比困难多。"

思考：小王的回答无可挑剔，为什么总是拿不到招聘单位的"通行证"呢？

【案例分析】

企业最在乎你能为他们做什么、解决什么问题。求职者的一切努力，目的只有一个，那就是让招聘方感到满意。这位应聘者的回答，以不变应万变，没有个性，甚至让人感到缺乏诚意。

一、面试的基本形式

依照不同的角度，面试有以下几种基本形式。

（一）单独面试与集体面试

单独面试是指应试者与主考官单独面谈，是最普遍、最基本的面试方式，其优点是双方可以在面对面的情境之下有较为深入的交流与交流。单独面试又可以分为两种类型：一是整个面试过程只有一个主考官来负责；二是整个面试过程中有多位主考官参加，但每次只与一位应试者交谈，公务员面试、应聘面试等会较多采用这一形式。

集体面试又称小组面试，是指多位应试者同时面对面试考官的面试方式。这一面试方式常常要求应试者做小组讨论，相互协作解决某一问题，或者让应试者轮流担任领导主持会议、发表演说等。通过这样的面试，可以考察应试者的人际沟通能力、把握环境能力、领导组织能力等。

（二）一次性面试与分阶段面试

一次性面试，是指用人单位将应试者集中在一起一次性进行面试的方式，这就要求应试者必须精心准备、全力以赴、力戒纰漏。分阶段面试则是指用人单位分为几次来对应试者进行考核。分阶段面试有两种情况，一是"依序面试"，二是"逐步面试"。依序面试就是将面试分为初试、复试与综合评定三步，最后由人事部门会同用人部门综合评定每位应试者的成绩来确定最终合格人选。逐步面试一般是由用人单位的主管领导、处（科）长以及一般工作人员组成面试小组，按照小组成员的层次由低到高的顺序，依次对应试者进行面试。应试者在应对低层次面试时，切不可骄傲轻视、马虎大意，而在面对高层次面试时，也不必胆怯拘谨。

（三）非结构化面试与结构化面试

当下，非结构化的面试愈来愈少。在这种面试中，面试的组织、进行都带有极强的"随意性"——关于面试中问题的提出、评分标准的把握、面试结果的处理等，事先都没有经过精心设计与全面准备。这一面试形式更像是一场日常的、非正式的交谈，因此，除非面试官有着较高的个人素质和较强的鉴别把握能力，否则很难保证其面试效果，难以录取到真正需要的合格人才。

正规的面试一般都是结构化面试。"结构化包括三方面含义：一是面试程序的结构化。在面试的起始阶段、核心阶段、收尾阶段，主考官要做些什么、注意些什么、要达到什么目的，事前都会相应策划。二是面试试题的结构化。在面试过程中，主考官要考察应试者哪些方面的素质，围绕这些考察角度主要提哪些问题？在什么时候提出？怎样提？在面试前都会做一定准备。三是面试结果评判的结构化。从哪些角度来评判应试者的面试表现？等级如何区分？甚至如何打分等，在面试前都会有相应规定，并在众考官间统一尺度。"[①]

（四）常规面试与情景面试

常规面试就是指平常我们所见的考官和应试者一问一答的面试形式。在常规面试中，考官主动发问，而应试者一般处于被动应答的位置。根据应试者对问题的回答、应试者的仪表

[①] 薛杰耀.怎样选人、用人、留人、辞人［M］.北京：中国时代经济出版社，2012：74.

仪态以及在面试过程中的情绪反应等，主考官可以综合考察和评价应试者的基本素质和职业素养。

所谓情景面试，突破了常规面试中双方一问一答的单一模式，采用无领导小组讨论、角色扮演、演讲、答辩等人员甄选中的情景模拟方法，采取灵活多样的具体方法，更充分、更全面地展现应试者的能力与才华，主考官也可以更准确、更全面、更深入地评价应试者的基本素养与职业能力。

（五）其他面试形式

除以上形式之外，还有餐桌面试、会议面试、问卷式面试等更为灵活多样的形式。

【案例2】

有家一流的大公司刊登出了招聘职员的广告，广告声明：应聘者必须穿着外套。许多人感到这一条有些莫名其妙，但当他们接到通知，还是纷纷穿着外套前往面试。前去应聘的人被引入一间专门的办公室。办公室内只有一张办公桌和一把椅子，而椅子上端坐着主考官，办公室内再没有别的什么东西了。主考官颇有礼貌地说了一句话："请把外套挂在衣帽架上，请坐！"说完又继续办他的事，看来他桌上有一大堆急待处理的文件。

应聘者出现了下面几种情况：第一种人，规规矩矩地站在一旁，毫无动静地、耐心地等待主考官把事情办完。第二种人，很有礼貌地向主考官说："对不起，先生，你可能疏忽了，这儿并没有衣帽架和椅子。"第三种人，先回答一声"好的"，然后四下找衣帽架和椅子，当发现没有这两样东西时，便手足无措地呆立在一旁，感觉浑身不自在，时不时弄点声音出来。第四种人，勇敢地把话直截了当地说出来："话是这么说，可是，这里并没有衣帽架，也没有椅子。"第五种人，走出办公室，找来找去，终于找到一把椅子。

这家公司根据应聘者的不同表现，选择了四种类型的人：

第一、三种人——这种人有适应性，不做惊人的言论，领导才能较差，只适合做计算、管理等机械性的工作。

第二种人——反应形式与一般人不一样，他虽然很认真地将对方要求的不合理处指出，但他也考虑到对方"上司"的立场，处理问题很有分寸，他属于开拓性的领导人才

第四种人——适于做业务员和推销员，他有积极的推销才能，性格坚韧，勇于向目标挑战。

第五种人——这种人反应非常特殊，他的言行是走在时代的最前面，适合做公关策划工作。因为他善于动脑筋，改变现状，但是常比他人多事。[①]

【案例分析】

面试官以"将外套挂起来"这一要求来测试应聘人员，通过应聘者的不同反应来判断其性格、工作能力等方面，然后根据其表现决定是否录用，录用到何岗位，面试方法别出心裁。

---

① 汪玉凯.面试方略［M］.北京：中共中央党校出版社，2009：139.

【课堂实训】

下面是IBM公司的两道面试题：

第一道题：在房里有三盏灯，房外有三个开关，在房外看不见房内的情况，你只能进门一次，你用什么方法来区分哪个开关控制哪一盏灯？

第二道题：有两根不均匀分布的香，每根香烧完的时间是一个小时，你能用什么方法来确定一段45分钟的时间？

思考题：

1.若你是面试者，你觉得应该怎样回答呢？

2.求职是否只是见面简单聊一聊？它还包含哪些方面的内容？

二、求职准备

要得到一份称心如意的工作，首先请做好周全、充分的准备。准备充分、信息多面，才可在应聘时随机应变、从容展示，否则就容易处于极为不利的地位。

（一）正确评价自己

阿波罗神庙里有一句箴言："认识你自己。"这个看似简单的问题却是希腊哲人最高智慧的结晶，因为人最不了解的恰是自己本身。人们往往会不能正确评估自己，而很多求职者也因为不能正确认识自我、没有清楚了解自我优劣而被职场拒之门外。因此，在求职之前，求职者先要进行恰当的自我评价，既不要妄自菲薄、贬低自我，也能夜郎自大、拔高自我。

首先应"专业对口"，求职者要了解自己的知识结构，从自己所学专业来择业并获得职业的价值。例如，作为某体育学院的田径专业毕业生，小王在一家银行谋到了一个令人羡慕的职位。但是，虽然他能为银行在本系统的运动比赛中争得优异成绩，在业务方面却十分吃力，缺少专业知识积累，无法独当一面，也很难取得业绩成就，因此提升空间很小。所以，选择职业时，求职者不能只看到某职业的某些优越性，比如社会地位高、薪酬待遇好等，更关键的是这一职业、职位是否适合自己，自己是否有相应的专业知识积累和未来的上升发展空间。

其次，了解自己的性格、爱好、优势与特长，也了解自己的弱点与不足，从而选择自己感兴趣的同时又合乎自己个性和特长的职业。例如，一位大学生经过四年的积累有了广博的学识，在毕业后打算从事自己向往已久的职业——人民教师，但是因为天生口齿不清问题一次次地致使其求职失败，最后他退而选择做了一名研究院的基础科研工作人员。

（二）了解职场

择业要知彼知己。求职者不仅需要了解自己的优势特长、弱点不足，还需要正确认识面临的就业形势和社会需求，了解自己所要选择的社会环境和工作单位。

1.了解所应聘的职场。

（1）了解人才市场行情。即了解工作职位的供需紧缺状况，知道目前一个时期社会上急需哪种人才以及对人的要求、参与竞争的状况等，就可以有针对性地制定自己的求职战略。

（2）查询应聘职位的公司。应聘之前，求职者要先清楚自己要应聘什么样的公司和职位。求职前，要去了解求职单位的实力：在这里，自己有无用武之地、能否发挥专长；公司现状如何、未来发展前景如何——并以此制定相应的求职策略。第一，求职者可以上网查询该公司的相关背景，包括企业所属行业、产品、项目、发展沿革、组织结构、企业文化、薪酬水平、员工稳定性、发生的关键事件等，尤其要重点考查以下几点：机构的规模、声誉、发展潜力、人员构成、业务范围、硬件设施、工作性质、岗位培训、晋升机会、福利待遇等。第二，可以通过熟人询问这家企业的内部情况，并作为自己的就业参考。

2.了解应聘职位，包括聘职位名称、工作内容和任职要求等。了解越多、越是深入细致，面试的针对性就越强，成功的可能性就越大。简言之，同样的职位在不同单位要求有差异，所承担的工作范围、力度不同，求职者要了解这个职位类型后才能有针对性地准备求职面试。同时，要根据用人单位职位要求估量自己的实力。如：专业是否对口、基本资格是否具备、是否有相关工作经验、是否具有某些特长等。

【课堂实训】

某同学是一所职业技术学院的高才生，主学数控，选修文秘，应聘某知名集团公司的文秘岗位，面试中双方谈得非常愉快，快接近尾声时，人力资源主管问她："对你来说，现在找一份工作是不是不太容易，或者说你很需要这份工作？"这位同学说："那倒不见得。"主管没有录用她。

分析这位同学应聘失败的原因。假如你是这位同学，该如何回答？

三、求职口才的特点

求职口才除了具有口才的一般属性外，还具有其自身的特殊性，其特殊性主要表现在以下三个方面。

1.目的性。在面试考场上，求职者运用简洁、坦诚而富有个性的语言进行自我介绍、回答提问等都是为了显示自己的实力和价值，让面试官认可自己，以获得理想的职位。

2.自荐性。求职就是要把自己推销出去，能找到一个好"婆家"。因此，应聘者除了必须具备较高的思想素质和专业素养之外，还要正确地评估自己，有针对性地优化自己，恰如其分地推荐自己。

3.艺术性。求职现场是一个没有硝烟的战场，招聘人员往往会出其不意地提出一些让求职者难以回答、又不得不答的问题。面对这些五花八门的招聘"拷问"，求职者只有巧妙而艺术地应答才能顺利通过考核。

【课堂实训】

教师播放一期天津卫视的职场类电视节目《非你莫属》，请同学们从口才运用方面谈谈自己的观后感。

四、求职口才技巧

（一）自我介绍的口才技巧

自我介绍是求职者给面试官的第一印象，是为让面试官对求职者进行初步了解。这个头开得好不好，直接影响求职者面试结果的好坏。求职时的自我介绍过程也就是自我推销过程，如何介绍自己是需要技巧的。有的求职者急于把自己介绍给面试官，在做自我介绍时口不从心，或者废话太多，或者主次不分。所以，这是一个考验求职者的关键阶段。

1.自我介绍的口才技巧

（1）围绕中心组织语言。求职面试中的自我介绍要简洁扼要、清楚明了，最忌漫无中心、逻辑混乱。自我介绍一般包括以下几点：姓名、年龄、籍贯、学历、学业情况、性格、特长、爱好、工作能力、工作经验等。这些方面，哪些该详说，哪些该略谈，哪些要突出，哪些该一句带过，要依据招聘方的有关要求和标准，也要围绕自己的真实情况。例如，如果招聘单位注重应聘人的工作能力和工作经验，那么，求职者在自我介绍时就要突出自己的工作能力及实践经验，对有关经历和相关成果要进行详尽而简洁的重点介绍。

【案例3】

（××工艺品总公司招聘业务员招(应)聘对话）[①]：

职务要求：

●男士26岁左右，女士24岁左右，品貌端正，无不良嗜好，高中以上文化程度并受过一定的专业教育。

●掌握流利的普通话、粤语，懂英语，最好能说工艺品产地的方言，并对某种地方工艺品有一定的了解。

●有服务精神，工作有热忱，为人诚恳，掌握一定的营销知识和技能。

聘方主试：公司营销科科长，男，40岁。以下简称A。

应聘人：××学校营销专业毕业生，女，20岁。以下简称B。

A：我公司主要是经营有地方特色或民族特色的工艺品，如北京的景泰蓝、景德镇的陶瓷、杭州的纸伞、潮州的抽纱等。这次招聘的对象主要是能开拓海内外潮州抽纱、刺绣业务的业务员，现在，先请你介绍下自己的情况。

B：我叫杨晓玲，1984年出生于潮州市，今年毕业于××学校，是读市场营销专业的。两年的专业学习，使我掌握了这方面的知识，这是我将来搞好营销的资本。我的口才比较好，曾参加省属中专学校的口语竞赛，得了二等奖（递上奖状）。我这个人的特点是头脑灵活，反应快，平常爱看报纸，对国内外的经济发展动态很感兴趣。

A：你说你是潮州人，你对潮州的抽纱了解吗？

B：我看，潮州的女孩子不知道抽纱的恐怕是很少的。我从读小学时，就在放学后帮妈妈、奶奶做抽纱活，先是学勾花，再学刺绣、抽纱，以后寒暑假也都做做抽纱，帮家里添点经济收入。

---

① 王梅.实用语文训练：第2册.民航广州中等专业学校，第17-19页。

A：我了解你们潮州家家户户做抽纱的情况，想不到今天又在这里见到你这位抽纱姑娘了。你能再说说你在抽纱业务方面的有利条件吗？

B：我对潮州抽纱推销员这项工作是既感兴趣又满怀信心的。除了具备以上所说的基本条件外，我这个潮州姑娘的形象和一口标准的潮州话将有助于我去为抽纱开拓国内外市场。大家知道，潮州人遍布世界各地，特别是东南亚，他们都有拳拳的爱国恋乡之心，如果我和他们谈生意，我就能把抽纱绣品上针针线线的家乡情一并"推销"给这些海外客商。他们肯定会倍感亲切，生意也就容易谈成。

A：你是刚毕业，虽然受过专业教育，但还没有经验，这将给你的工作带来不少困难；还有当业务员是很辛苦的，走南闯北，"三过家门而不入"是常事，你又是女孩子，你想怎样处理好这些问题？

B：读书期间，我常利用假期到表姐夫的抽纱绣衣厂去当推销员，算是有一点点经验。我总以为经验是在实践中不断总结出来的，只要我在工作中多留心，多向前辈学习，不断吸取、总结经验，我相信经验会越来越丰富。至于事业与家庭的关系，我觉得成事在人，我自己愿意多吃点苦，多付出，这样，应该能处理好家庭与事业的关系的。我就很欣赏天津纺织厂的营销科长在这方面所做出的榜样。她是个好科长，也是一个好女儿、好妈妈、好妻子。成功的女性是很多的，我相信我能向她们学习，处理好这些问题。

A：看来你有很多优势。你为什么不到"三资"企业去应聘，你该知道现在吃香的是"三资"企业而不是国有企业吧！

B：科长先生，你说的吃香是指报酬方面吧！对这，我觉得选择哪个公司工作，首先看的不是工资待遇，而是能否体现自己的价值。我之所以想到贵公司当抽纱业务员，是想通过自己的辛勤劳动来让我们家乡的工艺品驰名海内外；而贵公司又拥有开拓这样的业务的雄厚实力。这是我作为一名潮州姑娘的最大心愿，至于报酬，我要求并不高。

A：现在请你用英语、普通话、粤语和潮州话说说这句话：中国环球工艺品总公司广东分公司。

B：好，我现在就说……（分别按要求说出）

A：很好，谢谢！我们今天就先谈到这里。

B：谢谢科长同志给我面试的机会，不知何时能听到贵公司对我做出评价的回音？

A：我们研究后将通过贵校领导告知你。

B：谢谢（站起身，点头致意），再见！

【案例分析】

这位求职者的自我介绍有很强的针对性，侧重介绍自己对抽纱的熟悉和了解，营销专业知识的积累、口才能力、外语能力的展示，以及对国内外经济发展动态的关注，都是针对岗位要求，清晰明了、中心突出、指向鲜明。可见，这位求职者的介绍正合招聘者的需求。

（2）化独语为沟通。在求职面试时，如果应聘者在自我介绍中总是围绕"我怎么样"不断强调自己，也可能使面试官产生反感。一个聪明的应聘者，会懂得将自我介绍转化为面试官与自己之间一来一往的对话。比如：

面试官：现在，请你谈谈自己的情况。

求职者：……我选择的是建筑学专业，或许您会觉得奇怪，像我这样一个斯斯文文的姑娘，怎么会选择一个要经常下工地搞设计的专业，我之所以选择这个专业，原因有很多……

这位求职者在做自我介绍时，巧妙地把单调的"自我介绍"化为与对方的交谈，这样既减弱了"自我"的意识，又缩短了求职者与面试官之间的距离。

（3）用事例说明成绩。面试时，为了让面试官对自己印象深刻，有些求职者往往喜欢对自己进行过多夸张的赞誉，如"给我一个机会，我将会还贵公司一个奇迹"，"我是年级成绩最好的"等类似的话显得夸夸其谈、不切实际，反而会引起面试官的反感，倒不如用具体事例、真实成绩去展现自己的能力，或者实事求是、语言朴素地推荐自我。

【案例4】

某公司急欲招聘一名总经理助理，招聘广告刊出后来求职的人络绎不绝。这家公司经过笔试筛选后，淘汰掉了100多名求职者，剩下的10多名求职者必须参加面试，以确定最佳人选。100多名的求职者围猎一个职位，竞争可谓激烈而残酷。通过最后一道关卡——面试后，公司录用了来自某重点大学的一名研究生，这位研究生是怎样成功地展露自我、推销自我的呢？我们可以看看他求职面试的一些片段。

招聘人员：你认为作为一名总经理助理，应具备什么样的素质？

求职者：他应当具备必要的经营管理能力和协调上、下级之间关系的能力，此外，他还应当具备基本的财务预算、决算、审计等方面的知识和才能，较为熟悉有关的法律法规等。

招聘人员：你有过管理企业的实践经验吗？

求职者：在攻读硕士学位期间，我曾在某台资企业担任过兼职部门经理，代表公司同十几家外国企业进行商业谈判，成交贸易额达数百万元。

招聘人员：你具备较扎实的财务核算技能和有关的经济法律知识吗？

求职者：我在读研究生一年级期间即参加了全国律师资格考试，并以高分顺利通过这次考试。二年级又参加了全国注册会计师资格考试，并全部通过四门考试科目（向招聘人员出示两个资格证书）。此外，我还在兼职的那家合资企业协助有关会计人员搞过几次财务预算、决算工作。

招聘人员：你的外语水平如何？

求职者：我的外语读、写基本上没有问题，能翻译一般的外文、文章、书信、函电等，口语较好，曾参加过学校组织的英语演讲赛，并获得二等奖。

随后，招聘人员与求职者用英语进行单独的会谈，并当场让这位研究生翻译一些商贸函电和外文书信，他很快便完成了公司交代的任务。最后，公司聘用他担任总经理助理职务。①

---

① 方百寿.求职口才［M］.北京：海潮出版社，2003：105-107.

【案例分析】

这位求职者成功的秘诀在于恰当地使用了事例和成绩去展现自己的能力。求职者不要忽略了自己的工作成果。招聘单位对碌碌无为者大都不感兴趣。求职者可把过去几年中每年取得的最令自己自豪的成绩逐一列出来，如果有可能，举出具体的数字则更具说服力。

【课堂实训】

请运用求职口才技巧的相关知识评析下列案例，谈谈你从中受到的启发。

1.小周曾在家乡的建筑企业干了多年，不仅懂技术，而且深谙行业内部的相关业务程序。来到北京后，他去某建筑公司应聘。面试结束时，老板问他有什么要求，小周就提出了"月工资不能少于8000元"。老板说："我们需要的是岁数大、阅历广、经验多的人，你这么年轻，要这么高的工资，有些不现实。"小周平时开惯了玩笑，脱口而出："我奶奶岁数大，80多了，来您这儿待着，您看着给个二三百元就行。"没想到一句话把老板给逗乐了，竟然聘用了他。

2.小李是个急性子，说话也不例外。一次面试时她进门刚坐下，张口就问招聘方："你们这次要招几个人？"交谈的中间，她又自行插话："我同学某某某也在你们公司，你们认识吗？"当招聘方问她的预期工资时，她又快人快语："你们打算给多少？"结果她找工作总是受挫。

3.小陈去参加一家大型电器商场的面试时，偌大的会议室里坐着5个面试者，考官也是5个。从右向左，面试者一个个自我介绍，几乎无一例外的都是把自己吹嘘一顿，说自己对电器知识如何有研究、业务技术如何精通等。轮到小陈了，她和那几位说的内容就完全不一样。她说："我刚出校门，对电器不是太了解，知道你们公司的概况，其他的不懂。会计没问题，那是我的专业；熟悉计算机操作，能够熟练使用办公软件。"主考官竟然面露微笑："请你现在就给我们制张表格吧！"小陈轻车熟路，当即就上机制作了一张。她被录用了。

2.自我介绍时应注意的问题。

（1）充分展现自我。面试的根本目的是成功推销自我，因此在面试中求职者应充分地展现自我，这既包括自主学习能力的展示，也包括对自己自信的展示。

（2）严格控制情绪。如果在自我介绍中情绪起伏波动强烈，就会产生负面影响，最常见的有：过于紧张，语速过快；过于兴奋，说话啰唆；过于随意，语言轻佻。

（3）说话要有分寸。面试时应做到言辞有度，内容不可过分夸大。如有的应试者在描述自己的爱好、特长时，长篇大论说出写作、音乐、旅游、摄影等一大堆，但细问之下才知道，其所谓"爱好音乐"只是喜欢听流行乐曲，所谓"爱好摄影"只是喜欢别人给她拍照而已，结果只能成为笑谈，于求职有害而无益。

（4）语言清晰简洁。语言清晰，是指说话音量恰如其分，吐字清楚，语速缓慢适中。语言简洁，即要求在进行自我介绍时只说该说的话，少用描写性的语言。

（5）避免吞吞吐吐、前言不搭后语、满口套话和过分自谦等语言表达问题。如，一位新闻专业的大学毕业生去应聘"采访记者"这一职位。当报社主管人让她做自我介绍时，她由于极度紧张，声音小得几乎听不见。当面试官让她重来一遍时，她更加紧张，结结巴巴，连面试官都听得不耐烦。虽然这位女学生文字能力很强，写作水平高，也发表了一些文章，有相当的经验积累，但她却缺乏作为记者的另一基本能力——口才，连自我介绍都说不好，当然不能适应"采访记者"这一职位。

（二）回答问题的技巧

自我介绍是求职者展现给面试官的一个初步印象，考官可以通过与求职者的一问一答去考查求职者的应变能力、适应能力、专业水平、工作能力、性格爱好、处事方式、处世态度等各方面能力与素养。

在面试的对答阶段，一般会出现以下几方面的问题：求职的愿望、动机；求职者的性格、兴趣爱好、特长；求职者的专业水平、学历；求职者的社会工作、工作经验；求职者对公司的评价、希望；求职者的薪酬期望等等。问答阶段可以考查求职者的综合能力，包括学识积累、随机应变的反应能力和相应的语言表达能力，而这些都不是能够考前"临时抱佛脚"或者死记硬背就可以形成的，必须要经过相当长时间的积淀和锤炼。所以，求职者要在平时多积累关于问答的口才技巧并多加练习。

1.一般问题对答技巧。一般问题是指在求职面试场上经常问到的常规问题，回答者只需根据自己的情况来回答即可。当然，虽然相对于那些很难作答的非常规问题，这些问题如同老生常谈，但求职者也要掌握回答的技巧，不仅能答出，还要能答好，从而给面试官留下更深刻的良好印象，提高求职成功的可能性。

（1）直言相告法。这一方法主要运用于需要直接回答、发挥空间很小的问题，比如专业知识、家庭背景、学历、业余爱好等方面。对这些问题，求职者可以直接回答，将相关事实坦率而明确地告诉面试官，无须拐弯抹角。如，面试官问："大学时，你学的是什么专业？"求职者："我学的是物流管理专业，这是一个新兴的、发展前景很好的专业，我对它非常感兴趣。"

（2）实例证明法。在回答有些问题时，可以适当运用具体事例来佐证自己的观点，要求有二：一是必须确有其事，切不可弄虚作假、胡编乱造；二必须抓住要点来阐述事例，要服务于求职，不可啰唆混乱、缠夹不清。

【案例5】

"你在大学时有没有进行过勤工俭学活动？"

"有。在大学时，我在课余期间参加过不少勤工俭学活动，如在××广告公司做兼职员工，当家庭教师，其中，当家教的时间最长。我的专业是美术，我辅导了5个中学生，他们都考上了不同等次的艺术院校；另外在广告公司做兼职，也巩固了我的专业知识。通过勤工俭学，一方面减轻了家庭的经济负担，更重要的是巩固了专业知识，积累了不少的工作经验。"

【案例分析】

以上这个问题实质上是面试官想从你的回答中了解你是否有一定的工作经验。假如回答时只是简单地回答"有"或"无"，就无法达到面试官本来的目的。"有"就答出具体例子，"无"也应说出相应的原因。如上一段回答，就包含了两个方面：一是求职者读书期间所从事过的实践活动，二是求职者本人对此项活动的体会。因此，这段回答可给面试官一个满意的答案。

（3）个性显示法。面试时，恰当运用"个性显示法"，某些时候可以缩短求职者与面试官之间的距离，为自己的应聘加分。显示个性可以以坦率的言辞行为来表现，但这里的"坦率"，并非是口无遮拦、信口开河、无话不说，而是指可以恰当地表露自己对周围环境的感受、心中的紧张、对某种事物的正面评价。比如："老实说，我很想得到这份工作"，"说实在的，现在我非常紧张"……这样的话语和行为会使气氛变得宽松亲近，更易拉近与考官的距离，求职者也可因这种率真、坦诚而获得不少印象加分，为求职增加更多胜算。

2.难题对答技巧。面试中，除了以上常规性的普通问题，还有一些难题和怪题，可能使求职者感到棘手而难以回答。这些问题有时是对常规性问题向某一方向的延伸，可能涉及隐私或不宜示人的经历等。比如与求职者有关的难题：你的兴趣爱好是什么？你有没有自信心？你有没有工作经验？你的求职动机、工作意向是什么？你为什么要辞职？你对以前的公司有什么不满？等等。有时，这些问题是涉及公私利益如何协调处理，甚至是一些刁钻的追问，比如与工作单位有关的：你如何看待本公司？你对本公司将会有什么贡献？如何看待某部门这一职位？你要求的待遇是多少？如果公司的公事与你的私事有所冲突，你将如何处理？等等。

以上这些是可能会令求职者感到困难甚至难堪的一些题目，针对这些题目，求职者在回答时一定要要注意相关技巧。

（1）巧转话题，化弊为利。在应聘过程中，面试官可能会提出某些难以回答的问题，但并非只是想听到直接回答，而是想借由这一问题，考察求职者的应变能力。比如，面试官问求职者："你最大的缺点是什么？"这时，求职者如果将自己的缺点与不足和盘托出，全无隐瞒，这场面试就输了一半。因为面试官的本意大多不是想看求职者是否诚实，而只是借此提问试图使你处于不利的境地，观察你在类似的工作困境中将做出什么反应。因此，求职者一定注意不要直接回答，只要简单地一句两句说出自己的缺点便可，更重要的是借由这个问题来表现自己，巧转话题，化缺点为优点。比如回答："我的性子比较急，有时不够耐心，这是我的一个缺点，因为我总要求我的工作赶在第一时间完成，我不能容忍怠慢工作。"这样的回答实际是转换了话题，将劣势转为优势，化不足为长处。

【案例6】

某外贸公司招聘若干名业务员。轮到某位中学外语教师面试时，招聘人员出其不意地诘问他："你认为教师职业高尚吗？"外语教师回答："教师是一种高尚的职业。"招聘人员反问道："既然你认为教师是一门高尚的职业，那么你为何要弃教从商，跳槽搞外贸呢？"外语教师答道："君子爱财，取之有道。教师职业高尚但生活清苦，与其身在学校、心在生意场上，不如全身心地投入自己想干的职业。我从事外贸工作，为国家和社会创收外汇，这些外汇再用来支持发展教育事业，难道不是对教育事业的支持吗？"他的一席话，使招聘人员频频点头嘉许。①

---

① 汪潮.求职面试技巧［M］.苏州：苏州大学出版社，1997：166.

【案例分析】

求职人员中有不少人有"跳槽"经历。跳槽的，有的是因为所在单位人际关系不睦而负气出走，有的是在该单位难以施展自己的志向和抱负，有的则因为原单位待遇偏低……招聘者为了试探这些求职者的应征动机，往往会设置一些极为难答的问题。应征者要想绝处逢生，必须提出有利的答辩观点，才能不陷入尴尬难堪的境地。这就要求求职者针对问题，巧妙地运用发散性思维，多角度地为自己的跳槽求职行为辩护。例如，应征者可以说："贵公司人才济济，上下一心，将来一定会有所建树，我是看中公司未来的发展才来应聘的。"这样，应征者的回答不显山不露水，不会暴露其在原单位工作时存在的一些不利情形，同时又使对方觉得合情合理，听起来十分悦耳舒服，不会从心里形成对应聘者不利的想法。

（2）虚实并用，以实补虚。有时候，面试官所问的问题是虚问，一方面，希望求职者据实以答；另一方面要考察求职者的理解能力和应变能力。例如，面试官问："你认为你对我们公司会有什么价值呢？"面对这类问题，求职者就应以虚带实来作答，可从以下几方面回答：①凭借所具有的专业知识、技能（即所受教育），自己能做什么；②凭借所具有的经验（工作经验、社会经验），自己能做些什么。实例如下："大学时，我主修的是计算机，成绩优秀，实际操作能力强，我不但有理论知识，还有实际经验，读书期间，我做过兼职，在××公司做过兼职公关人员，在××公司做过推销员，还为学校拉过广告，已有一定经验和一些熟悉的客户。所以，我觉得，自己若有幸能来贵公司，不但可为贵公司从事技术工作，还可以推销产品，产销双结合。"这样的回答内容具体，有理有据，对于面试官有很好的说服力。

（3）另辟蹊径，曲言婉答。对于有些问题，如果确实不宜直接回答，这时候求职者就需要转换思路、另辟蹊径，避开正面话题，由远及近，由彼及此，最后不落痕迹地回到原来问题之上。

【案例7】

问："我们招聘的人，要有两年以上工作经验。"

答："对于贵公司这种录用人的条件，我是很理解的。富有经验的人工作上手得快些，但是，有经验的人可能会在其从事的工作中养成一些不易改的坏习惯，而产生一些不良的后果。我作为一名新手，可塑性强，适应能力较强，随时准备按贵公司的需要去塑造自己，以便适应工作。至于工作经验，我也不是没有，大学时，我在不影响学习的情况下，做过兼职，从中获得了不少经验及技艺，虽然这些不是在专职工作中得来的，但毕竟也是一种经验的积累。"

【案例分析】

这类问题是一种"压迫性"的问题，是一个有意拒绝求职者、让求职者知难而退的问题。其实，很多公司在招聘时提及此类条件，一般都是可硬可软的，并非是一成不变的。假如求职者被这一条件所吓倒，退避开来，也就面临着求职的失败。面对这种问题，不要反唇相讥或者无言以对，甚至一怒之下拂袖而去，要知难而进，沉着想办法应付，从另一个途径上去说服面试官。以上这则回答就显得很巧妙，求职者不但能说明"有经验的不一定好"，而且能进一步介绍自己的情况，可让面试官从原问题退出，进入求职者设计的话题中去。

（4）把紧嘴巴，三思而后答。在面试场上，考官们经常尽量让应试者多讲话，因为有时候"言多必失"，言语之间，应试者就会表现出一些在书面材料中没有反映出的情况，有利于考官更进一步了解求职者。

例如，考官问一位求职者："你有什么缺点？"求职者按自己事先准备好的答案予以回答。考官听完并未继续提问，而是摆出继续倾听的架势。求职者误以为自己答得不够多、不够好，又怕沉默冷场很尴尬，于是又说了自己的一个缺点。然而考官依旧不作声，此时求职者有些慌神了，只好继续讲自己的缺点，而且因为慌乱，语言也开始混乱……就这样，求职者讲了一堆自己的缺点，而且是没有经过预先考虑和斟酌的言辞，暴露出了自己在应变能力上的短板。

因此，面试时求职者一定要注意管住自己的嘴巴，该停止时一定闭紧嘴巴，该讲的讲，不该讲的决不要多讲，绝不说多余的话、无关的话。求职者不要为了在较短的时间内让招聘方多了解自己而采取"多讲"的策略，事实上这种方式往往是画蛇添足。

（5）留足进退的余地，随机而应变。面试当中，对那些需要从几个方面来加以阐述的问题，不要一开始就把话讲死，否则，很容易将自己置于尴尬境地。

比如，当考官提出"……你认为应抓住几个要点？"之类的问题时，求职者的应答最好这样开头："我认为这个问题应抓住以下'几个'要点。"用"几个"而不用具体的数字来回答，给自己预留了灵活发挥的空间，求职者可以边回答边思考、边丰富。反之，如果话一讲死，当你在回答时再想到新的要点，就没法添加上去，否则就会使得自己的应答层次不清、逻辑不明。

再比如，当考官提出"据说你对××问题很有研究，不妨谈些你的看法"这样具有诱导性的问题时，求职者须特别谨慎。因为这样的问题实际是对求职者的一种"预设"，一旦你在回答中露怯，这一预设就会被立即推翻而于求职者不利；即使求职者真的是对某一问题颇有研究，也要提防难度更大的追问。因此，针对这一提问，求职者可以这样回答："谈不上很有研究，只是略知一二，可以共同探讨一下。"表面上看，这是对考官的谦恭和尊敬，实质上，是给求职者自己留下了回旋、应变的余地。

（6）稳定情绪，沉着而理智。面试中，考官有时会突然提出某些非常规问题，以此来考察应试者的应变能力和处事能力。对此，求职者要稳定情绪，从容应答。例如，在人才交流会上，有一家外贸进出口公司要招聘秘书，某女士各方面的条件都符合招聘单位的要求，正当招聘单位欲拍板录用她时，一名考官灵机一动，又提了一个问题："小姐，如果在将来的工作中，你接待的客人要你陪他跳舞，你不想跳，但不跳又不行，你会怎么办？"没想到那位求职者当即涨红了脸，对着招聘人员愤怒地说："你们是什么鬼单位，在这里摆摊招舞女！"说完，连求职材料也未取回就气呼呼地扬长而去。那家公司是一家正规企业，考官提出的问题也是实际工作中常会碰到的问题，并没有什么不健康，也不难回答。这位女士反应过激，因此应聘失败。

（7）不置可否地应答，模棱而两可。面试中，考官有时会设置一些让求职者左右为难的问题。如考官问："依你现在的水平，恐怕能找到比我们公司更好的单位吧？"如果你的回答是肯定的，则说明你这个人心高气傲，或者"身在曹营心在汉"，既然有更好选择，就更不必来此屈就；如果你的回答是否定的，不是说明你的能力有问题，就是说明你自信心不足；如果你回答"我不知道"或"我不清楚"，则又有拒绝回答之嫌，总之，似乎怎样回答都会让考官抓到把柄而导致应聘失败。

当遇到这种问题时，求职者就要学会用模糊语言来应答。可以先用"不可一概而论"作为开头，接着从正反两方面来解释自己的观点。"或许我能找到比贵公司更好一点的企业，但别的企业在对人才培养方面或许不如贵公司重视，机会或许也不如贵公司多。我想，珍惜已有的是最为现实的。"这样回答既坦诚地表达自己的真实想法，又肯定了现在选择的明智，机智灵活，应变机敏。

（8）圆好自己的说辞，滴水不漏。在面试中，考官提出的有些问题其实并非一定要有什么标准答案，只是要面试者能回答得滴水不漏、自圆其说便可已。例如，有一位担任过商场采购经理的求职者去参加一次面试，当考官提出"请你举一个实例说明你的工作规范和流程"时，他回答："这有可能涉及我们的商业秘密。"考官说："那么好吧，请你把那些不属于商业秘密的内容告诉我。"这样一来，问题的难度更大了，他先得分清楚哪些是商业秘密，哪些不是，一旦说漏了嘴，则更显出其专业水平不够，不能自圆其说，很可能会被逼入"死角"。

有两个常规性问题在面试中经常出现：一是"你最大的优点是什么"，二是"你最大的缺点是什么"。这两个问题听起来简单，但答好很难。因为这两个问题可以继续延伸下去，产生更深层的追问："你的这些优点对我们的工作有什么帮助？""你的这些缺点会对我们的工作带来什么影响？"等等。因此，求职者在开始第一层回答时就要思维缜密，以防后面难以自圆其说而出现纰漏或矛盾之处。

（9）不拘一格，"歪打"而"正着"。面试中，如果考官提出近似于游戏或笑话式的过于简单化的问题，求职者就要特别注意，不可机械地就事论事地回答，而是要跳出常规思维的束缚，从更广阔的思维视野中寻求答案。有一位学历并不高的女青年到一家大公司应聘管理人员的时候，一位考官突然提问："请问，一加一是多少？"女青年先是一愣，略一思索后，便出其不意地反问考官："请问，你是说的哪种场合下的一加一？如果是团队精神，那么一加一大于二；如果是单枪匹马，那么一加一小于二。所以，'一加一是多少？'这就要看你想要多少了。"针对考官提出的"一加一是多少"这样的问题，女青年没有机械作答，没有愕然而不知所措，而是拓展思维，多方考虑，虽然没有直接给出答案，却已经圆满回答了问题，在面试中胜出。

（10）摆平自己的心气，委婉而机敏。有时，针对求职者的薄弱点，会提出一些带有挑战性的问题。如对年轻的求职者提问："从你的年龄看，我们认为你担任经理这个职务太年轻了，你怎么看？"对年龄稍大的求职者又会设问："我们觉得你的年龄稍大了点，恐怕在精力方面不如年轻人，你怎么看？"等等。面对这样的考题，如果回答"不对""不会""不见得吧""我看未必""完全不是这么回事"等，虽然也能表达出自己的想法，但由于语气过于生硬、否定过于直接往往会引起考官的不悦。比较好的回答应该是"这样的看法值得探讨"，"对这样的观点可以商榷"，"这样的说法是有一定的道理，但我恐怕不能完全接受"等，绝不可情绪激动，更不能气急败坏，然后求职者可以委婉有礼、心平气和、有理有据地阐述自己的见解与态度，赢得考官的认同。

【课堂实训】

举办一次模拟面试会，模拟某化妆品公司招聘推销员的面试情境：公司人事部经理表示，应聘者其他方面条件尚可，但身高比规定标准差了2厘米，不能录用他。而应聘者认为这并不影响自己成为一名出色的推销员，于是双方各陈理由。请同学分别扮演经理、应聘者进行交谈，看看交谈的结果会怎样。

（11）放飞想象的翅膀，言之而有物。面试中，考官有时会出一些近乎怪异的假想题，这类题目一般都具有不确定性和随意性，这就需要应试者要发挥想象、进行创造性思维，充分利用自己积累的知识，大胆地以"假设"对"假设"。例如，一位华裔求职者到一家美国公司应试，遇到了这样一道怪题："在没有天平的情况下，你该如何称出一架飞机的重量？"这是一个假设性的问题，刁钻怪异得近乎天方夜谭。这位求职者来了个"以牙还牙"，也用假设法应答："这要看你用中国式还是美国式的方法了。假如是中国人，他会从古老的'曹冲称象'中得到启迪；假若是美国人，他或者现实一些，拆下零件来分别过磅就是；也可以浪漫一些，发明一种特大型吊秤也并非不可能。"这种问题本来就很难说有标准答案，考察的就是应试者的思维能力，因此这位华裔求职者以自己富有创意的回答通过了这一职位的面试。

（12）尊重自己的人格，含蓄而大度。有些特殊岗位的面试，可能会涉及一些敏感问题，尤其是对于一些女性应试者而言。一般来说，应试者可以采取较为模糊、含混而又大度的方式予以回答。因为这样的问题设置，多是用来考察应试者的应变能力、处事能力，所以模糊、含混一些也无伤大雅。比如，一位女生到某影视传播公司应试，考官提出这样一个敏感问题："如果你被录用了，遇到这样一个剧本，其中有裸体的镜头，你该如何对待？是接还是不接？"面对这一问题，女生从容答道："这要看哪种情形了。如果跟剧情关系不大，仅仅是为了招徕观众、取悦观众，我是不会接它的。当然，如果确实是因剧情需要，我想，我也会要求导演用其他方式来处理，比如，画面的朦胧感、镜头的调整等。"这种应答看似模棱两可，却在护卫自己人格的同时，又巧妙地避开了问题的实质，自然能够获得考官的赞许。

（13）面对"刁难"巧"较量"，针锋而相对。应试场上，若遇考官"刁难"，善于"较量"也是一个"杀手锏"。一位华裔女生前往牛津大学面试，为了一个实验课题，她与主持人发生了争执。主持人有些愠怒道："你以为这就能说服我吗？不，不！"应试的华裔女生平静地说："当然不一定，因为我还没出生时，您就是心理大夫了。不过，如果没有人来做这个实验，那就永远不会有人知道我和您谁对谁错。"主持人说："就凭你那个实验方案？它有10处以上的错误！"华裔女生道："那只能表明它还不成熟；正因为这样，我才向您拜师来了啊。"主持人又说："你以为我会指导一个反对我的人吗？"华裔女生笑了："我选择这个课题，是因为您在自己的专著里提出了这样一个问题：'行为治疗的目的，是为了给饱受痛苦折磨的人一个正常人生活的权利'——老实说，您书中的其他话我不一定赞同，可这句话却成为我前来求学的动力。"[①]在一番"针锋相对"的"较量"之后，主持人不得不对这位东方女性刮目相看，他欣然录取了这位颇有胆识与个性的华裔女生。显然，这里的"杀手锏"无疑是应试

---

① 黄雄杰.口才创新实训教程［M］.广州：广东高等教育出版社，2012：167.

者在"较量"中巧妙引用了主持人的专著。

【课堂实训】

1.三人一组，设定情境，进行模拟面试，一人为考官，一人为面试者，一人记录。填写下列空白。

设定情境（单位、岗位）：_____

面试官的自我评价：_____

应聘者对面试官的评价：_____

应聘者的自我评价：_____

面试官对应聘者的评价：_____

记录人对面试官的评价：_____

记录人对应聘者的评价：_____

2.五人一组，设定情境，进行模拟面试，三人为考官，一人为面试者，一人记录。填写下列空白。

设定的情境（单位、岗位）：_____

应聘者对面试官的评价：_____

应聘者的自我评价：_____

面试官对应聘者的评价：_____

面试官对应聘者的评价：_____

面试官对应聘者的评价：_____

记录人对面试官的评价：_____

记录人对应聘者的评价：_____

3.角色互换，进行相同环节的演练。

总结

以应聘者角度的总结：_____

以面试官角度的总结：_____

以记录人角度的总结：_____

给你印象深刻的面试环节是什么？为什么？

4.面试形象设计。

着装

上衣：_____

裤子：_____

鞋子：_____

配饰：_____

搭配效果：_____

自我评价：_____

邀请别人评价：_____

仪容

化妆：_____

发型：_____

站姿：_____

坐姿：_____

走姿：_____

自我评价：_____

邀请别人评价：_____

态度

语气：_____

礼貌用语：_____

表情：_____

自我评价：_____

邀请别人评价：_____

不足

不足一：_____

不足二：_____

不足三：_____

如何弥补：_____

评价

综合评价：_____

他人综合评价：_____

【课后训练】

1.求职前应做好哪些准备？

2.面试的基本形式有哪些？

3.情景应对训练：

（1）你被挑选去参加一家待遇优厚的公司的招聘复试。在约定时间前，你坐在办公室外面等候会见。大约15分钟后，又来了一个人，显然也是来参加复试的。时间到了，秘书叫你的名字，你还没有回答，后来的人却站了起来，向秘书说他很忙，能否先面试，随后就走进了办公室。

问题：在这种情况下，你会怎么做呢？

（2）设想你刚辞去一份工作，期望谋求一份更能发挥你才能的工作。当你前往一家公司应聘时，招聘人员向你问道："你为什么要离开现在的单位？为什么辞去现有的工作？"

问题：面对这个问题，你将如何回答？

（3）一大学生到人才交流中心求职。对用人单位说："大学期间我学习非常刻苦，学习成绩在班上一直名列前茅。我当过班长、系学生会主席、系团总支书记，工作很出色。

我在学生当中很有号召力，威信高，简直可以说是一呼百应。"

问题：对这样的自我介绍，你如何评价？如果你是这位同学，你打算怎样做自我介绍？

（4）一位女士到一家公司来应聘，考官是一位中年男经理。一见面，经理就直摇头，自言自语地说："怎么又是一个女的？"他简单问了几句就要结束谈话，略带傲慢地说："我对你的学历和其他都感到满意，但我却无法说服自己，让你得到本公司业务经理这个职位。因为，本公司需要一位能力强的实干家，而不是一位娇小姐。"

问题：你应如何说服这位傲慢的男经理？

4.案例分析。

请运用求职口才技巧的相关知识评析下列案例，谈谈你从中受到的启发。

（1）会计专业的李丽收到知名企业发来的面试通知时，心里既高兴又紧张。一开始，考官对她的素质挺满意。最后，考官对她说："根据你的性格特点，我们想把你安排在办公室，可能跟你的专业不对口，但是我们认为你更适合这个岗位。"李丽拿不定主意，小声地说："要不，我回去和爸爸妈妈商量一下。"

主考官愣了一下，"好吧，"他微笑着说："不过要记得，以后你参加面试的时候，不要说'和爸爸妈妈商量一下'，因为这样会显得你没有主见，明白吗？"

（2）招聘会上，法律专业的小郑看上了一家外商投资的外贸公司招商部职员岗位。可走进面试场地，她发现居然是老板亲自来面试，不由自主地有些慌张起来。考官的第一个问题就把她"呛"住了。"我们招的是专科学历，你是本科，怎么会来应聘这个岗位？"她支支吾吾地回答："我觉得你们公司挺好的，也比较适合我的专业。""我们公司好在哪里？这里工作压力很大，平时要经常加班，你可以适应吗？"……几个问题问下来，小郑已有点迷糊了。

（3）参加招聘会时，国际贸易专业的小金"杀"入了一家国内知名企业的面试现场，据说投简历的就有200多人，最后获得面试资格的只有30多人。在3人一组回答面试官的问题时，小金觉得要脱颖而出必须表现得更积极。所以在回答时，总是抢在别人前面，多说两句。

面试官看到这一点，特意问他："如果你跟同事发生矛盾，怎么办？"小金不假思索地说："最重要的是工作，有没有矛盾无所谓。"一个星期后他被告知不必参加复试了，因为公司觉得他不注重团队合作精神。

（4）小王在一用人单位的面试中被用人单位拒绝聘用了，当得知自己没有被录用后，没有灰心，也没有气馁，而是在告辞时十分礼貌地对考官们说："十分感谢贵公司给我这次面试的机会，它使我受益匪浅，虽然此次我不符合贵公司的用人条件，但是我还会努力，如果再有这样的机会，我还会努力争取的！"良好的素质和心态，是主考官们认为这人是可塑之才，于是决定破格录取。

5.如果做一些分析，我们可以将求职应聘面试归纳为如下8道问题，现开列如下，并附测试交谈参考提示：

（1）请说说您是怎样的一个人？

提示：这是要求自我介绍。主要介绍学历、简历，要强调自己的专业优势，指出自己的理想或向往与所求工作的投合之处。开头几句话就要说得沉稳而坦诚，给人以良好印象。一定要简练，不要过多涉及其他方面。这个问题讲3分钟左右即可。

（2）你为什么要到我这里求职？

提示：接语要快，切莫迟疑，应显示自己的坦诚与热情，并再次强调专业的"投合"。眼睛看着对方说，要恳切。

（3）您来我们这里能干些什么？

提示：事先宜做调查了解，做到心中有数、表述对路，并且适当透露自己"一专多能"的适应性优势，显示信心。

（4）你的能力如何？

提示：要明白这指的是你的业务水平、工作态度、办事能力、学术业绩、自信心和创造力等，说时最好能简述一两个事例，给人印象深刻一些。但要控制时间，不要"如数家珍"。

（5）你的缺点是什么(或有什么不足)？

提示：此问并非真的要了解题面所指内容，而是了解求职者是否诚实正直，心理是否稳定。也可以讲一两件小事，说明由于什么缺点造成某种并不严重的失误。重在讲教训。

（6）你喜欢什么样的领导？

提示：此问其实是对应试者个性的进一步了解。可从领导能力、办事作风以及对被领导者的指导帮助、严格要求等方面说，切不要搞横向比较，不要贬低或不切实际地夸赞其他领导。

（7）你的主要业绩是什么？

提示：说话要谦虚，不要沾沾自喜，重点讲近几年来的工作业绩，不讲过程，只说项目，并尽量出示证明材料。

（8）你想要多少工资？

提示：这个问题不必羞于开口，但可以不说确切的数字，只说概数。要恰到好处，说高了难以接受，说低了自己"掉价"，所以可取中段，提一个幅度。

临别时，如果条件许可，可以再次强调自己应聘的愿望，表明自己的诚意。

设想你要到某大型合资企业求职，请对上面提出的8个问题做认真准备，然后请你的一位朋友对你进行模拟测试。模拟训练前，可先面对录音机，做独自训练，揣摩自己的语调、语态、遣词造句等，然后复听修正。

【推荐品读】

观看《非你莫属》《职来职往》《超级面试》《天生我才》《中国职场好榜样》等职场类电视节目。

第四节 教师的口才艺术

> 【教学与训练内容】
> 1.把握教学口才的特点和要求
> 2.掌握课堂教学口才训练技巧
> 3.了解教师教学口语"常见病"类型与克服方法,追求口才的个性化
> 4.掌握课外教育口才训练技巧
> 【重点】
> 教师课堂教学口才与课外教育口才训练技巧

一、教师口才概说

教师口才是一种行业口才。

(一)教师口才含义

口才是教师进行"传道、授业、解惑"的重要条件。教师口才是教师在教育教学过程中的良好的口语表达,是一种专门的工作口语表达形式,可分为两大类:第一类是教学中的口才,即良好的课堂口语表达,它是指教师在课堂这一特定场合,面对学生这一特定对象,在完成"传道、授业、解惑"这一特定任务时,采用导语、讲授语、问答语、结束语等口语形式,达到授课的特定目的,取得圆满的讲课效果的口语表达艺术和技巧;第二类是教育中的口才,即教师在课堂教学之外、从事育人工作时,在与学生交谈、与学生家长沟通等过程中,运用口语表达完成交谈、沟通等目的,取得圆满的育人效果的口语表达艺术和技巧。有口才的教师必定是综合素养较高的人,其在教育教学过程中,绽放的口才魅力必定能对学生产生强烈的吸引力、感染力和影响力!

(二)教师口才特征

教师口才与其他口才有一些相同的属性,但也有自己的个性和特点,主要表现为:

1.准确性。这是教师口才的首要特征。教师在教学与教育过程中,所进行的口语表达必须是准确的。作为知识的传授者与人才的培养者,他(她)所授之业所传之道必须是正确科学的,他(她)的言说方式也必须是正确的。这就要求教师应该自觉讲普通话,不说方言土语,避免语病,杜绝赘词赘语,为学生营造良好的语境,更好地完成教书育人的任务。

2.规范性。教师口才是一种高度规范的口才形式,它是教书育人的载体,也是对学生语言的一种示范,有助于学生养成良好的口语表达习惯,提升口才水平。教师在授课与育人时,语言运用必须达到6个规范:用语规范、词汇规范、语法规范、修辞规范、逻辑规范、事理规范。

3.科学性。教师的主要任务是进行教学工作,教学又主要是向学生传授科学知识,因此,

教师口才应充分表达出教师的学识，应具有科学性，这有助于学生正确掌握知识，训练科学的思维方式。具体到教学中讲述某一学科，应运用该学科的科学性语汇及表达方式，做到释义准确，能正确划定概念的内涵、外延，揭示出事物的本质特征，解说清楚现象的原因和机理，做到表述严密，合乎逻辑。

4.针对性。教师是针对特定的对象——学生施教的，学生的思维活跃，情感丰富，想象力强，乐于接受新思想、新事物、新信息，教师的口语表达必须针对学生的特点，做到生动形象、通俗易懂，使不同知识基础、不同认识能力、不同语言接受水平的学生都能够听得懂，受到启发，智力得以发展。

5.启发性。教师在课堂展示口才过程中，须精心设计一些循序渐进式的提问语，并运用睿智的语言去调动学生积极思维，去点燃学生智慧的火花，划定学生思维的航线，从而收到预期的理想的效果。

6.艺术性。为了调动学生索取知识、捕捉信息的积极性，教师口才还应具备艺术性特征。教师口语表达须做到生动形象、声情并茂，并善于运用多种语言艺术技巧，使抽象、深奥的道理形象化、具体化，让学生听得明白、清楚，受到感染，给学生留下美好而深刻的印象。

（三）教师口才训练价值

教师口才是对教师的职业要求，教师口才在对学生进行教学与教育活动中，具有突出的价值和意义。对于当下立志从事教育工作的学生来说，培养教育教学口语表达的能力即教育教学口才，是为更好适应将来的工作需要。

1.通过训练，掌握一种完成教育教学任务的重要手段，创造一种完成教育教学任务的前提条件。中外教育史的事例说明，教师口才是与其教学效果、工作效果成正比的。教师只有熟练地驾驭教育教学口语，把握教师口才的规律性，才能在课堂上有效开启学生的智慧，激发学生的求知欲，引导他们步入知识的殿堂，使学生长知识、明道理；在课下辅导学生简明清晰，处理班务恰当公正，与学生家长交流恰到好处又妙趣横生。可见，好口才是教师完成教育教学任务的重要手段和前提条件，立志从教者必须通过训练拥有教师口才素养。

2.通过训练，获得一种完成教育教学任务的本领。无数的教学实践证明，拥有良好口才的教师能更有效地影响或改变学生的心理和行为：在课堂教学中，教师的具有魅力的良好口才能满足学生的语言审美要求，让学生学有榜样，有益于培养学生良好的口语表达习惯的形成，培养学生的语言美；在课外对学生进行思想教育过程中，教师运用循循善诱、饱含哲理的口头语言，能提升教育效果，帮助学生转变思想，修正错误。可见，好口才是教师完成教育教学任务的必不可少的本领，立志从教者必须掌握这种本领。

3.通过训练，养成自己的教学风格。教师口才是教师教育教学风格的重要因素。风格即人。每个教育从业者都希望自己能够拥有独特的教育教学风格，以顺利、有效地完成教书育人的任务。所以，立志从教者通过训练，有意识地培养自己独特的具有艺术性特征的口语风格，以期逐渐养成自己拟定的风格目标，最终成为一名具备语言风格魅力的优秀教师。

【案例1】

一次，一位语文老师走上讲台面带笑容地说，"这节课，我们一起学习老舍的《小麻雀》。"边说边习惯性地打开粉笔盒,伸手拿粉笔板书。呀,毛茸茸的吓得他出了一身冷汗,教室里咯咯咯地笑开了。原来,粉笔盒里关着一只羽毛未丰的小麻雀。老师沉静片刻后说:"好有心的同学,找来了一只活标本。大家看看,小麻雀的眼睛是不是像老舍描写的那样,小黑豆似的?"于是,小麻雀在大家手中传开了。大家不住地赞叹老舍对事物观察仔细,比喻生动,也从内心佩服老师处理问题的艺术。课后,老师对搞"恶作剧"的学生亲切地说:"你对教学很关心,很有心。不过,要是事先跟我打个招呼,就更好了。"几个同学听后很感动,惭愧地低下了头。

【案例分析】

教师在教学过程中,会突然遇到了棘手的问题,这时要摆脱尴尬或困境,必须有处理和应变能力。这位老师就将教育技能和教学经验及言语对策统一起来,运用顺水推舟式的应变语言,既摆脱了自己的尴尬,又将小麻雀与所讲《小麻雀》结合起来,还教育了学生。老师教育学生,方法好,口才好,是优质教育;方法好,口才不好,是合格教育;方法不好,口才也不好,是劣质教育。

二、课堂教学口才训练技巧

(一)课堂教学口才特点

在我国第一部古典教学论《学记》中,有阐述教学语言艺术的精彩话语:"善歌者使人继其声,善教者使人继其志;其言也,约而达,微而藏,罕譬而喻,可谓继志矣。"在实践中,许多语言才能出众的教师,讲课都生动具体,语言色调鲜明,趣味无穷,能很好地吸引学生、影响学生。这些老师具有极好的教学口才。而教师课堂口才除具有教育教学口才的总特点外,还有其独特性。

1.精确。"精"是少而有分量,即言简意赅,教师在课堂上要用最精确的语言,最佳的传递方式,使学生一听即懂,能抓住重点、要点,切忌说空话、假话;"确"是恰切地表达内容,那些含糊其词、似是而非、前后矛盾、缺乏自信的话语,必须摒弃。

2.精彩。精彩是语言生动形象,新颖活泼。教师要以精彩的课堂口语表达让学生产生此一堂课余味无穷之感。

3.规范。规范是指教师的课堂口语表达发音标准,用词恰当,合乎语法规范。教师在课堂上必须讲普通话。

4.通俗。通俗是指明白易懂。教师在课堂教学中应以深入浅出、通俗平易的口语去讲解深奥、抽象的知识,把抽象化具体,将深奥变通俗。

5.灵活。灵活是指教师在课堂口语表达时,应该随机应变。一般说来,教师的教学内容、授课方式都是在课前准备好了的,但在课堂上不能一字不落地照本宣科,或背稿,那样会使一些学生听不懂,学不会,也会使另一些学生"吃不饱",影响学习兴趣。教师要从学生反馈的信息中,用自己的语言灵活调整内容、变换角度或改变方式。

6.速度适中,响度合理。教师课堂授课时,要注意发音的速度和响度。速度要适中,要以能让学生听清并有时间思考为原则，过快或过慢，都会影响学生的听课效率；响度要合理，应以坐在教室每个位置的学生都能毫不费力地听清教师的每一句话并且耳感舒服为原则，过高会让学生感到太刺耳，产生烦躁感，过低会让学生听讲费力，不易集中注意力。

【案例2】

一位特级教师指导学生作文应围绕中心选材时说："作文选材时千万别'两个黄鹂鸣翠柳'（即各唱各的调）；围绕中心时更忌'一行白鹭上青天'（即离题万里）；选材应当古今中外、五湖四海，即'窗含西岭千秋雪''门泊东吴万里船'。"

【案例分析】

这位教师的口语表达，既引用了古诗，又运用了修辞手法，能很形象生动地说明其观点，故十分精彩，属于课堂教学妙语！

（二）课堂教学口才训练技巧

教师所上的每一堂课，都是一个系统的活动过程，每个教学环节上的口语表达都能体现出教师口才的好坏。教师要按照各个环节的口语表达的特点和技巧多加训练，成就课堂教学的好口才。

1.课堂讲授口才训练。从教学活动的角度看，课堂讲授语的类型有开课语、导入语、讲授语、问答语、评述语、演示示范语、结束语。每一种类型的口语表达都有自己的特点和技巧。

（1）开课语。开课语是指一门课程开课之初，教师所做的开场白，内容包括：简要的自我介绍；扼要说明本课程在整个教学体系及知识结构中的地位、作用及主要内容；明确提出教学要求、学习目的及学习方法。精彩而得当的开课语有助于建立师生之间的感情联系，调动学生的求知欲，帮助学生掌握正确的学习方法。对开课语的要求是：简明扼要，富有鼓动性和生动性，内容不与"绪论""导言"等重复。

【案例3】

《演讲与口才》杂志登载了一位英语教师的开课语："Hello, I am glad to see you."新老师说着放下书本，双手漂亮地一摊，做了一个外国电影中绅士常做的动作，惹得同学们笑起来，他没有像有的老师那样做自我介绍，"我叫×××"，而是出乎意料地发问："你们看过《刘三姐》吗？那么请猜个字谜：'旁人看戏我挨打。'"同学们抢着回答："锣！"他说："好。猜对了。不过本人姓'罗'而非'锣'。（板书"罗""锣"二字）老同志叫我小罗，伙伴叫我老罗，你们就叫我的洋名儿'密斯特罗'好了；名字'学舟'，'学海无涯苦作舟'，让我们携起手来，泛舟知识之海吧。"在同学们的一片掌声中，这位老师又用英、汉两种语言讲了一个小故事：一个外国游人到商店买钢笔，向售货员说："Pen"，售货员不敢怠慢，马上拿了一个盆给他。这位游人说"no"，售货员不解地问："你看好了，新盆怎么会漏呢？"说得同学们无不捧腹大笑。"密斯特罗"趁机说："一个人除掌握母语外，还应该掌握一两种外国语言。现在，我们如坐在一条船上，将要启航到英语世界漫游。希望诸位能配合好我这个'艄公'，咱们同舟共济，一起到达胜利的彼岸！"说着，他用右手有力地一挥，结束了开场白。

【案例分析】

这一案例中提到的这位英语老师的开课语可谓精彩得体，有利于沟通师生感情，激发学生强烈的求知欲和对英语的浓厚兴趣。

（2）导入语。导入语是一堂课的开场白，是教师在讲授每一新课前所要讲的简洁、概要、富有吸引力的开启性和过渡性的教学引语，它是教师教学能力和教育机智在课堂教学中的具体体现。导入语的目的有四：一是吸引学生的注意力，将学生由非学习状态转入本堂课学习的准备阶段；二是引导、启发、激励学生完成学习任务、掌握知识、提高能力；三是沟通师生情感，或活跃现场气氛；四是承上启下，在章与章、节与节、课与课之间架设桥梁，引导学生运用已学知识，主动获取新知识。导入的方法有很多，如设疑导入法、图片导入法、故事导入法、情境导入法、实物展示导入法、实验导入法、随机导入法，等等。在教学实践中，可根据教学内容、教学经验和学生的具体情况来设计。导入语的设计没有固定格式，对导入语的要求是：精粹严密，新颖别致，激疑启智，庄谐适度，精炼概括。

【案例4】

有一位中学语文老师在讲苏轼的《水调歌头》一词时，运用的导入语是这样的："同学们，每年的农历八月十五是什么节日呀？"学生回答："中秋节！""对啦，是我国的传统节日中秋节！那你们知道中秋节我们都要干什么呀？"学生回答："吃月饼、赏月！嗯，还有远方的亲人要回家团聚。"老师问："那你们有没有想过古代的人每到中秋会做什么呢？他们没有电视，不能看电视愉悦自己；也没有电话，不能跟远在他乡的亲人互诉思念之情；更没有汽车、火车飞机等现代交通工具，不能方便及时地回家团圆。"学生思考。老师说："正因为有太多现实条件的约束，所以我们的古人们每到中秋都会寄自己的思念于诗词之中，或是身在异乡思念家乡的故人，或是独在家中思念远方的亲人。因此，从古至今，流传了许许多多有名的、脍炙人口的写月抒怀的诗。下面请同学们的小脑袋转起来，想想看你们知道哪些有关写月抒怀的诗呢？"学生想并回答："床前明月光，疑是地上霜。举头望明月，低头思故乡"等。老师说："很好，看来同学们知道不少啊！古往今来，多少诗词大家、文人墨客为我们留下了丰厚的文化瑰宝，苏轼的《水调歌头》就是其中的经典之作。今天，老师要带领大家走进传统文化艺术的宝殿，一同来学习苏轼的《水调歌头》，共同来感受一下九百多年前的那个中秋夜晚，苏轼独在密州（今山东诸城）面对一轮孤月时的所感所想。"

【案例分析】

这是一则提问式导入语的案例。语文老师从问节日开始，一步步引导学生思考已经学过的古人望月抒怀之诗，然后引出要学习的苏轼的《水调歌头》来。这样的导入语，既引导学生复习了已学知识，活跃了现场气氛，又引导学生很快进入新内容的学习中。

（3）讲授语。讲授语是指教师在向学生讲述、解释、分析、归纳知识和传授技能时所运用的口语，在整个教学过程中，讲授语是教学口语表达的主干。因为在课堂教学中，教师必须通过系统讲授来传授知识、培养学生能力、发展学生智力，而这是教学的主干。课堂讲授是教师的再创造，对教师的口才要求比较高。讲授语包括三类：讲述式讲授语、讲解式讲授语和谈话式讲授语。讲述式讲授语是指教师主要运用叙述和描述的口语表达方式，向学生叙述事物发展变化的过程，描述学习对象的外部形态特征。讲述式讲授语要求井然有序，详略得当，生动形象。教师要运用绘声绘色、绘景绘情的讲述口语，再现学习对象的情境，激发学生的想象和联想，促使学生感知教材，学会知识。讲述式讲授语包括叙述式讲述语、描述式讲述语。讲解式讲授语是指教师以阐述和解说的口语表达方式，向学生传授知识，如解说概念，阐析哲理，揭示规律，推导公式等。要求形象生动，轻松愉快，讲问结合并注意人称运用。讲解式讲授语在理科教学中运用较多，要求科学严密、通俗易懂、条理清晰、富于逻辑力量。谈话式讲授语是指教师在教学中运用适当而巧妙的话语或方法讲授知识，能及时恰当地启迪、开导和点拨学生。要求教师不断给学生创造"愤""悱"的情境，使学生思维活跃起来，教师用简练的语言点拨时，在学生心求通而未得、口欲言而不能时，点出要害、解决疑难，让学生解决问题。

讲述式讲授语、讲解式讲授语和谈话式讲授语在课堂教学中往往是互相交织、密不可分的，它们共同组成讲授语这种口语表达方式，并贯穿于课堂教学的全局中，所以，教师应认真设计课堂教学之讲授语。

【案例5】

教学名师钱梦龙在执教《愚公移山》时，讲到"邻人京城氏之孀妻有遗男，始龀，跳往助之"一句时，其课堂讲授语如下：

师：那个"遗男"有几岁了？

生：七八岁。

师：你又是怎么知道的呢？

生：从"龀"字知道的。

师：噢，"龀"是什么意思？

生：换牙，换牙时七八岁。

师：这个年纪小小的孩子跟老愚公一起去移山，他爸爸肯让他去吗？

生：（思考后）他没有爸爸！

师：你怎么知道？

生：他是寡妇的儿子，孀妻就是寡妇。

【案例分析】

钱梦龙老师的课堂讲授语属于谈话式讲授语，其设计富有启发性。学生在其一步步的启发追问下，找到了问题的答案。这种讲授语有助于加深学生对课文中的难解词语如"龀"和"孀妻"的印象，有助于学生对课文的理解，也有助于学生阅读理解能力的提高。假如钱梦龙老师只是直接告诉学生"龀"和"孀妻"的意思，教学效果会大打折扣。

（4）问答语。问答性口语表达，既包括教师的提问语，又包括教师的答疑语。

①提问语。提问语是指教学过程中，教师为了掌握学生的学习情况，向学生发问所使用的口头语言。提问在课堂教学中有三种作用：一是唤起学生的注意力；二是发展学生思维，培养学生发现问题、分析问题和解决问题的能力；三是反馈教学效果。运用提问语应该注意两点：一是提问目的明确，有的放矢，简明扼要；二是要面向全体，切合学生的实际水平，难易得当。提问语运用有三种方式：一是直问，即直截了当地提问，目的在于引出或得出直

接答案。二是曲问，即迂回提问，教师不正面提出问题，而采用"问在此，而意在彼"的发问方法，促使学生多方思索，以求了解问题的真谛。三是叠问，即重问或连环问，是教师依循教学内容的逻辑层次和学生的认识层次，将一个完整的思维过程分成若干步骤，层层深入地提出一连串问题，在问与答的空隙中为学生留下更多的思考，便于学生逐步消化讲述的内容，也便于在理解内容的过程中引导学生的思维趋向，训练学生的科学思维能力。无论采用哪种提问方式，教师都要精心设计提问语，发问角度要新，突破口要准，要使提问语环环相扣，层层递进。

②答疑语。答疑语是指教师为学生排解疑难时所用的口头语言。答疑语的目的是纠正学生的不正确理解，排除学生的疑点和难点，传授正确的知识。答疑方法有直释法、曲示法、反问法、点拨法、诱导法等。不管运用哪种方法，设计答疑语都要注意三点：一是要准确；二是要有针对性；三是要有说服力。教师答疑时须做到三点：一是用耐心热情的语言鼓励学生提出问题和回答学生提出的问题；二是准确具体明了地讲清课本中的重点与难点等实质性问题；三是循循善诱地讲明学习和实践方法，所讲的话能启人心智，能帮助学生获得独立学习的能力。

【案例6】

上海浦东新区明珠小学（B区）的戴洁老师在讲《扫山路的老人》过程中，不断提问，其中有一个片段。

师："这充满自信、豁达开朗的笑声，一直伴随我回到住地。"谁来谈谈对这句话的理解？

生：笑声怎么可能随着我回到住地呢？我认为这笑声其实就是指老人的性格。

师：什么性格？

生：充满自信、豁达开朗的性格。

师："自信"应该能够理解吧，"豁达开朗"是什么意思？联系整篇课文想一想。

生："豁达"应该是大度吧？

师：对！联系老人说一说。

生：老人在那么危险的石阶上扫路，工作量那么大，那么累，已经退休了，可他一点都不在乎，不去计较。

生："豁达开朗"就是乐观。这么险，这么苦，他都不抱怨，默默地奉献着，而且说自己呼吸的是清爽的空气，还有花鸟做伴，自己舍不得走。没有乐观的精神，谁会这么做呢？

师：精彩呀！正因为老人有这种豁达开朗的心胸，他才会在这武夷山的第一险峰上风里来，雨里去，日复一日，年复一年地辛勤劳作。正是这种平凡而又伟大的品质深深地打动了作者的心，也让我们接受了一次难忘的心灵洗礼。

……

【案例分析】

在这个教学片段中，老师抓住了主要问题，适时、适度地巧问妙点：第一问的效果是让学生主动质疑，培养学生的问题意识；第二问是在关键处追问，有利于教学难点的突破；第三问是抓住关键词设问，起到一石激起千层浪效果。如此设计提问语，引导学生准确把握人物形象，感悟文章的深刻内涵，培养学生的质疑精神和创新精神，也有助于进行快速思维和语言表达训练。

【案例7】

在一次教学研讨课上，教学名师钱梦龙所教的一个学生，对《变色龙》一文开头的"上帝创造的这个世界"这句话不理解，便问他契诃夫为什么这样写。钱梦龙老师解释说："上帝创造的世界应该是幸福和美好的吧？可是，当时的社会美好吗？幸福吗？当时的社会一点儿也不美好，一点儿也不幸福。所以，这里作者用的是讽刺的表现手法。这句话是反语。"

【案例分析】

钱梦龙老师抓住学生所提问题的实质，进行直截了当的回答，这是直释法的答疑方法。运用这种方法答疑，能让学生直接迅速地获得问题的答案。

【案例8】

于老师在讲《宇宙里有些什么》时，课文里有这样一句话："宇宙里有千万万颗星。"这时，一个同学竟然提出了问题："老师，万万等于多少？"大家都笑了起来，有同学说："万万不等于亿吗？"在大家的笑声中，提问的同学灰溜溜地坐下了。于老师觉得他的积极性受到了打击，于是停下来引导大家继续讨论："既然万万等于亿，这里为什么不说宇宙里有千亿颗星呢？"这一问，同学们都哑了。过了一会儿，一个同学站起来说："不用'亿'用'万万'有两个好处。第一，用'万万'听起来响亮；第二，'万万'好像比'亿'多。"这时同学们又笑了起来。于老师当即给予肯定并表扬说："你实际上发现了汉语修辞中的一个规律：字的重叠可以产生两个效果：一是听得清楚，二是强调数量多。"这时同学们都用钦佩的眼光看着那个同学。而于老师又说："大家可以想一想，我们今天学到了这个新知识，是谁给我们的呢？"这时，大家又把目光集中到发现问题的同学身上。这个同学十分高兴，从此提问更大胆了。[a]

【案例分析】

案例中的于老师用点拨法、诱导法等回答学生的问题，体现出于老师的耐心热情、细腻宽容、循循善诱，而且于老师能够耐心寻找每个学生身上的闪光点，呵护学生的勇气和自信。

（5）评述语。评述语是指教师在整个教学过程中，针对教材内容阐明自己的观点，对教材内容做恰如其分评述时所使用的口头语言。评述有先述后评、边述边评和先评后述三种。先述后评是教师先用复述或描述方法，把要评论的内容介绍出来，而后进行全面或重点评述，基本方式有二：自述自评、他述我评。边述边评是教师一边复述或描述客观事物，一边进行评论。这种评述，以评重点、评片段为主。假如进行全面评价，一般放在开头或结尾。先评后述是教师先阐明自己的见解和感受，再述说事实或理由，来证明自己的观点正确。这种评述方法，引述事实时，不限于某一材料，可以广泛地选取能够支持和证明观点的材料；不求

---

① 杨玉军，王惠．面对学生的发问[N]．中国教育报，1998-5-12（版）．

周详具体，可用概述的方式介绍教材内容。

教师评述时要注意的事项是：一要观点明确。赞成什么，反对什么；强调什么，突出什么，都要明确果断，不可含糊其词，模棱两可，更不能自相矛盾。二是要恰当公允，要做到以理服人，不绝对化，不主观片面。三要循循善诱，有次序，有步骤，不可混乱驳杂。

【案例9】

初中语文中有《寓言四则之智子疑邻》（七年级上册，人教版）一文。有个教师在授课时是这样讲的："我给大家讲个故事：《智子疑邻》。春秋战国时期，宋国有个富人，他家的院墙因下雨冲坏，他儿子建议说：'院墙坏了不修补，必定有贼来偷东西。'邻居老头出于好意，也劝富人赶紧修墙。富人没听他们的建议，夜间真的丢了很多财物。因为富人的儿子事先提出了修墙的建议，出事后，富人认为儿子很聪明；但对提出同样正确意见的邻居老头，不但不感激，反而毫无根据地怀疑他居心巨测。故事到此结束，同学们不仅要问：富人为什么对同一内容的忠告，做出两种截然不同的判断呢？这是因为他心存偏见，以亲疏作为衡量是非的标准。这则寓言告诉我们，办任何事情，考虑所有问题，切忌主观臆断，要实事求是，否则会歪曲真相，把事情弄糟。"

【案例分析】

这段口语表达属于先述后评类型的评述语。教师先原原本本地讲述了《智子疑邻》这则寓言故事，然后点明了寓意，并表明自己的看法，作了评论。态度明确，言简意赅。

（6）演示示范语。演示示范语是指教师配合课堂演示和动作示范所使用的课堂教学口语。演示是教师通过展示实物、教具或实验，使学生获得知识与技能；示范是教师以自己的形体动作为学生做一榜样，使学生感知所做的理论讲授，并提供模拟的样板，配合演示和示范，教师所进行的口语表达，便是示范演示口语表达。运用这种口语表达必须做到：顺序分明，步步解说，充分显示演示和示范动作的程序性；边演边说，与演示、示范动作密切配合，协调一致；重点分明，对于演示和示范中的关键关节，要反复演示，着意说明，特别强调；把整体演示示范语和解释动作示范语有机地巧妙地结合起来。

（7）结束语。结束语亦称断课语，是教师授课即将结束前的结束性的口语表达，是教学口语表达艺术的组成部分。好的结尾语是教学口语艺术的精品。

常用的结束语方法有四：结语法、悬念法、提问法、预告法。结语法是教师在下课前，把这堂课的内容用寥寥数语做结，这样提纲挈领，有利于学生巩固记忆；悬念法是教师在下课前，在理清了课程内部联系的基础上，抓住课程衔接和转换的关键，把课断在节骨眼上，这样能激发学生求知的渴望，使学生在期盼中迎接下一堂新课；提问法是在下课前，教师设计一些可以承上启下或有助于巩固本次课所学的知识和由本次课过渡到下次新课内容的问题，这些问题有助于启发学生思考，还能将新旧课联系起来，下节课就从回答这些问题开始；预告法是在下课前，教师预告下次新课所要讲授的内容，并将精彩的片段和环节加以概括，以调动学生求解新知识的积极性。教师运用结束语时要根据教学内容、教学情境，加以巧妙设计，灵活运用，以精彩恰当的结束语显示自己的学识、智慧、口才及应变力。如，一位小学数学老师教"时、分、秒"，下课前让学生计算：一节课40分，如果在9时15分上课，下课的时刻应是几时几分？当学生算出应是9时55分时，老师指着教室墙上的挂钟说："你们看现在就是9时55分，我们下课。"结束语切忌拖沓、仓促、平淡，以影响教学效果。

在教学实践中，结束语的方法不必限定于一种。教师可以根据实际情况，科学恰当地选用某种结束语方法，提倡创新。如，河北袁庆国老师在讲《阿长与〈山海经〉》时，在下课前的结束语是："因为这次讲课，我再一次重读这篇散文，感触颇多，备完课我写了一小段随笔，作为这节课的结语吧。"

雨夜，我静静地读着《阿长与〈山海经〉》。那些生活真实的细枝末节，那些曾经的厌与烦，甚至恨，都让时间慢慢地诠释成了一缕真情，一份感动。

儿时父母的唠叨，也曾让我满腹怨恨。为人父母后，才渐渐明白那份爱的深厚。每当女儿如我小时候捂起耳朵，抑或摔门而去，我总是一阵阵心痛，那份心痛不是因为女儿的不懂事，而是对父母的一份愧怍。

我的父母老了，不再如小时候管束着我，而是站在村头长时间看我回家的路，或看我回城里时路上卷起的尘土。那份凝视，那份惦念一如我小时候离家读书的情景。只是我现在才读懂。

愿我的父母永远健康，愿我的女儿快快长大！

学完这篇文章后，大家一定会有更多的感受，今天给大家布置了一篇随笔。《读懂身边的爱》。

袁老师的结束语新颖别致，感情真挚，既将自我的感受表达出来，又引导学生通过课后写作来感悟身边的爱，有助于学生将知识化为能力。

【案例10】

下面是三节课的结束语。

一位教师在讲完《最后一课》时，设计的结束语是：一堂普通的课、一位普通的老师，在不平常的时刻上了一堂不平常的课；一个普通的学生，在不平常的时刻听了一堂不平常的课。在这不平常里，浓缩的是出自教师与学生的爱国情感，是许许多多像文中的教师和学生一样的普通人的珍贵的爱国之心！请同学再次朗读课文的最后片段，感受一位普通人的爱国情感。

一位数学老师教"整式的概念"时，下课前，出示了这样的问题："据报载，一位医生研究得出由父母身高预测子女身高的公式：若父亲身高为 a 米，母亲身高为 b 米，则儿子成年的身高 $=(a+b)\div 2\times 1.08$（米），女儿成年的身高 $=(0.923a+b)\div 2$（米）。请你回家量量你父母的身高，试预测一下你成年后身高为多少。"[1]

一位小学教师在讲完《全神贯注》即将下课时，针对下一课《鱼游到了纸上》设计的一段话是："同学们，我们每个人做事都必须有执着的态度和全神贯注的精神，像罗丹一样一丝不苟。罗丹差一点儿把茨威格锁在自己的工作室，茨威格却觉得他从罗丹工作室里学到很多。凭着这种全神贯注从事艺术创作的精神，罗丹成了闻名世界的大艺术家。而有这么一位青年，他是个聋哑人，他爱鱼爱到了忘我的境界，而他画鱼时更是全神贯注、一丝不苟，他画的金鱼好像游到了纸上了。同学们，你们想知道这个人为什么能画

---

[1] 黎书柏.言犹尽而意无穷——数学课堂悬念性结束语设置例谈[J].湖南教育（数学教师），2008(9).

得这么好吗？下节课我再告诉大家。"

【案例分析】

《最后一课》的结束语是结语法结束语，教师的结束语提纲挈领，言简意赅；数学老师"整式的概念"课的结束语属于悬念法结束语，老师布置了一道学生兴趣浓厚、与自己密切相关的习题，让知识的学习与学生的现实生活有机地融合，而且也制造了悬念，在掌握整式概念知识的基础上，让学生产生了探求新知(求公式的值)的欲望；《全神贯注》的结束语属于预告法结束语，教师抓住学生的好奇心，预告下一堂课的教学内容，让前后课互相关联，为下一课《鱼游到了纸上》的教学做好了铺垫，诱导着学生去阅读新课，如此良好的结束语设计可再次激起学生的思维高潮。

【课堂实训】

1.你的老师中，课堂教学口才最好的老师是谁？请说说他(她)的教学口语特色。

2.观看一次特级教师于漪的教学录像，评价于漪老师在主要教学环节中口语运用的特点。

2.课堂教学演讲训练。课堂教学演讲是一种课堂教学形式，是教师为了系统、深入地阐述某一科学理论，评价重要历史人物和事件，评述最新学术观点和科研成果而进行的一种有计划、有组织的口语表达。

（1）课堂教学演讲的特点。课堂教学演讲具有一般演讲的特点，又必须合乎教学要求，表现出自己的特殊性：一是演讲目的明确而集中，即课堂教学演讲不能脱离教学目标，要目的明确而集中；二是演讲内容要科学、单一、灵活；三是教学演讲的语言确切、精当、严谨、通俗，易于为学生理解、接受，不能堆砌术语；四是演讲时间具有规定性，要在限定时间内讲完预定教学内容。

（2）课堂教学演讲应遵循的原则。课堂教学演讲时，教师要遵循四个原则：一是要以饱满的热情，全神贯注于所讲内容；二是掌握好教学演讲的语言节奏、内容节奏、时间节奏；三是适时适当地变换教态，运用好演讲态势语；四是熟练运用多媒体辅助教学演讲。

【案例11】

下面是熊芳芳老师教《阿长与〈山海经〉》时师生的对话。

师：对。(板书：视若仇敌)之前视若仇敌的一个人，现在他敬若神灵。就是因为这个人，做了一件不可思议的事情，而这件不可思议的事情，背后的动力是什么呢？

生：阿长对鲁迅深深的爱。

师：对，母亲一般的深爱。因为爱，她愿意为他做一切的事情，我不知道大家有没有看过类似的故事。我看到阿长，就会想到《巴黎圣母院》里面的那个钟楼怪人(几个男孩在下面说"以前看过 ")，看过是吧，太好了，他就是一个愿意为爱丝米腊达做一切事情甚至献上生命的人，他很丑，而且什么也不懂，什么也不是，他只是一个被主教捡回来养大后随时听命的奴隶，但是为了保护爱丝米腊达，他开始懂得反抗主教的命令。他什么也不懂，但是他懂得爱；他什么也不是，但是他就是爱。还有，大家有没有看过一部电影《剪刀手爱德华》？(没有)爱德华是科学家研制的一个机器人，但这个作品还没有最后完成，科学家就去世了，所以爱德华有人的思维、情感甚至智商，但双手却如剪刀的模样，一个推销化妆品的女人把他从古堡中带回家里，他不懂怎么穿衣服，怎么用餐，不懂得怎样跟人打交道，后来他爱上了女主人的女儿，为了这个女孩，他什么都愿意做，即使他知道那是违法的事情，也不会拒绝，他说：因为你让我去。在这个现实世界中，他什么也不懂，什么也不是，但是他懂得爱，他愿意为了自己所爱的人付出一切，全凭她差遣。你们读过《追风筝的人》这部阿富汗小说吧？（没有）建议你们看一看。小少爷阿米尔有一个仆人叫哈桑，两人从小情同手足。小说中有一句话特别让人感动："为你，千千万万遍。"这是哈桑的心声。阿米尔曾经问过哈桑："如果我让你把这团泥巴吃下去，你愿意吃吗？"哈桑回答说："如果你这样要求，我会的。"阿长就是这样的一个人，她会对鲁迅所说的每一个字都当真，她会尽一切力量去帮他寻找他想要的，"为你，千千万万遍。"只有这样的人，才有可能做到那些有能力的人也做不到的事情。你有没有发现，阿长在鲁迅的生命中，充当了很丰富的角色？她不只是一个保姆。说说看，她还像一个什么样的人？①

【案例分析】

熊老师的这段课堂口语表达就是一个课堂教学演讲的片段。熊老师是在讲述少年鲁迅对阿长态度转变原因时，引导学生明白阿长的做法是源自对鲁迅的无私之爱。为了系统、深入地阐述这种爱的伟大、可贵，引领学生准确全面地评价阿长，熊老师兴味盎然地引《巴黎圣母院》中的敲钟人对爱丝米腊达的爱、奇幻电影《剪刀手爱德华》中的机器人对女主人女儿的爱，还有阿富汗小说《追风筝的人》中的哈桑对小少爷的爱，以印证阿长之对于少年鲁迅的那份情真意切的关爱。这段有计划、有组织的口语表达目的明确而集中，语言确切、精当、通俗。

【课堂实训】

复述训练对学生的语文学习及口语表达能力提升作用明显。假如你是一名小学五年级老师，为了引导学生认识复述的重要性，掌握复述方法，请你设计一次10分钟的课堂教学演讲，给学生系统、深入地阐述复述的价值、意义、种类及复述要求、方法等。先写稿，然后上台演讲。

（三）教师教学口语"常见病"类型与克服方法

有教育家认为，不管教师愿意与否，人们总是把教师的说话当作口头作文的楷模。可见，教师的口才具有可为社会效法的典型性。但在教学实践中，有些教师的语言呈现出这样那样的病象，即教师的语言有"病症"。有"病"必诊治。

1.口头禅症。语病症状是：有些教师说话总是夹杂着诸如"这个、那么、啊、就是说……"之类的口头禅，不仅影响语句的连贯性，还影响学生对语句完整性的理解，进而让学生厌烦厌听。克服方法是：使用录音工具自查，找出其中的口头禅，有意识克服之；或者让同事、学生提醒自己。久之，"口头禅病"就会"痊愈"。

2.话语啰唆症。语病症状是：大多数语句以"哦""嗯"开头；频繁使用"我们知道……""大家明白……"，话语结尾总带着"对不对呀""你们说，是吗"等句；有时候，担心学生听不清楚，或

---

① 熊芳芳，朱震国.《阿长与山海经》课堂实录及评点［J］.中学语文（上旬·教学大参考），2014（2）.

者自己忘词，每句话都重复两遍，如"今天我们学习一篇小说，《孔乙己》，嗯，《孔乙己》……"等。克服方法是：使用录音工具自查，找出啰唆处，有意识改正；课前认真准备，避免忘词导致的重复。

3.语速不当症。语病症状是：或者语速过快，如连珠炮似的讲课；或者语速太慢，拖沓阻滞让人焦急。诊治办法是：掌握必要的教师口语表达知识和技巧；倾听学生意见，是语速过快就放慢一点语速，是语速过慢就加快一点速度。克服过慢的方法是：课前对所讲内容思考成熟且准备充分，避免因教学内容不熟练而导致的思维卡壳、语速过慢之症。

4.语调沉闷症。语病症状是：讲话自始至终一个调，一个节奏，没有变化，让人昏昏欲睡。克服方法是：学习必要的普通话知识和演讲技巧，了解声调的种类、作用等；多听、多看与口才有关的电视节目和书报杂志；多做朗读等练习，让声音抑扬顿挫，富有变化。

5.语义混乱症。语病症状是：讲话语义杂乱、跳跃，让人不得要领；说出的话颠三倒四，不着边际，让人不知所云，影响教学效果。克服方法是：课前做好准备，对教学内容了如指掌，讲课时抓住重点，按教学计划进行；也可录下自己讲的一堂课，检查毛病之所在。

6.语言粗俗症。语病症状是：有的老师讲话欠思考，话语过重，粗鲁庸俗。如，对基础差的学生缺乏耐心，动辄说"烦死了""讨厌"等话；对智力稍差的学生毫无委婉评语，张口闭口地说"笨死了"或"头脑简单、四肢发达"，甚至说出"笨蛋""呆子""傻瓜""弱智""神经病""滚出去"等粗话、脏话。这是校园语言暴力现象在课堂上的呈现。克服方法是：教师要提高自身修养，讲文明，用礼貌用语；老师要有阳光的心态，对学生要有爱心和耐心，不可动辄发怒；要学习委婉语、暗示语的表达技巧并用在教学中。

7."满堂灌"症。语病症状是：有些教师上课一讲到底，中间无提问，无启发；或者语气无间歇，造成学生听力疲劳。克服方法是：学会运用设问句、反问句及各种提问句；说话节奏要快慢结合，要有停顿和必要的重复。

8.语言综合征。语病症状是：从语音不清到语调单一，从话语枯燥到重复啰唆，从语意混乱到教态呆板，从眼神呆滞到手势不当，各种毛病同时存在。克服方法是：认真学习教师职业口语，从普通话语音到朗读、演讲和论辩，从教学口语到教育口语的理论与运用，都要多学多练；将上课的全过程录下来，自己认真观察与分析，找到需改进处，下次教学活动中尽力克制；请同事或学生帮助纠正，让他们在自己"犯错"时指出来，虚心接受，立即改正。

【案例12】

钱钟书在《围城》中塑造了一个部视学形象，他去三闾大学指导导师制的实施，"在导师制讨论会上，部视学先讲了十分钟冠冕堂皇的话，平均每分钟一句半'兄弟在英国的时候'"。

一位青年教师讲秦牧的散文《土地》。文中有这样两句话："骑着思想的野马奔驰到很远的地方"，"收起缰绳，回到眼前灿烂的现实"。突然，一位学生问道："老师，既是野马，何来缰绳？"毫无准备的老师张口结舌，很不耐烦地打断学生的发问说："如果少钻牛角尖儿，你的学习成绩还会好些！"这位学生非常难堪，学习兴趣全无。[①]

---

① 杨玉军，王惠.面对学生的发问 [N].中国教育报，1998-5-12.

【案例分析】

以上两个案例中，部视学的语言啰唆，"兄弟在英国的时候"几乎成为他的口头禅，但部视学不惧诟病地把"兄弟在英国的时候"挂在嘴上，体现的是崇洋媚外心理以及炫耀资历的自得自满心理。青年教师面对学生的质疑，不是采取恰当的方法答疑，而是挖苦讽刺学生，是性格急躁的体现，也是控制欲强的人以语言暴力维护自己权威的体现，总之，是缺乏修养、教学能力差和知识水平有限的体现。

【课堂实训】

你所认识的老师中，有比较严重的教学口语病症的人吗？他（她）有什么语言病症？你自己在口语表达过程中，有无明显的语病？

（四）教学口才风格

教师教授不同的学科，其口语运用的特点是不相同的。所以不同学科的教师的口才风格也不尽相同。

1.各科教师教学口才特征。

（1）文科教师教学口才特征。小学的文科有语文、英语、社会与品德等；中学的文科有语文、外语、历史、政治等。这些学科的教学用语的独特性是富于形象性和情感性。这是由文科教材的特点和文科教学的目的、要求决定的。因此，文科教师教学口才必须具备两个特征：一是形象生动；二是饱含感情。如，一位历史老师讲19世纪英德之间的竞争时说："德国作为帝国主义国家的迟到者，是根本不满足只得到一些残汤剩饭的，它就像一个饿汉吃不饱，自然先盯住的就是英国那个大盘子——相当于英国本土面积的100多倍的殖民地。"[①]这位老师运用比喻，把枯燥的知识讲得幽默风趣，新颖恰当。

（2）理科教师教学口才特征。小学的理科有数学、科学、计算机等；中学的理科有数学、物理、化学、地理、生物等。与文科教师的教学用语相比，理科的教学用语要求更具准确性、更讲究逻辑性和简洁性。因此，理科教师教学口语必须具备两个特征：一是准确性；二是逻辑性。如一位小学数学老师教"除数是小数的除法"时，先让学生复习旧知识 $10.25 \div 125$，然后过渡到 $10.25 \div 12.5$，再设问：这两题有什么不同？你怎么把它变为除数是整数的除法计算？要使商不变，被除数应该怎么办，根据什么？然后，老师完整归纳"除数是小数的除法"如何计算。老师的这些课堂教学语言是准确的，设问也是步步深入，颇富逻辑性。

（3）技能类学科教师教学口才特征。小学的技能类学科有美术、音乐、体育、劳动、写字等；中学的技能类学科有体育、音乐、美术、劳动技术等。这些学科的实践性很强，教师教学用语的独特性是带有提示性、指令性和演示性，以便学生准确无误地进行练习，较快地掌握各种技能。因此，技能类学科教师教学口语必须具备三个特征：一是演示性；二是提示性；三是指令性。如，一位体育教师在讲解篮球运动中"双手胸前传球"的技术动作时，其解说语是："两手五指自然分开，拇指相对成八字形，用指根以上部位持球的后侧方，手心空出。注意，两手不能成"一"字形，手心不能贴近球面，像这样（做示范动作）。肩、臂、腕肌肉放松，

---

① 曹为公，柏恕斌，丁振芳．教师口语［M］．东营：中国石油大学出版社，1996：215.

两肘自然弯曲于体侧，将球放在胸腹之间这个位置上。"[1]这位教师将说明与演示示范相结合，解说清楚明白。

2.教师口才风格的形成原因与类型。每个教师的口才风格是不尽相同的。优秀教师与一般教师的区别之一是是否具有高超的教学艺术和独特的教学口才风格。教师口才风格的形成有外因与内因两方面。一定时代的政治经济文化发展状况，包括文化传统、地域差异以及具体的工作环境和条件等时代社会因素，是教师口才风格形成的外部原因；教师本人的道德素养、才情气质、学识等"精神个体"因素，与教师的教育理念、工作作风和教学风格等，是教师口才风格形成的内部原因。大致说来，教师的口才风格有四种类型：一是平实绚丽型；二是明快持重型；三是活泼亲和型；四是温和幽默型。

【课堂实训】

1.教师放初中语文和数学课堂教学的录像，组织学生评论文、理两科教学用语的异同。

2.教师放两个教学名师的课堂教学录像，组织学生讨论，指出两位教师的教学口才风格类型。

三、课外教育口才训练技巧

教师在课堂教学之外参与的与教育教学工作相关联的工作性口语表达，是教育口语。在运用教育口语的过程中，亦可体现教师的口才，这时的口才是课外教育口才。

（一）课外教育口才特点

与课堂教学口才相比，教育口才有其鲜明的特点。

1.交谈语体。教师的课堂教学口语很多时候属于独语体，但教师课外教育时运用的口语基本上是交谈体，是两个人或多个人间的对话。因此教育口才是在交谈语体中体现出来的。这就要注意讲话内容和讲话气氛；既要进行语言衔接，还要进行心理沟通；不仅要讲好，还要注意听好。

2.随机应变性。与教学口语表达有预先的计划、设计、准备不同，教育口语表达因涉及双方或多方，无法事先做天衣无缝的准备（有时虽然事先沟通过，但参与者想法不同），现场话题需随机产生。教师要集中精神，思维敏捷，反应迅速，及时呼应对方，才能达到交谈的目的，体现出好口才。

3.意会性。课堂教学口语讲究精确、严密、连贯，而在教育口语中，双方或多方在进入同一个话题、相互沟通交流的语境后，话语会有省略，有时也不甚连贯，常靠交谈者的眼神、语气、姿势等传情达意，这就需意会。教师要在交流沟通过程中，注意观察，多加揣摩，关键词语要说清楚听明白。

4.复杂性。与课堂教学口才展示的固定场景不同，教育口语表达的场所并不固定，教室、办公室、操场、公园、路上、家中，都可以进行教育活动，就都有教育口才的展示机会。当

---

① 曹为公，柏恕斌，丁振芳.教师口语［M］.东营：石油大学出版社，1996：217.

下，教师常需借助电话座机、手机甚至QQ电话、微信电话或视频与家长沟通。而听话人的心态和表现也不尽相同，有人认真，有人厌烦；有人专心致志，有人漫不经心。这一切都决定了教育口才的复杂性。这就要求教师在口语表达时要因时制宜、因势利导，做到入题方式多样化，交流时间长短适宜，掌握交流对象的心理与思想，说话句句在理，句句落实。

（二）课外教育口才技巧

教育口才的展示需围绕"育人"这一核心。教师课外工作的类型很多，教师在介绍、说服、指导、主持等方面都能展示出自己的教育口才，所以，教育口才的内容很丰富。这里主要关注教师与学生的课外交流、与家长沟通及在班会与班级活动时体现的口才。

1.与学生的课外交流。交流是人与人之间通过口头语言、文字、行为甚至眼神等彼此能理解的方式表达思想意识的过程。教师与学生的交流沟通方式有口头沟通、书面沟通和媒介沟通，这里只关注口头沟通。课外与学生口头交流是教师有目的地找普通学生、班干部谈话，说服、疏导、评论。通过说服，培养学生良好品质；通过疏导，提高学生的思想认识，丰富热情，锻炼意志；通过评论，对学生思想表现和道德行为做出评价。与学生的课外交流是教师的教育工作方式之一，可以深入了解学生的学习情况，掌握他们的个性特点和思想动向。与学生课外交流的过程也是展示教师口才的过程。教师要做到：

（1）谈话前做好准备，谈话时目的明确，讲究策略，使谈话具有教育性。与学生交谈，要取得良好的效果，在谈话前，教师就要认真考虑谈话的目的、中心内容、采取的方式与选择的时间等。谈话时必须围绕谈话的目的进行，主题明确，不可漫无边际，离题万里；要讲究策略，批评要令人心诚悦服，表扬要及时适度，了解情况要全面细致；要讲究技巧，善于启发学生讲真心话，并针对学生的思想与心理，对其进行正面引导和教育。

（2）交谈入题自然灵活。可借助于适当的寓言故事、历史典故、轶闻传说，或借助于具体事例等，也可以从学生的特长、爱好引出话题，引起学生的联想、对照和类比，待学生情绪放松后，再导入正题，从而认识所谈问题的性质、影响和可能产生的后果，提高认识，达到谈话的目的。

（3）认真听取学生意见，注意双向反馈。交谈是双方互动的，教师不可搞"一言堂"。要认真倾听学生谈话，让学生把话说完，不要有不耐烦的情绪；要边听边思考，从学生所反馈的信息中调整自己谈话的内容和方式，不能简单否定学生的意见和要求，挫伤学生的自尊心；要联系学生一贯的思想言行和平时观察的印象结合起来加以分析，不可听一面之词而轻率做出结论。

（4）说话幽默，启发教育。与学生交谈主要是对学生进行思想教育，因此，要采取适当的幽默方式，或加以暗示，方能收到更好的教育说服效果。

（5）以言情感化。教师与学生交谈时，冰冷的态度、空洞的说教、严厉的批评，都会关闭学生的心灵的大门，甚至引起学生的逆反心理。因此，要"达理"必先"通情"。与学生交谈时，教师应怀着真诚之爱，尊重学生，不发火不质问，和颜悦色，平易可亲，用语言启迪感化学生，使学生信任教师，心诚悦服地接受教师的教育和指点。

（6）谈后总结。与学生交谈后，教师要把掌握的主要情况以及总结的看法和感受记下，积累起来。

【案例13】

特级语文教师钱梦龙小时候是个差生。从小学到初中二年级，钱梦龙累计留级四次。有一天放学后，教语文的武钟英老师把他叫到办公室，拿出一本《王云五小字典》，对他说："老师们都说你笨，如果你能学会查字典，就能证明你不笨。"武老师教会了他用"四角号码"查字，并给他布置了一项特殊"作业"：在每次上新课之前，先由钱梦龙把课文中生字的音义从字典里查出来，抄在黑板上供同学们学习。这一鼓励一抄写，钱梦龙的学习成绩奇迹般地出现了转机。初中毕业时，这个被老师判定为"聪明面孔笨肚肠"的学生的成绩报告单上的评语变成了"该生天资聪颖"。

【案例分析】

教师所教的学生中，有人成绩不好。有的老师只会大加指责，严厉批评。钱梦龙初二之前的老师肯定为他的成绩差而找他谈过话，但只有武钟英老师讲究谈话的技巧。他针对其他老师说钱梦龙"笨"，鼓励他用学查字典来证明自己不笨，并给他提供新课前往黑板上抄写生字的机会，让他在全班同学面前证明他不笨！武钟英老师的这一次与学生的课外交流收效甚大，不仅让师生间达成了心灵的沟通，而且改变了一个学生的人生。

【课堂实训】

假如你是高三班主任，在高考百日倒计时之日，你打算给学生讲一次话。请写一篇专题演讲稿。

2.与家长沟通。与家长沟通是教师尤其是班主任就学生的学业、品德、行为等问题，联系学生家长、了解学生的一种重要的教育方式。教师与家长能够有良好的沟通，家长才会理解支持老师的工作，从而取得家校协同教育的良好效果。与家长沟通的方式方法有谈话、发信息、通电话、家访等。除了发信息外，其他方式都能展示教师口才。而老师与家长不管采用哪种方式沟通，目的都是为了交流孩子的学习成绩，理解学生的性格特点、特长和爱好，优点和缺点等。与家长沟通时的口语表达应该做到：

（1）明确与家长沟通的目的，突出交流重点。教师每次与家长沟通的目的都不尽相同，侧重点也有所不同。每次最好围绕一个中心，或与学业不良的学生家长谈学习情况，或与行为不良的学生家长谈纪律情况，或与家长交流学生的性情爱好等，在有限的沟通时间内必须精心组织交谈内容，力求重点突出。如果是综合性沟通，比如综合性家访，则应分清主次，掌握交谈顺序；如果是目的较为单一的沟通，则可开门见山，直接提出话题，让家长从教师的言谈中感受到老师的意见和建议的中肯。

（2）态度积极，讲究策略。首先要相信家长，并向家长讲清教育学生方面校方与家长的共同立场与出发点，使双方取得一致意见。其次，教师要主动取得家长的信赖与支持，双方协同步调，争取学校教育与家庭教育的紧密配合。

（3）尊重家长，与家长平等对话，视家长为朋友。教师与不同文化层次、个性、觉悟的家长沟通，都应尊重家长意见、不以施教于人的态度与家长交谈，同时，无论家长的社会地位高低如何，教师都要不卑不亢，最好是将家长当成朋友看待，以与他们"拉家常"的态度与他们交流，注意倾听家长的心声，而不是动辄训斥与指责家长，或向家长打学生的小报告。

教师认真与家长沟通，表现出教师对学生的熟悉、热爱和教育工作的能力，会博得家长的敬意和配合。

（4）沟通注重实际问题，落脚至研究和改进学生教育上。与家长沟通，应该抓住学生问题的实际，研究产生问题的原因和发生、发展的过程，将交谈的落脚点放在研究如何帮助和教育学生上。

【案例14】

小王是个初中生，他的学习基础较差，学习态度也不端正，平时总出一些状况，让班主任头疼。小王是单亲家庭，班主任章老师多次与其妈妈沟通，但因其母工作很忙，对小王无暇顾及。有一次，章老师到小王家家访。在跟小王妈妈沟通时，章老师先是肯定了小王活泼、热心、大胆等性格优点，又表扬他上课认真听讲、经常积极发言，为人热情，肯帮老师做分发作业本等小事。然后告诉家长小王的学习现状：学习基础较差，各科学习常出不该出的错误，给学习成绩提高造成很大障碍。接着，章老师询问了小王在家里学习的时间安排等问题，得知小王妈妈对小王学习基本采取"大撒把"的情况后，耐心说明家长在孩子学习过程中的重要性，并与小王妈妈商讨夯实小王学习基础的方法，二人达成共识：除了老师多帮助外，小王回家后要及时复习巩固。最后，章老师诚恳地希望小王的家长能大力配合，督促和检查小王在家时的学习，以求学校和家长共同努力，提高孩子的学习成绩。两个月后，章老师又对小王的家长进行了一次家访，先肯定小王近两个月内的进步，然后就小王的学习问题，与家长进行了更深入的探讨，并教给家长一些切实可行的指导方式。小王的家长很感激老师为她儿子所做的一切，同时也积极配合老师，督导小王的学习。

【案例分析】

章老师与小王家长沟通时，目的明确，讲究交谈的策略，先讲什么，后讲什么，思路清晰，重点突出。他不是居高临下地要求家长要怎样做，而是尊重家长，在倾听家长的话、了解了小王在家中的学习情况后，与家长商量，共同制定提升小王学习成绩的计划，从而赢得了小王家长的信赖和配合。

【案例15】

有个女学生考进一所名校，她的班主任是个资历较老的教师。一天，女学生的家长非常高兴地致电班主任，想了解孩子在学校的各种情况。这位班主任在电话中对家长说："你们的女儿呀，倒是挺用功的，就是脑子比较笨，学习起来比较吃力，不过，你们女儿一天到晚像女神似的招蜂引蝶，你们得看紧着点儿。"家长没想到名校的教师竟能说出如此粗鄙无礼的话来，大为失望，很快为女儿转了学。

【案例分析】

这位名校班主任与家长沟通时，不讲究沟通策略，说话随意，刻薄无礼。女学生的学习存在困难，在告知家长时，应该选择正确的说话方式。女学生漂亮出众，受到男孩子的关注，教师在与家长沟通时，不选择用词，说出的话既无视家长的感受，也是对女学生的无礼，这就不利于教师与家长的沟通。

【课堂实训】

某同学无故旷课，你准备以打电话的方式向其父母反映情况。请设计一份传递该生无故旷课信息的电话稿。

3.参加班会与班级活动。大多数的班会与班级活动需要教师参加并讲话，这也是教育学生的机会，教师要充分利用班会和班级活动讲话的机会，用自己的语言对学生进行教育，这时，教师的主题讲话要做到：

（1）讲话有必要、有内容。有些班会或班级活动的讲话可由班干部代替，而一些必须由教师亲自组织、动员和号召的讲话，教师要认真对待。讲话时，忌老生常谈、空洞无味，要让学生感觉到教师的话讲得有必要有内容。

（2）简明、具体、深刻。教师应用简单明了的语言，讲清班会、班级活动的具体内容和要求，使学生有所依循。应阐明自己深刻的思想和见解，让学生受到启发和教育。

（3）文采斐然，有激情，且幽默生动。教师的讲话要有感染力，有诗歌的节奏和韵律，有相声的幽默和生动，以唤起学生的兴趣，让学生在美的享受和轻松的气氛中受到教育和启迪。

（4）抓住重点，精练适度。教师在动员学生参与学校的文体活动及诸如演讲比赛、书法比赛、文学征文比赛等活动时都要讲话。此时，教师应以精确简练的语言讲清活动的目的、意义、活动进行的程序，讲清与活动相关的知识，不说外行话，指导学生练好基本功。

【案例16】

上海市敬业中学的张丽霞在《记"诚信在考试"的班会课》（《中学教育》，2003年第4期）一文中，记录了其在高三的一次"诚信在考试"主题班会上教育学生要诚信考试时说的一段话："我请求同学的原谅，我做了言行不一的事情。通过这件事情我的体会是背着心里内疚的包袱很沉重，诚信让我们挺起了腰杆做人，踏踏实实的感觉最好。"

【案例分析】

张老师的班级在参加学校拔河比赛时，由于主力队员生病不能参加，队员数量不够，邻班一个同学主动要求上场，得到张老师允许，结果，张老师所带班级取得了好成绩。这件事让张老师很纠结，后来在"诚信在考试"主题班会上，张老师以自己的"不诚信"为"反面"事例，教育学生讲诚信。张老师的主题讲话很有必要，也很真诚。

【案例17】

下面是一位老师在接新班时的即兴讲话。

亲爱的同学、朋友们：

当我站在这讲台上，不，应当说是舞台上，我似乎觉得两侧的紫色帷幕缓缓拉开，最富有生气的戏剧就要开始了。最令我兴奋的是，这戏剧拥有一群忠于我的演员——在座的全体同学，为此，我愿做一名热情的报幕员，此时此刻向观众宣布：会计061班的演出开始了！我想，我这个班主任首先应该是一名合格的导演，我渴望导出充满时代气息的戏剧来：团结、紧张、严肃、活泼是它的主调，理解、友爱、开拓、创新是它的主要内容；爱着这个集体和被这个集体爱着是它的主要故事。我作为导演，要精心设计出生动的情节、典型的角色、迷人的故事献给今天在座的每一位同学。这舞台是你们的，你们是当然的主角，我心甘情愿地做配角，尽我的力量竭诚为主角效劳。不仅如此，我还要做一名最虔诚的观众，为你们精彩的演出微笑、流泪、鼓掌、欢呼！

四年之后，当你们最后向自己的中专时代告别，将要登上人生的大舞台时，你会深深地感到这小舞台所给予你的一切，是多么珍贵，多么难忘。四年后，当我们这个班的戏剧舞台徐徐落下帷幕时，我愿听到这样的评价：老师，你是我们满意的导演，也是一名不错的配角，更是我们喜欢的观众！预祝我们合作顺利成功！

【案例分析】

这段热情洋溢的精彩的即兴讲话，道出了班主任老师的热切期盼，也极大满足了入学伊始的学生们的心理要求。

【课堂实训】

1.针对最近你所看的一部电影，组织一次主题讨论会，由一名同学担任主持人，另一名同学担任老师。担任主持人的同学要注意开场白、串联词和结束语。担任老师的同学要对本次活动做出总结。

2.班级出现盲目"追星"现象时，请设计几个讨论题，组织学生讨论，启发学生进行自我教育。

3.近年来，网络里出现了大量辱骂和贬损教师的言论。针对这一现象，请一名同学做主持人，组织一次课堂脱口秀活动。

【课后练习】

1.课堂教学各环节的口才特点与技巧有哪些？

2.课外教育各环节的口才特点与技巧有哪些？

3.教师教学口语的"常见病"类型怎样？如何克服教学口语疾病？

4.教师怎样与学生和家长进行语言交流？

5.设计《孔乙己》一文的教案，先总结试讲，下次上课，在班上试讲，教师或同学进行评议。

6.设计一篇新任初中一年级班主任第一次进入班级的讲话稿。下次上课，在班上试讲，教师进行评议。

【推荐品读】

李克东.教师职业技能训练教程［M］.北京：北京师范大学出版社，1994.

参考文献

1.邵守义，高振远.演讲学教程［M］.北京：高等教育出版社，1993.

2.李克东.教师职业技能训练教程［M］.北京：北京师范大学出版社，1994.

3.郭太安，隋清娥.口语训练基础教程［M］.天津：天津古籍出版社，1995.

4.欧阳友权，谢伦浩.口才学［M］.长沙：中南大学出版社，1996.

5.方百寿.演讲口才［M］.沈阳：辽宁大学出版社，1996.

6.丁振芳，柏恕斌，曹为公.教师口语［M］.东营：石油大学出版社，1996.

7.李元授，邹昆山.演讲学［M］.武汉：华中科技大学出版社，1997.

8.赵菊春.演讲艺术［M］.北京：兵器工业出版社，1999年9月版。

9.秦学武.教师口语技能训练［M］.北京：中国农业科技出版社，2000.

10.傅惠钧.教师口语艺术［M］.杭州：浙江教育出版社，2004.

11.欧阳友权，朱秀丽.口才学教程［M］.北京：高等教育出版社，2004.

12.郑悦素.口才全书［M］.哈尔滨：哈尔滨出版社，2005.

13.张岩松，刘桂华.现代演讲学［M］.青岛：青岛出版社，2005.

14.舒丹.全面规范实用教程口才培训经典范本 实用口才培训手册［M］.北京：中国电影出版社，2005.

15.孙海燕，刘伯奎.口才训练十五讲［M］.北京：北京大学出版社，2004.

16.武小军.大学演讲理论与语言技巧［M］.成都：电子科技大学出版社，2006.

17.蔡践.口才大全［M］.北京：当代世界出版社，2006.

18.潘桂云.口才艺术［M］.北京：旅游教育出版社，2006.

19.傅明善.口才学通论［M］.杭州：浙江大学出版社，2007.

20.李元授.交际与口才［M］.武汉：华中科技大学出版社，2007.

21.李燕杰.大道有言——李燕杰演讲精选［M］.北京：清华大学出版社，2008.

22.张子睿.口才与演讲［M］.北京：科学出版社，2008.

23.周久云，张静.实用口才训练［M］.上海：东华大学出版社，2008.

24.刘金同，袁洪慧，朱润.大学写作与口才演讲［M］.北京：中国水利水电出版社，2009.

25.廖康强.倾听的艺术［M］.北京：中国社会出版社，2009.

26.辛晓亚.大学生人际交往与口语交流［M］.北京：中国电力出版社，2009.

27.薛念文.演讲艺术论［M］.北京：科学出版社，2010.

28.关彤.大学生口才训练［M］.北京：北京大学出版社，2011.

29.陈绵水.口才基础［M］.上海：复旦大学出版社，2011.

30.王劲松.普通话与口才训练［M］.合肥：安徽大学出版社，2011.

31.赵国运.实用演讲与口才教程［M］.成都：电子科技大学出版社，2011.

32.俞希.精编英语背诵文选.高级本〔M〕.南京：南京大学出版社，2011.

33.蒋红梅，罗纯.演讲与口才实用教程〔M〕.北京：人民邮电出版社，2011.

34.杨晓瑜.普通话训练与测试指导〔M〕.郑州：河南大学出版社，2012.

35.许湘岳.礼仪训练教程〔M〕.北京：人民出版社，2012.

36.程时用，马丽南.职场实用口才〔M〕.广州：暨南大学出版社，2012.

37.颜永平，杨赛.演讲与口才教程〔M〕.上海：华东师范大学出版社，2012.

38.王阳.哈佛口才课〔M〕.北京：新世界出版社，2012.

39.张国威，褚义兵，张雅娟.大学生就业能力实训教程〔M〕.北京：中国金融出版社，2012.

40.孙彦.演说心理学：让你更有吸引力、说服力和影响力〔M〕.北京：人民邮电出版社，2012.

41.黄雄杰.口才创新实训教程〔M〕.广州：广东高等教育出版社，2012.

42.胡伟，胡军，张琳杰.沟通交流与口才〔M〕.北京：清华大学出版社，2013.

43.胡伟，邹秋珍.演讲与口才.第2版〔M〕.北京：清华大学出版社，2013.

44.佰娟.职场实用演讲稿写作速成培训〔M〕.北京：中国纺织出版社，2013.

45.优才教育研究院.优秀教师应有的演讲口才〔M〕.成都：电子科技大学出版社，2013.

46.陈会春.实用口才学大全集·白金升级版〔M〕.延吉：延边大学出版社，2013.

47.方一舟.演讲的艺术〔M〕.北京：中国铁道出版社，2014.

48.李元授，邹昆山.演讲学.第3版〔M〕.武汉：华中科技大学出版社，2014.

49.刘淑娥.演讲与口才〔M〕.北京：首都经济贸易大学出版社，2014.

50.易书波.脱稿讲话训练速成：8堂课教你做即兴演讲高手〔M〕.北京：北京大学出版社，2014.

51.〔美〕雷蒙德·罗斯.演说的魅力——技巧与原理.黄其祥，等，译〔M〕.北京：中国文联出版社，1989.

52.〔美〕鲁道夫·F·维尔德伯，凯瑟琳·S·维尔德伯.演讲的艺术.曲思伟，等，译〔M〕.北京：清华大学出版社，2008.

本书是聊城大学获批"山东省高等教育名校建设工程"应用型人才培养特色名校建设项目后，为适应"汉语言文学"专业建设、为配合人才培养与课程教学改革而编写的应用型特色教材。

本书共四章，由隋清娥、杨玉霞担任主编并编写。隋清娥撰写前言、第一章、第二章、第三章第四节、第四章第四节、后记；杨玉霞撰写第三章第一至三节、第四章第一至三节。

在编写过程中，编者认真总结以往教学经验，涉猎爬梳了大量古今中外的演讲学与口才学方面的文献资料，并参考和借鉴了前人与时贤的研究成果，吸纳并引用了其中的一些观点和材料，深受教益。本书在最后的"主要参考文献"中列举了部分参考资料，在此，向本书引用的参考资料的各位著作者、专家学者深表谢意。尚有一些疏漏之处，还望诸位专家学者予以谅解。

本书是2019年聊城大学校级规划教材建设项目立项教材。本书的出版承蒙聊城大学教务处、聊城大学文学院等单位领导的多方关注和鼎力支持，在此，一并表示衷心的感谢。

由于学力不逮，探索有限，书中可能会有不妥之处，望各界专家、广大师生和读者朋友给予批评指正，并多提建设性的宝贵意见。谢谢！

编者

2019 年 7 月 19 日